智慧高速公路智能系统研究论丛

GAOSU GONGLU ZHINENG JIAOTONG XITONG
高速公路智能交通系统

于 泉 李美涛 梁 锐 编著

人民交通出版社股份有限公司
China Communications Press Co.,Ltd.

内 容 提 要

《高速公路智能交通系统》是"智慧高速公路智能系统研究论丛"之一。本册系统地介绍了高速公路智能交通系统在各国的发展、基本概念、基础理论、体系结构及应用研究,主要内容包括:智能交通系统概述、高速公路智能交通系统、高速公路智能交通系统的技术架构、高速公路交通管理、高速公路电子收费、高速公路交通信息服务、智能车路协同、高速公路交通运输安全、高速公路交通基础设施管理、高速公路运营节能减排、高速公路大数据管理、高速公路智能交通系统总体评价、高速公路智能交通系统建设及评价案例。

本书可作为从事高速公路智能交通系统研究、开发和工程设计、应用的工程技术人员及相关专业师生学习参考。

图书在版编目(CIP)数据

高速公路智能交通系统/于泉,李美涛,梁锐编著.—北京:人民交通出版社股份有限公司,2018.3
ISBN 978-7-114-14578-0

Ⅰ.①高… Ⅱ.①于… ②李… ③梁… Ⅲ.①高速公路—交通运输管理—智能系统 Ⅳ.①U495

中国版本图书馆 CIP 数据核字(2018)第 049667 号

书　　　名:	高速公路智能交通系统
著　作　者:	于　泉　李美涛　梁　锐
责任编辑:	袁　方
责任校对:	孙国靖
责任印制:	张　凯
出版发行:	人民交通出版社股份有限公司
地　　　址:	(100011)北京市朝阳区安定门外外馆斜街 3 号
网　　　址:	http://www.ccpress.com.cn
销售电话:	(010)59757973
总 经 销:	人民交通出版社股份有限公司发行部
经　　　销:	各地新华书店
印　　　刷:	北京虎彩文化传播有限公司
开　　　本:	787×1092　1/16
印　　　张:	13.25
字　　　数:	291 千
版　　　次:	2018 年 5 月　第 1 版
印　　　次:	2021 年 8 月　第 2 次印刷
书　　　号:	ISBN 978-7-114-14578-0
定　　　价:	54.00 元

(有印刷、装订质量问题的图书由本公司负责调换)

"智慧高速公路智能系统研究论丛"
编写委员会

主　　任：杜　渐　于　泉
副 主 任：李美涛　何站稳　陈　兵
委　　员：杨建国　顾敬岩　张　娜　张威奕　谯　志　张　峰
　　　　　刘新昌　崔德宝　吴大勇　宋　艳　杨　裴

编写组织单位

北京工业大学

招商新智科技有限公司

近年来,我国经济正以十分惊人的速度发展,伴随着全国经济水平的总体提高,人民生活水平也日益改善,越来越多的人选择机动车出行。在这种形势下,高速公路以其良好的通行环境,备受广大人们的青睐。然而在庞大的出行需求与交通压力下,出行者对道路提供的服务需求越来越迫切,高速公路管理者对道路运营管理效率的需求越来越高,高速公路的传统智能交通系统功能已经不能完全满足出行者与管理者的需求,交通供需矛盾变得越发严峻。

随着科技水平的发展,高速公路信息化建设被认为是能够提高交通安全、服务、管理等性能的最有效方法。近30年来,国外发达国家投入了巨大的人力、物力、财力进行高速公路智能交通建设,并形成了高速公路智能交通体系框架,有效缓解了高速公路交通压力。为进行有效的高速公路交通管理,大幅度提高速公路网通行能力和服务质量,我国许多城市也开展了高速公路信息化的建设,并取得了较明显的效果,然而我国的高速公路信息化建设多局限在单项技术的智能化,针对高速公路具体路况与环境解决特定的问题,未能从全局意义上统筹智能交通的各个设备、文件、数据、管理,并不能解决我国高速公路交通的供需矛盾。

2014年,交通运输部提出加快推进"四个交通"建设,其中智慧交通是关键。智慧交通是推进交通运输管理创新的重要抓手,是推动交通运输转型发展的重要支撑,能够全面提升交通运输供给能力、运行效率、安全性能和服务质量,实现交通运输持续创新发展。智慧交通也被工业和信息化部列入到我国十大物联网示范工程之中。工业与信息化部所提出的"智慧"和"智能"存在着实质性的区别:智慧交通旨在利用现代化的科学技术,主要包括物联网、云计算等关键技术,满足人、车、路和环境统一协调的关系处理需求,使交通更具有现代意识形式的发展,能够更好地节约能源、减少环境污染,使我国的交通秩序与交通环境具备全新的交通发展形态;它集成了多种智能交通系统。

随着智能交通系统的兴起,智能化高速公路系统成为了解决高速公路运行问题的主要方法。智能化高速公路系统是智能系统的重要组成部分,是智能交通系统的思想和技术在高速公路管理中的应用。智能高速公路系统就是将先进的信息技术、数据通信技术、控制技术、传感技术、运筹学、人工智能和系统综合技术有效地集成应用于高速公路的建设和管理,使其具有语言、数学逻辑推理、视觉模拟或替代人的肢体运动的能力,从而加强车辆、道路、使用者三者之间的联系,形成一种安全、高效的运输系统。

高速公路智能交通系统潜能巨大,招商新智科技有限公司作为招商公路布局智慧交通的重要创新平台,近年来联合北京工业大学,通过"政－产－学－研－用"创新体系,在该领域进行了积极的探索和研究,针对当前智慧高速的实际场景,结合招商新智的技术优势及资源优势,以全面精确感知为基础、以数据充分融合为手段、以赋能平台为核心,积极研发并开展智慧高速应用,最终为实现提质增效、提升高速公路效能以及运营管理水平、构建更加智慧的中国高速公路贡献力量。鉴于此,编写了"智慧高速公路智能系统研究论丛",希望可以对高速公路智能交通系统相关的从业人员有所指导和帮助。

中国公路学会高速公路运营分会理事长

2018 年 5 月

前言

党的十八大以来,我国加快了公路建设的脚步,公路运力紧张的状况得到极大缓解,成为经济社会发展有力的先行官。目前,我国高速公路里程位居世界第一。十八大以来,我国坚持"保基本、补短板、抓重点、促衔接、强服务"的方针,以服务国家战略、完善网络设施为重点,协调推进公路建设、养护、管理与运输发展。

作为经济发展的动脉与骨架,高速公路成为十八大以来我国公路建设的重点,一批代表性的重大工程相继建成或开工。京港澳高速公路河北段、河南段,连霍高速公路河南段、陕西段等一批高速公路主干道基本完成改扩建,通行能力大幅提高;四川雅康高速公路、汶马高速公路等一批重大项目也已开工建设。

截至 2017 年年底,全国高速公路通车里程达到 13.65 万 km。目前,"7918"国家高速公路网基本建成,覆盖了全国城镇人口 20 万以上的城市,通车里程超过 5 000km 的省份由 4 个增加到 12 个。值得注意的是,近年来,中西部省份高速公路的发展速度超过了全国平均水平。

随着经济的发展、交通量的持续增加,尽管修建了大量的交通设施,但是,交通拥挤阻塞状况仍然十分严重。多年来,国内外的实践经验与教训证明,单纯依靠修建道路设施和采用传统的管理方式来解决交通问题,不仅成本昂贵,环境污染严重,而且其缓解交通拥挤等的效果也是十分有限的,甚至可以说是不可能的。随着电子信息技术、通信技术、计算机技术和自动控制技术等的发展,为解决交通问题提供了新的思路,我们不但可以修建更多的交通基础设施,而且可以采用先进技术和高新技术手段,采用智能交通系统(Intelligent Transportation Systems,简称 ITS)来对高速公路交通进行更有效的控制与管理,以提高交通的机动性、安全性,最大限度地发挥现有道路系统的效率。智能交通系统是指将先进的信息技术、计算机技术、数据通信技术、传感器技术、电子控制技术、自动控制理论、运筹学、人工智能等有效地综合运用于交通运输、服务控制,以加强车辆、道路、使用者三者之间的联系,进而形成一种实时、高效的综合运输系统。

本书系统地介绍了高速公路智能交通系统的体系结构,详细介绍了构成高速公路智能交通系统的各个部分的原理、功能,最后结合实例介绍了高速公路智能交通系统的应用研究。本书共分13章,首先介绍了高速公路智能交通系统在国内外的发展情况,详细描述了高速公路智能交通系统的概念和技术架构,然后进一步从高速公路交通管理、高速公路电子收费、高速公路交通信息服务、智能车路协同、高速公路交通运输安全、高速公路交通基础设施管理、高速公路运营节能减排以及高速公路大数据管理这八方面介绍高速公路智能交通系统的详细内容。最后是对高速公路智能交通系统的总体评价,以及高速公路智能交通系统建设及评价案例。

本书由北京工业大学城市交通学院的于泉教授、招商新智科技有限公司总经理李美涛、梁锐编著。在本书的编写过程中,招商新智科技有限公司董事长杜渐、执行董事陈兵、副总经理何站稳等参与了本书第一章及第二章的编写,招商新智科技有限公司解决方案中心总经理张峰及成员刘新昌、崔德宝、吴大勇、宋艳、杨裴,以及北京工业大学城市交通学院的研究生梁锐、郭增增、刘洋、周予婷等参与了其他章节的编写。

编著者
2018年5月

目录

1 智能交通系统概述 …………………………………………………………… 1
   1.1 智能交通系统的概念 ………………………………………………… 1
   1.2 智能交通系统的特征 ………………………………………………… 2
   1.3 智能交通系统的研究和发展 ………………………………………… 6
   1.4 智能交通体系框架 …………………………………………………… 21
2 高速公路智能交通系统 ……………………………………………………… 28
   2.1 高速公路智能交通系统的概念 ……………………………………… 28
   2.2 高速公路智能交通系统的结构 ……………………………………… 28
   2.3 高速公路智能交通系统的内容 ……………………………………… 28
   2.4 高速公路智能交通系统的相关技术 ………………………………… 29
3 高速公路智能交通系统的技术架构 ………………………………………… 32
   3.1 感知层 ………………………………………………………………… 33
   3.2 网络层 ………………………………………………………………… 33
   3.3 数据层 ………………………………………………………………… 34
   3.4 应用支撑层 …………………………………………………………… 34
   3.5 综合应用层 …………………………………………………………… 34
   3.6 应用展现层 …………………………………………………………… 35
4 高速公路交通管理 …………………………………………………………… 36
   4.1 交通动态信息监测 …………………………………………………… 36
   4.2 交通环境状况监测 …………………………………………………… 37
   4.3 交通需求管理 ………………………………………………………… 42
   4.4 道路运行管理 ………………………………………………………… 42
   4.5 交通控制 ……………………………………………………………… 43

4.6	交通事件管理	44
4.7	综合执法	47
4.8	"绿色通道"稽查与管理系统	52
4.9	智慧服务区	54

5 高速公路电子收费 … 64
5.1 联网 MTC … 64
5.2 联网 ETC … 65
5.3 移动支付 … 69

6 高速公路交通信息服务 … 72
6.1 出行前和出行中信息需求 … 72
6.2 驾驶员和乘客信息需求 … 73
6.3 发布交通信息的主要技术 … 75
6.4 综合信息服务 … 78
6.5 个性化信息服务 … 82
6.6 车辆救援服务 … 83

7 智能车路协同 … 85
7.1 交通应用 … 85
7.2 道路危险状况提示(Hazardous Location Warning, HLW) … 87
7.3 限速预警(Speed Limit Warning, SLW) … 88
7.4 车内标牌(Traffic Sign In Car, TSC) … 89
7.5 前向碰撞预警(Forward Collision Warning, FCW) … 90
7.6 紧急制动预警(Emergency Brake Warning, EBW) … 93

8 高速公路交通运输安全 … 95
8.1 紧急事件指挥调度与救援管理 … 95
8.2 运输安全管理 … 104
8.3 交通安全管理 … 107
8.4 养护作业人员安全保护 … 110

9 高速公路交通基础设施管理 … 113
9.1 设施监测 … 113
9.2 资产管理 … 114
9.3 养护决策 … 120
9.4 路政管理 … 125

9.5 施工区安全管理 ……………………………………………………… 127
9.6 综合信息管理 …………………………………………………………… 129

10 高速公路运营节能减排 ……………………………………………… 132
10.1 技术性节能减排 ………………………………………………………… 133
10.2 结构性节能减排 ………………………………………………………… 133
10.3 管理性节能减排 ………………………………………………………… 135

11 高速公路大数据管理 ………………………………………………… 137
11.1 数据采集与接入 ………………………………………………………… 137
11.2 数据检验与存储 ………………………………………………………… 141
11.3 数据共享与交换系统 …………………………………………………… 141
11.4 数据应用支持 …………………………………………………………… 143
11.5 基础数据管理 …………………………………………………………… 144
11.6 数据维护与更新 ………………………………………………………… 145
11.7 数据安全 ………………………………………………………………… 147

12 高速公路智能交通系统总体评价 …………………………………… 148
12.1 系统监测与服务平台评价 ……………………………………………… 148
12.2 系统关键设备评价 ……………………………………………………… 152
12.3 车道收费系统评价 ……………………………………………………… 153
12.4 系统运行环境评价 ……………………………………………………… 153
12.5 信息系统安全性评价 …………………………………………………… 155
12.6 评价总结 ………………………………………………………………… 156

13 高速公路智能交通系统建设及评价案例 …………………………… 158
13.1 概述 ……………………………………………………………………… 158
13.2 系统监测与服务平台 …………………………………………………… 158
13.3 高速公路智能交通系统关键设备 ……………………………………… 180
13.4 总结 ……………………………………………………………………… 192

参考文献 ……………………………………………………………………… 195
致谢 …………………………………………………………………………… 198

1　智能交通系统概述

1.1　智能交通系统的概念

自20世纪90年代起,智能交通系统(Intelligent Transportation System,简称 ITS)作为一个整体课题出现在城市管理者的面前,经过20多年的发展,智能交通系统已经是国内外城市交通基础建设的必要组成部分。然而,这只是从无到有的第一步,当前国门内外,甚至国内不同地区的智能交通建设标准、方式,要求都完全不同。

1.1.1　中国

智能交通系统是将先进的信息技术、通信技术、传感技术、控制技术以及计算机技术等有效地集成运用于整个交通运输管理体系而建立的一种在大范围内全方位发挥作用的、实时、准确、高效的综合交通运输管理系统。它由若干子系统组成,通过系统集成将道路、驾驶员和车辆有机地结合在一起,从而加强三者之间的联系。借助于智能交通系统的智能化技术,驾驶员可以实时了解道路交通以及车辆的状况,以最为安全和经济的方式到达目的地;同时,管理人员也可通过对车辆、驾驶员和道路实时信息的采集来提高管理效率,达到充分利用交通资源的目的。

1.1.2　美国

美国的智能交通系统十分先进,具备智能地、自适应地管理各种地面交通的能力,能实时监视、探测区域性交通流的运行状况,快速收集各种交通流数据,及时分析各种地面交通的运行特征,并预测其变化,以制订最佳应变措施和方案。

1.1.3　欧盟

欧盟智能交通系统是一种在道路运输领域应用了信息和通信技术的系统,包括基础设施、车辆和用户应用、交通管理和移动性管理,以及用于与其他交通工具接口。

1.1.4　日本

通过使用最先进的通信技术和控制技术,日本的智能交通系统不但可将道路、驾驶员和车辆等有机地结合在一起,并加强三者之间的联系,借助智能交通系统的智能化技术,驾驶员还可以实时了解道路、交通以及车辆的状况,以最为安全和经济的方式到达目的地,减少交通事故及交通堵塞情况,同时节约能源和保护环境。日本对智能交通系统的定义,如图1.1所示。具体来讲,日本智能交通系统主要是充分利用现有道路、交通、汽车等的技术或设备,采用先进的信息采集技术、数据通信传输技术、电子传感技术以及计算机软件处理技术等,集成道路、交通、车辆、驾乘者及环境等各系统在一个大范围内、全方位发挥作用的高效、便捷、安全、环保、舒适、实时、准确的综合交通运输管理系统;它是一种旨在提高交通系统的运行效率,减少交通事故,减少环境污染,实现信息化、智能化、社会化、人性化的新型智能交通运输系统。

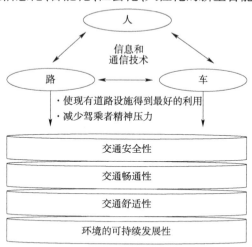

图 1.1 日本对智能交通系统的定义

1.1.5 澳大利亚

澳大利亚的智能交通系统主要是围绕信息技术和通信技术在交通运输中的应用展开的。智能交通系统包括独立基础设施的应用,如交通管理系统,除此之外,还包括与智能交通系统合作的相关应用,如远程信息处理、车辆基础设施和车车通信等。这些技术涵盖了道路、铁路、水运、空运以及自行车等的运输和公共运输,交通枢纽的应用。

1.2 智能交通系统的特征

1.2.1 智能交通系统的总体特征

智能交通系统的突出特点是以信息的收集、处理、发布、交换、分析、利用为主线,为交通参与者提供多样性的服务。经总结分析,智能交通系统主要有如下几个方面的特征。

(1)交通要素泛在互联

包括道路、桥梁、附属设施等交通基础设施,车辆、船舶等运输装备,以及人和货物在内的所有交通要素,在新的传感、自组网、自动控制技术环境下,能够实现彼此间的信息互联互通和自动控制,交通基础设施、运输装备将具备多维感知、智慧决策、远程控制、自动导航等功能,实现主动预测和自动处置。

(2)虚拟与现实相结合,线上与线下相配合

未来的交通运输系统将由用户在网络上提出客货运输需求,运输系统在接收网上运输需求后,利用大数据、云计算、人工智能等技术手段在网络上解析运输需求,提出运输策略,制订运输计划,然后再交由线下的交通运输设备设施去完成实际的运输生产。

(3)门到门一体化综合运输

对用户而言,未来的交通运输系统就是一个整体的运输服务提供商。用户无须了解

交通运输系统内部的构造与运作方式,只需要提供从 A 到 B 的运输需求,系统自然会提供一整套的解决方案,包括票务的"一票制",运输组织的多式联运、无缝衔接、连续性和全程性。

(4)应需而变,为用户提供适应性服务

在全面感知、实时通信、海量数据分析能力不断提升的前提下,用户与系统平台交互更加频繁、密切,交通运输系统更加具有人类的智慧,可以根据实际情况的变化应需而变,为各类用户提供个性化的、多样化的、以人为本的运输服务。

(5)运输生产组织和管理的高可靠性和高效能

智能交通系统包括智能化的交通基础设施、智能化的交通运输装备、智能化的运输组织服务等。生产组织和管理者对各种运输要素的掌握更加详细、及时、准确,对各种风险能够更加有效地控制和应对,并能够通过智能技术使运输生产的策略更加科学,运输生产组织和管理可靠性更高、效能更高。

此外,智能交通系统在建设过程中的整体性要求更加严格。这种整体性主要体现在以下几个方面:

①智能交通系统建设涉及众多行业领域,是社会广泛参与的复杂巨型系统工程,因而造成行业间复杂的协调问题。

②智能交通系统综合了交通工程、信息工程、控制工程、通信技术、计算机技术等众多科学领域的成果,需要众多领域的技术人员共同协作。

③政府、企业、科研单位及高等院校共同参与,恰当的角色定位和任务分担是智能交通系统有效展开的重要前提条件。

④智能交通系统由移动通信、宽带网、RFID、传感器、云计算等新一代信息技术作为支撑,将视频交通数据、指挥中心、交通数据、全球卫星定位系统数据等多源信息融合在一起,符合人们的应用需求,可信任程度大大提高并变得"无处不在"。智能交通系统多源信息融合平台,如图 1.2 所示。

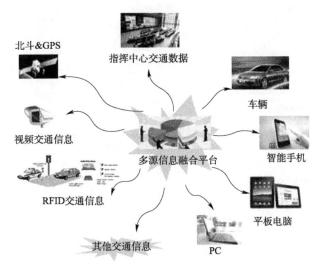

图 1.2　多源信息融合平台

1.2.2 智能交通系统信息特征

智能交通系统,从本质上讲,主要是最大限度地实现信息的采集、处理、加工和共享,并根据所获得的实时信息不断地优化交通系统的控制策略和调整各类交通参与者的行为,实现交通系统的优化运行。作为智能交通系统的核心资源,信息在智能交通系统中扮演着至关重要的角色。在智能交通系统中,信息主要有以下几个方面的特征:

(1)信息来源广、种类多、表现形式迥异、信息量大

在智能交通系统中,由于充分利用了当前迅速发展的信息技术,信息的来源渠道和种类很多,如来自传感器的交通流量信息,来自摄像机的视频信息,来自自动车辆定位系统及探测车辆的行程时间和平均行驶速度的信息,来自 GPS 定位系统的车辆方位信息,来自电子交警的车辆违章信息,来自报警电话的交通事故信息,等等,表现形式包括数据、图像、声音、视频等,同时,这些信息都是实时获取的,在较短的时间内信息量会迅速膨胀。以北京市的实时自适应交通控制(Split Cycle Offset Optimi Zing Technique,SCOOT)系统为例,遍布于城区各主要交通干线上的 1 000 多个传感器,每个月所产生的数据量达几十吉。如果要把 100 多台摄像机的视频信息也包括进来的话,信息量将会大得无法承受。美国圣安东尼奥市附近的一条高速公路(长 46 km)上的传感器每天产生的数据量为 120 MB,每月为 3.6 GB,全年为 44 GB。

(2)信息的分布范围很广,但共享的需求程度、标准化要求很高

由图 1.3 所示的美国智能交通系统体系结构可以看出,在智能交通系统中涉及多个单位和部门,这些单位和部门都有自身的信息采集、处理和应用系统,也就是一个个相对独立的信息"孤岛",而智能交通系统最主要的目的之一,就是将这些信息"孤岛"联系起来,实现信息在整个系统乃至全社会范围内的共享。

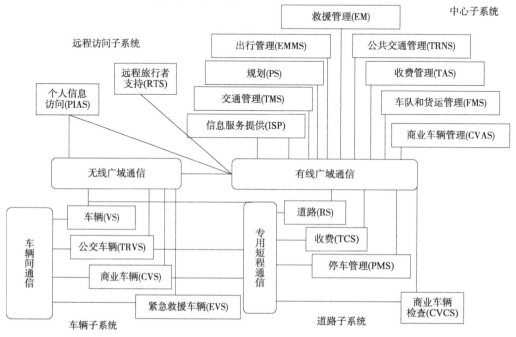

图 1.3　美国智能交通系统体系结构

(3) 信息具有明显的层次性

从图1.4给出的层次化的智能交通系统体系结构可以看出,在智能交通系统中,信息可以分为采集、融合、决策、协作和服务这几个层次。在这些不同层次上的信息的特性是各不相同的,用途也各异。例如,位于底层子系统提供的信息通常作为上层信息加工和应用的基础,它们之间的信息交换较少;而上层的信息则主要面向信息的具体应用,且信息在各个上层子系统之间的交换和共享相对频繁。

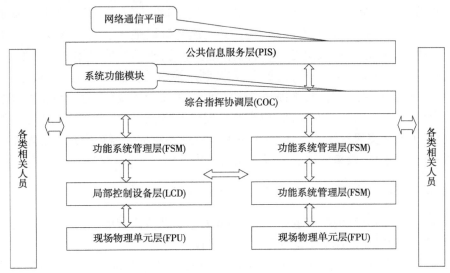

图1.4 层次化的智能交通系统体系结构

(4) 信息具有时空相关性

智能交通系统中所提供的信息,大多是与时间和空间相关的。比如,车流量数据只有在与一定的时刻及路口相联系时才有意义,否则就不能为人们所理解和利用。而这些信息的时间及空间相关性又为进行交通信息的控制、预测、研究等提供强大的支持。例如,可以利用交通流的时间相关性,进行交通流的时间序列分析,对交通流的发展变化趋势进行较为精确的预测;也可以利用交通流的空间相关性,分析交通流在路网中的分布特征,为进行实时交通控制提供参考。

(5) 信息具有主题相关性

在智能交通系统中,信息是明显与主题相关的。信息可按主题划分为交通流信息、交通信号控制信息、交通事故信息、交通违章信息、公交调度信息、地理信息、天气信息、停车场信息、收费信息等。根据这些不同的主题,可以将智能交通系统中采集和处理得到的信息进行分类,以优化对这些信息的查询或做进一步处理。

(6) 信息具有生命特性

与生物一样,智能交通系统中的信息存在着自繁衍、自进化、自消亡这三大类似生命的基本特性。智能交通系统中的信息从采集、融合、加工、应用到最后被扬弃的过程,体现了生物进化论中遗传、变异、选择和进化的思想。因此,可以借鉴生物进化论的思想,为智能交通系统中的信息赋予一定的生命特征属性,并采用发展、变化和进化的思想对信息进行有机的建模、组织和处理。

1.3 智能交通系统的研究和发展

自20世纪90年代起,城市智能交通系统开始作为一个整体课题为城市管理者所研究。经过20多年的发展,城市智能交通系统已成为国内外城市交通基础建设的重要组成部分。然而,这只是从无到有的第一步。当前,国内外,甚至国内不同地区的城市智能交通建设标准、方式、要求都不相同。智能交通技术首先是从美国和西方发达国家开始进行研究并发展起来的。发达国家解决交通问题的思路是在其交通基础设施已经基本建设完成的基础上,通过运用智能交通技术来扩大交通容量,优化交通出行,提高运输效率。作为发展中国家,我国在交通基础设施还不够完善的前提下,需要利用最新的智能交通技术,通过提高道路的通行能力,挖掘交通设施的潜力,来提高交通的可靠性、安全性、稳定性、有序化和便利性,进而优化公众出行。如今,移动互联网、超高速的无线网络、云计算、物联网、大数据等新技术的发展,提升了智能交通系统的发展空间,使智能交通系统成为城市交通乃至整个交通运输业提高服务能力、水平、效率的主要手段和发展趋势。

1.3.1 智能交通系统在中国的研究和发展

我国在智能交通领域的研究起步较晚,但随着全球范围内智能交通研究的兴起,进入20世纪90年代,我国明显加快了智能交通研究的步伐。

20世纪70年代中期至80年代初,我国对智能交通技术的理论研究重点围绕交通流理论、交通工程学、城市路口自动控制数学模型等工作展开;技术开发包括点、线、面控计算机软件,北京前三门交通控制试验系统,天津线控、面控试验系统,信号机、检测器的开发等。

20世纪80年代中期至90年代初,公路系统的智能交通技术理论研究主要包括高速公路监控系统数据模型、交通堵塞自动判断模型、标志和标线视认性研究、驾驶心理研究等;开发应用包括天津疏港公路交通工程技术研究(通信、监控、安全设施)、可变情报板、可变限速标志、通信适配器、通信控制器、紧急电话的研制,广佛高速公路监控系统、交通和气象数据采集设备的研制,广佛高速电子收费系统和不停车收费的试验,以及交通工程计算机辅助设计等。在此期间,城市交通控制系统,如信号控制、电视监控、122报警、交通信息管理和交通电台系统等开始在部分大、中城市建立。

我国自20世纪90年代后期开始学习和引入智能交通系统。结合我国交通运输实际需求,我国的智能交通以科技创新为先导,历经近20年的发展,取得了积极的成效。智能交通系统在我国的发展主要经历了4个阶段。

1996—2000年,是起步阶段。这一阶段主要是通过参加和组织国际智能交通领域的国际会议,学习、了解智能交通系统的国际发展情况。2000年,我国成立了全国智能交通系统协调领导小组办公室,统筹我国智能交通系统的建设与发展。这一时期,科技部立项支持研究形成了《中国智能交通系统体系框架》《中国智能交通系统标准体系框架》两个重要成果,为我国智能交通系统发展提供了宏观的指导文件。

2001—2005年,是培育阶段。这一时期,国家重点在12个城市进行了智能交通系统示范工程建设,同时立项了国家科技攻关计划,极大地调动了全国各城市推动智能交通系统建设的积极性,也有效推动了与智能交通相关的科技、产业等单位的积极介入,使全社会达成了大力发展智能交通系统的共识。

2006—2010年,是我国智能交通系统发展基础形成的重要阶段。我国智能交通系统的标准化体系日益完善;在北京奥运会、上海世博会、广州亚运会等重大国际活动的交通保障中,大规模集成应用了智能交通技术;京津冀、长三角等区域实现了联网不停车电子收费;智能交通系统的基础研究和示范应用取得多项创新成果。这一时期,我国智能交通技术在智能化运营管理方面取得的进展比较明显。

2011—2015年,是智能交通在我国提升发展的时期。这一时期,车路协同、大城市区域交通协同联动控制、交通枢纽智能化管控等智能交通系统关键技术和前沿技术得到国家科技计划的支持,智能交通系统建设在全国普遍展开;交通运输部、公安部等部门部署实施了一系列智能化管理和智能化服务的项目工程;畅通工程、公交都市建设、快速公交、交通信息服务示范等带动了智能交通系统建设应用规模的提升和产业的创新发展。

智能交通系统的核心就是利用现代信息技术对传统的运输系统和载运工具进行改造,进而形成智能化、网联化的新一代交通运输体系。近年来,随着物联网、大数据、"互联网+"等新兴技术和产业的大力推动,智能交通系统也有了长足发展。一方面,模式识别、网络通信、信息融合等极大地促进了交通信息采集、处理和传输的便捷性和有效性;另一方面,智能感知、路径规划、决策控制等人工智能领域的最新技术也广泛应用于载运工具上,促使其朝着协同化、无人化的阶段大步迈进。可以说,先进的交通信息服务、车路协同和智能车辆等是智能交通系统领域最重要的发展方向,正在引发智能交通技术和产业的大变革。

(1) 交通信息服务系统的发展

自2005年起,山东省、浙江省、北京市及成都市相继建设实施了交通信息化示范工程、公路公众交通信息服务系统;自2007年起又相继启动了包括公众出行信息服务系统在内的多个省级交通信息资源整合与服务工程的建设,旨在以互联网、热线电话、短信、纸质媒体、高速公路可变信息板等多种方式,为自驾车和长途客车的出行者提供出行前、出行中的信息服务。与此同时,其他相关部门和企业也以各种方式纷纷涉足出行信息服务市场。我国公众交通信息服务系统的建设已经进入了快速发展期。

各城市不同程度地建立了交通信息服务系统。北京市研究开发的道路交通流预测预报系统是全方位提供交通信息服务的基础子系统。该子系统以地理资讯系统(GIS)电子地图的形式向用户提供五环路内所有主要道路的当前时刻及未来5分钟、15分钟、30分钟、1小时、2小时的路况信息,包含路段上的交通流量、平均速度、占有率及饱和度等数据。除此之外,该系统还有拥挤评价、旅行时间服务、路况异常状态的动态分析和预警等功能,能够通过可变信息板、指挥中心大屏幕、交通广播台、信息服务网络、车载终端等途径对外发布信息。南京市交通信息服务系统包括南京智能交通诱导服务中心平台系统、江苏省交/巡警高速公路指路服务系统、南京智能交通广播服务系统、南京智能交通诱导服务系统网站、南京市停车诱导服务系统等5个子系统,整合了各类交通信息资源,并通过合理、可靠的服务软件系统构建智能交通信息服务平台。目前,南京智能交通信息服务中心已接入11万余个信息采集点,7 000多辆出租车车载智能终端,8个隧道口和170个主要路口的视频监控系统,路况动态信息准确率达85%以上。该系统可为公众提供实时路况查询、动态路径诱导、公交查询、停车场车位查询和预订、交警服务信息免费告知、高速公路信息查询等服务。

(2) 车路协同系统的发展

与发达国家相比,我国车路协同系统的研究起步较晚。20世纪80年代初,我国逐步开始重视运用高科技来发展交通运输系统。2006年,我国在"863计划"中设立了现代交通技术领域。2010年,国家确定"车联网"为"十二五"发展的国家重大专项。2011年,"车路协同系统关键技术"项目通过国家"863计划"立项,于2014年2月通过科技部验收。该项目完成了车路协同系统的体系框架,提出了车路协同系统的集成测试与演示方案,实现了10余项典型的车路协同应用场景,突破了车路协同系统的多项关键技术。

(3) 智能车辆系统的发展

我国自20世纪80年代开始着手自动驾驶汽车的研发,虽与国外相比还有一定的差距,但目前也取得了阶段性成果。1992年,国防科技大学研制出了我国第1辆自动驾驶汽车,清华大学、同济大学、上海交通大学、军事交通学院、西安交通大学等都开展过无人驾驶汽车的研究项目。

国防科技大学和一汽联合研发的红旗无人驾驶轿车红旗HQ3在高速公路上试验成功,该车在从长沙到武汉的高速公路环境下,完成了286km的无人驾驶试验,其中,自主超车67次,人工干预里程不到自主驾驶总里程的百分之一。由一汽红旗研制的CA7460无人驾驶轿车采用国防科技大学研制的视觉系统,于2003年6月在湖南长沙进行高速公路试验,该车自主驾驶最高速度达到130km/h。同济大学建立的无人驾驶汽车研究平台,实现了环境感知、全局路径规划、局部路径规划及底盘控制等功能的集成,使无人驾驶汽车具备了"自主思考、行动"的能力,使无人驾驶汽车具备了融入交通流、避障、自适应巡航、紧急停车(遇行人横穿马路等路况时)、车道保持等功能。2003年3月,清华大学的智能车(THMR-V)在公路上进行了视觉导航试验,车道线自动跟踪平均速度为100km/h,最高速度为150km/h。2005年,上海交通大学成立了智能车实验室,在欧盟框架计划国际合作项目的资助下开展了区域交通中的无人车(Cyber Cars)研究,先后开发了4辆CyberC 3无人驾驶电动车和一辆Cyber Tiggo无人驾驶汽车。2013年,中科院合肥物质科学研究院完成了自动驾驶仪的控制系统和执行机构研制,在汽车匹配试验中顺利实现了对车辆转向、制动、油门、挡位、灯光和喇叭的智能化控制。2012年,军事交通学院研制的"军交猛狮号"无人驾驶汽车在北京至天津的高速公路上顺利完成测试,实现了无人驾驶汽车巡线行驶、跟车行驶、自主换道、邻道超车、自主超车等功能。2015年8月,李德毅院士等与宇通公司研制的全球第1台无人驾驶大客车,在开放道路交通环境及全程无人工干预的条件下首次成功运行,自主完成了路口自动辨识红绿灯、定点停靠等一系列试验科目。

1.3.2 智能交通系统在美国的研究和发展

美国是应用智能交通系统较为成功的国家之一。从1976年到1997年,美国每年的车辆公里数以77%的速度上升,但是同期道路建设里程的增长率却仅为2%,在交通高峰时段,54%的车辆处于拥挤状态。在这种情况下,20世纪80年代后,美国较早地开展了智能交通系统的研究和规划。

1991年,美国国会通过了《综合地面运输效率方案》,旨在利用高新技术和合理的交通分配提高整个路网的效率。1995年3月,美国交通部出版了《国家智能交通系统项目规划》,明确规定了智能交通系统的7大领域和29个用户服务功能,并确定了到2005年的年度开发计划。其中,7大领域包括出行和交通管理系统、出行需求管理系统、公共交通运营系统、商用车辆运营系统、电子收费系统、应急管理系统、先进的车辆控制和安全系统。

①出行和交通管理系统包括城市道路信号控制、高速公路交通监控、交通事故处理等公路交通管理的各种功能,以及用来研究和评价交通控制系统运行功能与效果的三维交通模拟系统。

②出行需求管理系统向用户提供有关出行信息,旨在改善交通需求管理。将该系统与出行和交通管理系统结合起来,驾驶员就可以通过车载或住所的计算机和无线通信设备获得各种信息(道路条件、交通状况、服务设施位置和导游信息等),合理选择出行时间和路线。

③公共交通运营系统用以提高公共交通的可靠性、安全性及生产效率。

④商用车辆运营系统在洲际运输管理中自动询问和接收各种交通信息,以实现商用车辆的合理调度。

⑤电子收费系统通过电子卡或电子标签的计算机自动收费,可实现所有地面交通收费(包括道路通行费、运输费和停车费等)的自动化,以减少用现金收费所产生的延误,提高道路的通行能力和运行效率,并为系统管理提供准确的交通数据。

⑥应急管理系统用以提高对突发交通事件的报告和反应能力,改善应急反应的资源配置。

⑦先进的车辆控制和安全系统。用先进的传感、通信和自动控制技术,可以为驾驶员提供各种形式的避撞和安全保障措施。

从1991年的《陆上综合运输效率化法案》(简称《冰茶法案》或"ISTEA")到1998年的《面向21世纪的运输平衡法案》(简称"TEA-21"),智能交通系统的发展重点由智能交通系统研究开发转移为智能交通系统基础设施实施和集成。这是对美国智能交通系统的发展具有划时代意义的两部法案,是从立法的高度统一规划美国智能交通系统的发展,制订投资计划。当继TEA-21颁布后发布的《美国五年ITS项目计划(1999—2003年)》即将到期时,美国交通部又要求美国智能交通协会(ITS America)组织制订了《美国十年ITS项目计划》。该计划的终稿于2002年1月已发布。该计划展望了智能交通系统的发展蓝图,制定了美国智能交通系统发展的确切目标,即在智能交通系统的主题领域(技术领域——综合的交通信息网络,先进的车辆防撞技术;自动车辆碰撞和事故探测、通知和反应,先进的交通管理。环境领域——交通系统管理与运营环境;政府部门的角色定位、相互关系和投资),广泛实施私有企业产品的联邦政策和行动计划,分析智能交通系统的状况、发展机遇、效益和挑战,提出应展开的行动。对主要的智能交通系统参与者(政府部门、自由企业和大学)发出行动号召。目前,美国已经建立了较完善的智能交通系统体系结构。

从应用上来看,目前智能交通系统在美国的应用已达80%以上,而且相关的产品也较先进。据了解,美国智能交通系统在其车辆安全系统中的应用占其应用的51%,应用投入占了重头,这和国外智能交通信息产业的发展方向相符。近年来,不少国外机构重点开展交通安全技术的研究。在交通管理方面,大量采用先进的监控管理技术,通过道路监控中心和路边的可变标志板、自动测速器、称重装置等传感系统,既可以为驾驶者提供实时的路况信息,又可以为道路管理者提供和监控违章车辆的运行状况,从而及时发现问题,消除车辆违章。美国在这方面的应用已经普及。

在智能交通资金投资上,1991 年的《陆上综合运输效率化法案》规定美国征地必须投入资金资助智能交通系统的研究和开发,这也反映美国希望在智能交通系统领域保持主导地位的决心,因为在智能交通系统研究领域占据领先地位就意味着在智能交通系统市场中取得了主动权。1991—1997 年美国隔年智能交通系统项目资金 7 年内总投资达到了 13 亿美元。美国的智能交通系统项目资助以政府为主,同时也积极引入私人资本投入机制,希望通过创造良好的公私合作关系来降低政府在这方面的财政负担。

总体来看,美国是应用智能交通系统较为成功的国家之一。美国在采用智能交通系统后,取得了比较明显的效果,在基础投资成本、运输效益等方面都有很大的提高。美国智能交通系统的基本框架,如图 1.5 所示。

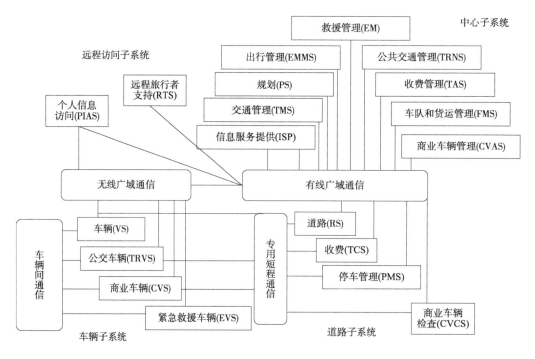

图 1.5　美国智能交通系统的基本框架

(1)交通信息服务系统的发展

国内外的研究一致表明:交通信息服务系统正在从单方面的智能化信息服务应用,如不停车电子收费、电子导航、车辆驾驶辅助等,向更高层次的合作型交通信息服务应用演进。

美国于 2004 年提出车路协同系统,即通过信息与通信技术实现汽车与道路设施间的协同,采用试验车获取实时交通数据,支持动态路径规划与诱导,提高行车安全和行车效率。2008 年后,美国又研发出 Safe Trip 21 系统,向驾驶人提供"软安全性"警告,使其可以更加及时地调整行车速度,降低高速公路上的事故率。

（2）车路协同系统的发展

1997年,美国加州的自动公路系统演示结束后,美国于1998年开始组织实施智能车(IVI)计划、协同式自动公路系统(CVHAS)及车路协同(VⅡ)计划的研究。2007年,美国交通部将VⅡ更名为Intelli Drive(智能驾驶)。2012年开始,美国逐步在密歇根州、加州等地建立了相应的车联网测试平台。2014年,美国交通部对外发表声明,决定推动"车辆间通信"技术在轻型车上的应用,这标志着车联网在美国展开了大范围的应用。

（3）智能车辆系统的发展

早在1995年,美国卡内基梅隆大学就研发了基于视觉导航(Visual Navigation)的NavLab-5系统,并进行了横穿美国的试验。试验全程为4 587km,其中,自主驾驶部分占98.2%,最长自主驾驶距离为111km,全程平均速度为102.72km/h。1997年,美国在圣地亚哥到洛杉矶之间长12km的州际公路上成功进行了自动公路系统的实车演示,此次公开演示试验用10辆小轿车对车辆车道自动保持、自动换道、车队编排、车辆间通信、车—路通信等技术进行了验证。演示结束1年后,美国国会便通过了《世纪交通平等法案》,开始组织实施车载信息娱乐系统(IVI)计划。

1.3.3 智能交通系统在日本的研究和发展

20世纪60年代中后期,小汽车、空调和彩色电视机替代洗衣机、冰箱和黑白电视机成为当时日本老百姓争相购买的"新三种神器"。在这种趋势下,小汽车迅速走进日本的千家万户。到20世纪70年代初,日本的一些大城市已经车满为患,拥挤不堪。伴随着小汽车的迅速普及,交通死亡事故也频频发生。到90年代初,日本政府和企业在交通治理上已做了许多的努力,虽然交通状况得到了一定的改善,但仍然没有形成一个有效的人、车、路和谐共存的交通管理体系。日本是世界上率先开展智能交通系统研究的国家之一。1973年,日本通产省在开始开发汽车综合控制系统(Comprehensive Automobile Control System,CACS)时,已发起了智能交通系统的研发活动。

20世纪90年代中期,日本各省厅由分别推进智能交通系统的研发项目转向了携手联合。在20世纪90年代中期,日本着手从制定基本国策的高度来推动智能交通系统的发展。《面向高度信息和通信社会推进的基本方针》于1995年6月由日本内阁会议正式通过。在"基本方针"5个研究领域之一的"公共部门信息化"中,"道路交通信息化"被列在首位。在上述基本方针的基础上,同年,由与研究智能交通系统有关的4省1厅(邮政省、建设省、运输省、通产省、警视厅)联合制定和发布的《公路、交通、车辆领域的信息化实施方针》向国内外表明了日本政府对推进智能交通系统开发的积极态度,并提出了日本智能交通系统研究开发的9大领域,如图1.6所示。

1995年,日本的通产省、运输省、邮政省、建设省和警视厅联合制订了道路、交通和车辆的信息化。日本新交通系统是日本实现智能交通系统的关键之一,在《日本ITS框架体系》的指导下,该系统由1个具有高性能的核心性综合交通控制中心和10个子系统组成。这些子系统包括公交优先系统、交通信息提供系统、综合智能图像系统、安全驾车辅助系统、行人信息通信系统、紧急车辆优先系统、不停车收费系统、动态车载导航系统、车辆行驶管理系统等。

1996年7月，由4省1厅联合制定的"推进ITS总体构想"，对日本智能交通系统的推动具有划时代的重大意义。此构想提出了日本未来20年智能交通系统发展的长期构想、智能交通系统开发和实施计划以及智能交通系统功能目标的基本概念，还定义了智能交通系统在9个领域的20项服务，明确了产、学、官、商的合作开发机制；同时，构想也铺平了发展智能交通系统在日本成为基本国策的道路。近年来，智能交通系统在日本基本国策中的优先性地位不断得到提高。在日本政府发布的有关智能交通系统社会的重要政策（如2000年的《形成ITS社会基本法》，2001年的《E-JAPAN战略》以及2001年的《E-JAPAN优先政策计划》）中，智能交通系统总是被置于社会中的关键位置，尤其是《E-JAPAN优先政策计划》中提出智能交通系统、车辆信息与通信系统（Vehicle Information and Communication System，简称VICS）是其第三代信息通信中最重要的组成之一，同时提出了加强智能交通系统研发的相关政策。在这些系统中，发展和应用最为突出的是日本不停车收费系统和动态车载导航系统。

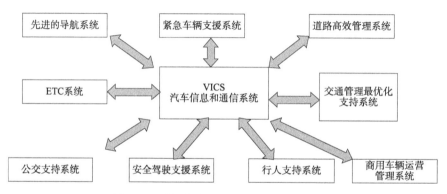

图1.6　日本智能交通系统研究开发的9大领域

日本的不停车收费系统（Electronic Toil Collection，简称ETC）以其应用的专用短程通信技术成为智能交通领域的一大亮点。目前，日本不停车收费用户已经超过3 300万，即近50%的车辆安装了不停车收费车载机。车载机的累计产值（按销售价格计算）近50亿美元。如果加上路侧设备、后台结算系统、服务设施和系统，仅ETC就给日本社会创造新增产值超过100亿美元。ETC的效益还不止这些。根据日本国土交通省的资料，2005年，日本不停车收费系统使用率达到50%时，高速公路收费站的拥堵现象将基本消失，同时还将减少二氧化碳排放量将13万t。近两年，日本ETC的使用率已经超过85%，每年减少二氧化碳排放19万~20万t。

此外，日本的动态车载导航系统在国际上也处于领先地位。日本的动态车载导航系统又称车载动态交通信息与导航系统（VICS）。1992年，日本开始对VICS进行系统的研究和规划；1995年，日本开始在个别城市进行应用试验；1996年，该系统在东京地区开始服务，现已覆盖日本全国。根据日本VICS中心的数据显示，到2010年，VICS车载机保有量已达3 000万台，这是世界上拥有动态导航最大的系统，累计创造产值600亿美元，并且与该系统相关的通信、安防等各个行业都有受益。

在投资上，日本ITS的投资来源主要是和汽车相关的税收。4省1厅于1995—1999年共投入3 683亿日元的ITS研发、实施资金，其中，90%用于ITS的实施，10%用于ITS的研发。实施资金的投入主要是以警视厅和建设省为主,主要用于动态车载导航系统和城市交通管理和控制系统路边设施的安装。在研发资金中,建设省投入了很大份额,主要用于信息高速公路系统的研究。通产省和邮政省的研发资金主要用于信息通信标准的开发。2001年日本道路ITS研发预算比2000年增长了24%,投入信息高速公路建设的资金预算则增长了2%。日本走政府与民间企业相互合作的道路,如车辆信息通信系统(VICS)的运作方式极大地调动了企业的积极性,加速了日本ITS的开发与应用。2000年与2001年,日本道路ITS研发预算和信息高速公路建设的资金预算对比,如表1.1所示。

日本道路ITS研发预算和信息高速公路建设的资金预算　　　　表1.1

资金用途	2001年预算（亿日元）	2000年预算（亿日元）	增长率(%)
道路ITS开发	700	566	1.24
ITS基础建设的改善	618	484	1.28
研发的全面促进	82	82	1.00
兴建信息高速公路	3231	3175	1.02
改善用于道路管理的光纤	217	175	1.24

(1)交通信息服务系统的发展

从1995年至今,日本的车辆信息与通信系统中心将交通管理部门及道路养护部门提供的信息,利用无线电信标、红外线信标和FM多路广播,以文字、图形形式传送给驾驶人和车载装置。2004年,日本研发的智能道路(Smart way)提出在车辆上安装导航系统、车辆间通信设备、自动驾驶装置等先进的电子仪器,以接收道路信息、电子收费、安全驾驶与公众出行支持的智能交通服务。此外,该中心还研究向手机、掌上电脑、个人电脑、电视接收器等终端提供有偿交通信息,从而使该中心演变为一个多功能、全方位、以交通信息服务为中心的综合信息服务平台。

(2)车路协同系统的发展

1991年,日本政府开始组织警察厅、通产省等部门研发VICS系统并投入运行。1994年,日本警察厅、运输省等5个部门联合成立日本道路交通智能化促进协会(Vehicle, Road and Traffic Intelligence Society, VRTIS)。2001年,日本车辆开始安装使用ETC。2004年,日本提出了智能道路(Smart way)项目。2011年,以Smart way的研究为基础,智能交通运动系统(ITS Sport System)在全日本高速公路上开始安装使用。VICS、VRTIS和ETC是车路协同的初级阶段,从Smart way项目开始,日本进入了系统研究车路协同技术的新阶段。

(3)车联网系统的发展

近年来,车联网系统(如国外的Vehicle-to-X)在各大汽车厂商的推动下及先进通信技术的支撑下获得了快速的发展。日本的Smart way可视为较早的车联网系统的概念。协作的车路系统,由道路、车辆、通信和处理系统构成。Smart way被设想为世界上最为安全的道路系统之一,在设想中,这条道路将会包含以下特点:先进的通信设施不断向车辆发送各种交通信息;所有的收费站都不须停车,能以较快的速度通行;道路与车辆高度协调,道路会提供必要的信息,以使车辆进行自动驾驶。Smart way能够整合各种交通信息,从而提供安全、便捷、通畅的道路交通运输系统,对环境产生良好的效果。Smart way实施的基础是目前日本不断发展的 VICS、ETC(Electronic Toil Collection)系统、AHS(Automated Highway System)等智能交通系统。Smart way 平台能够实现多种应用,包括信息服务、安全驾驶支持、道路管理、停车设施和灾难预防措施等。

Smart way 是通过信息通信技术将车辆和道路连接在一起的平台,主要由车辆、通信和道路构成。Smart way 的主要功能包括电子收费、多功能付费、浮动车数据采集服务、道路管理与运营、向驾驶人提供信息(如支持安全驾驶的信息、提示与警告信息、多用途信息、语音信息、交通拥挤与出行时间信息、停车设施信息)、网络连接、公共汽车定位及其他各类应用(如车辆诊断、"免下车"服务、进出控制及轮渡付款等)。2007 年 5 月,日本开始进行 Smart way 的测试工作。2007 年 10 月,日本进行了 Smart way 的示范工作。2011 年 1 月,在 Smart way 研究成果的基础上,一个新的 ITS 服务"ITS Spot Service"开始在东京都湾岸线上实施。到 2011 年 3 月,这项服务已经扩展到了 1 600 个点,主要集中在高速公路上。

1.3.4 智能交通系统在英国的研究和发展

英国是世界上较早发展公共交通的国家之一,加强公共交通基础设施建设是历届政府的一项重要工作。早期伦敦就将发展城市立体交通作为战略规划,每年为公共交通系统建设划拨大量的预算经费。为迎接在伦敦举行的 2012 年奥运会,伦敦交通局投入了总额为 100 亿英镑的 5 年(2005—2009 年)公共交通基础设施投资规划。在政府长期政策的支持下,目前伦敦已建成地上与地下、轨道交通与公路交通相交,集地铁、火车、轻轨、公共汽车、出租车于一体的立体化交通网络,并建立了先进的智能交通系统。

英国对智能交通系统的研究一直处于世界前列,智能交通系统的主要组成部分 SCOOT(Split Cycle Offset Optimi Zing Technique)系统的用户在世界上最多。另外,英国旅行信息高速公路(TIH)和视频信息高速公路(VIH)是世界领先的交通信息网络平台系统。具体来看,英国的智能交通系统主要包括以下几个部分。

(1)自动车辆定位系统

伦敦公共汽车公司拥有世界上最大的自动车辆定位系统,能够向 2 000 多个车站发送实时旅客信息。在英国,有两家私营公司为驾驶人提供车载服务,即 TIS Holdings 和 Trafficmaster。TIS Holdings 可以根据过往车辆的速度和位置来收集、分析及预测旅行时间,并通过各种平台获得系统不断更新的交通信息,如交通管理中心、互联网、车载设备及个人手持设备等。Trafficmaster 则通过全国网络中带有车牌识别装置的路边固定图像探测器获得交通信息,通过测定已知位置间的平均旅行时间,为驾驶人提供旅行时间数据资料。在英国,出行者可以很容易地通过互联网、电话、手机或街道上的信息亭查询与旅行相关的各种信息。

(2)可变信息系统

可变信息系统(VMS)是发布交通信息的主要途径之一。VMS 于 1995 年首先在 M25 高速公路上投入使用,一般每隔 15km 就设置一处可变信息板。一旦发生公路拥堵,监控系统在 30s 内就可以把拥堵信息反映到指示灯或指示牌上,提示来车减速或指示车辆通过另外的道路绕行。

(3)智能停车系统

在英国莱斯特市有一种实时停车信息系统,它能够为旅行者提供有关停车场方位和车位空间方面的信息。该系统可监控市内所有多层停车场的7 000多个车位,并利用市中心及城市周围的31个VMS系统显示车位的即时信息。智能停车系统由地区交通控制中心操作,可极大地改善当地的停车服务水平。

(4) 旅行信息高速公路

旅行信息高速公路(TIH)是类似于互联网的交通和旅行信息网络,它包含多种由英国TIH共同体开发的工具和标准,用于旅行信息的交换。英国实施TIH的经验是以TIH作为旅行信息共享的媒介,各种信息系统之间可以实现互通,可以实现旅行信息的共享,以利于综合管理和旅行者分享出行经验,促进企业之间的协作和为终端用户服务,进而节约时间和金钱。

(5) 视频信息高速公路

视频信息高速公路(VIH)可提供一个无缝连接的CCTV网络,在VIH覆盖区域内,从任何地点都可以控制任何一部摄像机,从而实现实时远程监控和信息共享。在英国,大量的CCTV摄像机安装在高速公路和道路主干网络上。通过VIH,各种CCTV系统使用者(包括交通执法部门、高速公路管理部门等)可以自由操控CCTV摄像机,对路网进行实时控制、事先控制和远程监视。VIH也可以为公众带来好处。如出行者登录政府道路管理部门的网站即可查看VIH网络中摄像机拍摄的交通状况的真实画面,以作为出行的参考。

(6) 国家交通控制中心

2006年,伯明翰城郊的国家交通控制中心(NTCC)正式投入使用,其可以为英国的道路使用者提供高质量的实时交通信息。该中心投资1.6亿英镑,利用700台CCTV摄像机、4 000个道路传感器以及1 000台自动数字识别摄像机等先进的交通监控设备来收集路况信息,并通过各地区的政府人员和数千名交通执法人员,完成数据的采集、分析以及交通信息的发布。NTCC的使用极大地提高了旅行时间的可靠性,减小了车辆运行晚点的概率,还提供线路咨询以及紧急事件管理等服务。

(7) 城市交通管理和控制系统

城市交通管理和控制(UTMC)系统的形成是为了满足经济、有效的城市交通管理的需求。UTMC系统使ITS系统在功能体系上成为一种标准组件模式。拥有著名教堂的约克市是公共数据库设备的开发及将空气质量监控作为配置工具来控制和管理的交通方面的先行者。2002年,约克市成为第一个成功使用UTMC系统的英国城市。

(8) SCOOT系统

SCOOT系统是一种对交通信号网进行实时协调控制的自适应控制系统,它由英国运输研究所于1973年开始进行研究开发,1975年研制成功,1979正式投入使用。SCOOT系统目前已被全世界170多个城市采用,应用规模最大的是英国伦敦,共控制约2 000个路口,其最新版本已包括支持公交优先、自动的SCOOT交通信息数据库(ASTRID)系统、INGRID事故检测系统以及车辆排放物的估算功能系统等。

(9) 电子收费系统

电子收费系统是利用车辆自动识别技术和车辆与收费站之间的无线数据通信,进行车辆自动识别和有关收费数据的交换,通过计算机网路进行收费数据处理,实现不停车全自动电子收费的。英国的西洛锡安地区,车辆使用者开通一个电子收费账户,然后会收到一个电子标签。每次经过收费站时,无须停车,收费系统会自动识别电子标签,自动从车辆使用者的账户中扣除相应费用。

(10)数字交通执法系统

数字交通执法系统(DTES)使用固定摄像机和车载 GPS 系统监控车辆的违章行为。伦敦塔桥即采用数字交通执法系统,对过往车辆进行载重检测。一旦传感器发现违章行为,摄像机会对违章车辆进行跟踪,通过车牌自动识别系统进行记录,并通过网络传输到执法中心。

(11)射频识别技术

射频识别技术(RFID)是一种非接触式的识别技术,它通过射频信号自动识别目标对象并获取相关数据。识别工作无须人工干预,并可在各种恶劣的环境中进行。在本田汽车英国制造公司,英国 RFID 厂家为其提供 RFID 标签及相关软件,此种标签的 ID 编码与汽车的某一部件信息相关联,当贴标的集装箱和金属笼运离工厂经过出入口时,只要手持可编程 RFID 阅读器对标签进行读取,就可以把读取到的相关信息以电子形式发送到公司总部,公司就可以处理各种读取到的信息。

(12)物联网

物联网是指在全球统一标识系统和计算机互联网的基础上,利用射频识别技术(RFID)、无线数据通信技术等,给每一个实体对象提供一个唯一的代码,构建一个覆盖世界上事物的相连的互联网。目前,多数英国企业和公司已经加入物联网系统的建设中,许多公司都致力于物联网新型技术的研究与开发及系统的完善,以实现物流供应链的全球可视化管理和全程追踪。

整体来看,通过智能交通系统的建设,在过去 25 年里,英国私人小汽车的里程数增加了 65%,货运汽车的里程数增加了 33%,但是道路里程数只增加了 12%。智能交通的建设使英国在道路里程数增长很小的情况下适应了交通通行量的大幅增加,使得在运载量没有增加的前提下货运量得到大大提升。

1.3.5 智能交通系统在欧洲的研究和发展

欧洲在 ITS 应用方面的进展介于日本和美国之间。在欧洲,德、英、法等国于 20 世纪 80 年代初期先后各自研究路径诱导系统,并于 1991 年成立了 ITS 组织——欧洲道路运输通信技术实用化促进组织(ERTICO),并衍生出由欧盟组织的旨在完善道路设施、提高运输服务水平的 DRIVE 计划和 T-TAP 计划。

1996 年,欧盟正式通过了《跨欧交通网络(TEN-T)开发指南》(以下简称《指南》),这标志着欧盟开始采取一系列措施,致力于通过交通信息促进信息社会的发展,致力于开发跨国界的服务。作为欧盟交通政策的重要部分,《指南》专门提到了用于交通管理的信息通信基础设施和交通信息服务,进一步肯定了 ITS 在有效提高道路交通效率和安全性以及实现可持续性等方面的作用。

1997 年制订的《欧盟道路交通信息行动计划》是欧洲 ITS 总体实施战略的一部分,该行动计划涉及研究开发、技术融合、协调合作和融资、立法等多方面,提出了 ITS 的 5 个关键优先发展领域,即基于交通信息广播频道(Radio Data System - Traffic Message Channel,RDS - TMC)的交通信息服务、电子收费、交通数据互换与信息管理、人机接口和系统框架。其他优先性开发还包括出行前和出行信息及诱导、城市与城市交通管理、运营和控制、公共交通、先进的车辆安全控制系统、商用车辆运营。

2000年，欧盟制订的《电子欧洲行动计划》在交通等关键领域为推动欧洲向信息社会发展提供了一系列的政治决策和各成员国及私有企业的行动计划，为大量ITS项目的实施铺平了道路，促使欧洲的ITS得以快速发展。

2001年9月，欧盟制订了《2001—2006各年指示性计划》(MIP)来加大跨欧交通网络的投资力度，实现道路交通ITS和大型基础设施项目及空中交通的管理。伽利略卫星导航定位系统计划(Galileo Programme)也纳入优先投资部分。其中TEMP计划(Trans – European Intelligent Transport – Systems Projects)专门用于协调道路交通与ITS相关的项目。为了创造全欧ITS产品与服务的一体化市场，2001年，欧盟在其未来10年的交通政策白皮书《欧洲2001交通政策：决策的时刻》中纳入ITS计划，提出了实现ITS一体化市场的建议，着重强调了ITS在许多方面将成为欧洲交通不可分割的一部分。

在20世纪80年代中期，欧洲十多个国家投资五十多亿美元，旨在完善道路设施，提高服务水平。欧盟从1984年到1998年仅用于ITS共同研究开发项目的投入就达280亿欧元。欧洲ITS的研发和实施的投资来自欧盟和各成员国。欧盟平均每年通过欧洲研究计划投入1亿欧元的资金资助各交通方式应用信息和通信技术的项目。欧盟也提供资金协调交通管理系统的实施和服务，并积极鼓励私有企业在增值信息服务等方面投入资金。1995—2000年，欧盟为道路交通管理项目共投入1.25亿欧元。在MIP中还计划在2001—2006年以更大的投资力度来协调实施欧洲ITS。TEMPO计划明确指出，2001—2006年，欧盟将投入1.92亿欧元来资助欧洲区域实施ITS项目。这些资金的88%被投入道路交通监控基础设施、交通控制中心、交通管理和控制、交通信息服务。

欧盟的松散政治组织形式决定了其所关心的ITS系统是包括道路交通运输、航空运输、铁路和水路运输及多式联合运输的综合性研究开发计划，更重视综合运输的ITS项目。由此可见，强调国际(主要是洲际)合作和标准化、强调综合运输系统智能化是欧洲ITS发展的主要特点。

在西班牙、苏格兰等国，自适应信号灯控制系统使交通延误减少了5%～40%。芬兰赫尔辛基市开发的城市公交信号优先模拟系统，使公交巴士有害气体(如碳化氢、一氧化碳和氧化氮等)的排放得到了控制，燃油消耗费用减少了33%。在荷兰的阿姆斯特丹，结合车道管理与交通监控、限速变更和动态信息标识的共同使用，公路交通事故率下降了23%。在英国，根据交通条件对不同车道实施的限速自动化管理与交通执法自动化相配合后，使公路入口匝道上车辆追尾碰撞事故率下降了25%～30%，同时使公路通行能力上升了5%～10%。同时，英国研究表明，30%～90%的驾驶人能留意动态信息标识传递的信息，40%的驾驶人能对动态标识做出积极的反应，并能按照指示改变行车路线或速度。

在法国，为解决交通堵塞问题采用了新交通管理系统。这套新的交通管理系统被用于治理法国里昂的交通堵塞情况，目前已经收到了较好的效果。该系统可以对条件改变自动做出反应。新Euro 350系统可以提供实时的交通活动展示图，并可以提出保持城市街道和有轨电车畅通、提升交通效率的最佳方案。该系统控制着包括交通指示灯控制器、公告板等1 000多个装置。它每秒钟可处理来自里昂市长达185km公路上的地面设备传送的约

30 000 条信息。该项目从 2000 年开始实施,并已于 2006 年完成。整个系统覆盖了 837 条电车轨道,79 个摄像头和 210 台交通感应器。

在德国,趋向智能化与现代化的公共交通系统发展较快。在德国,出行十分方便,这是因为,市区交通主要是轻轨和公共汽车,一些大城市还建有地铁,公共交通极为发达。柏林市将改善和提高现有交通的容量和质量作为交通政策制定的重点,包括管理现代化,以设计合理化,以更好地协调和组织公共交通,提高交通运行效率。

意大利拥有四通八达的公路网。意大利的公路分为 4 种,包括高速公路、国家公路、省级公路和市镇公路。意大利有长约 30 万 km 的公路。其中,有 30 多条干线,总长逾 6 000km 的高速公路通往各大、中城市,交通十分便利。意大利与相邻的法国、奥地利、瑞士也有高速公路互相连通。

在瑞典,组织了欧洲最大的公路智能速度适应性试验。随着交通管理日益科学合理,瑞典全国交通事故率逐年下降。2003 年 7 月,瑞典政府提出了交通事故无死亡的目标,即"零视点"工程。

(1)欧洲交通信息服务系统的发展

由于欧盟体系内各个国家达成了一系列的交通信息共享协议,欧盟内普遍开展了交通信息广播频道(RDS-TMC)服务,实现了交通信息实时发布和动态导航。近年来,交通信息采集技术衍生出的浮动车、浮动手机技术,结合商业化运作的信息服务系统,交通信息服务水平得到进一步发展。

(2)欧洲车路协同系统的发展

2001 年,欧盟发表题为"欧盟交通政策 2010 年:由时间来决定"的白皮书,提出到 2010 年道路死亡人数减少一半的宏伟目标。为实现这个目标,欧盟启动了 eSafety 计划。从 2004 年到 2010 年,欧洲投入大量的经费研究车路协同,解决了一系列车路协同系统的关键技术,并先后推出了 PReVENT、SAFESPOT、CVIS、COOPERS 等项目。但欧洲对车路协同的研究并未就此止步。2011 年,欧盟启动了面向 2020 年的 DRIVE C2C 项目,重点研究车辆间通信环境下的交通安全技术及应用。

(3)欧洲车联网系统的发展

车载自组网(Vehicular Ad Hoc Networks,VANET)是车联网的一种,是移动 Ad Hoc 网络 MANET 的一个重要研究分支,已成为无线网络和智能交通等研究领域的新热点。VANET 作为未来智能交通系统的核心部分,通过车辆间通信(V2V)和车辆与路侧单元间通信(V2I)为驾驶人提供实时、可靠的交通信息和应急交通诱导信息,在降低交通事故、提高交通通行效率和减轻交通拥堵等方面具有其他无线网络或有线网络不可替代的优势。与传统的基础设施网络相比,车载自组织网络有以下两个主要优势:一是,覆盖广、成本低、容错性强,消费者无须订阅即可享受服务;二是,从技术角度来看,智能交通系统中传播的很多信息有很强的位置相关性,车载自组织网络能够很方便地为临近车辆建立实时或非实时的短距离通信。

欧洲先进驾驶辅助系统(Advanced Driver Assistance Systems in Europe,ADASE)项目的提出是为增强车辆在道路上行驶的安全性,减少交通事故的发生频率,避免车辆碰撞。该项目通过道路上的基础设施设备与主动安全系统的连接来实现其功能。欧洲关于 VANET 的研究主要集中在交通移动模型和交通基本参数(车速、交通密度)的获取方面。

1.3.6 智能交通系统在韩国的研究和发展

韩国智能交通系统的建设和发展经历了基础信息采集与行业管理阶段、提供大众服务阶段、个性化服务阶段3个阶段近20年的发展,基本完成了智能交通系统的建设。调查表明,韩国46%的城市正在提供智能交通服务,7个特别市和所有广域城市均已完成智能交通第3阶段的建设,各地方已经建成统一的智能交通信息网站,富川市、元洲市、济州特别自治区也相继建立交通信息系统与公交信息系统(见图1.7)。

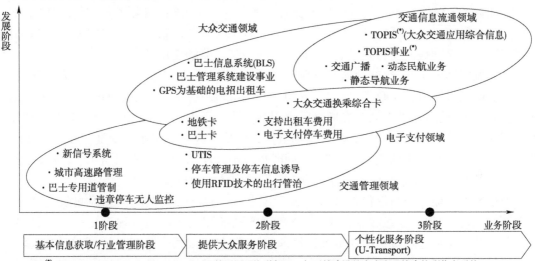

图1.7 韩国交通信息系统与公交信息系统

韩国智能交通系统的主要建设内容有广域城市综合出行信息服务系统(TAGO)、首尔交通运营和信息服务系统(TOPIS)、信号控制系统、匝道控制系统、停车监控系统、公交专用车道监控系统、交通诱导系统和交通检测系统等(见图1.8)。

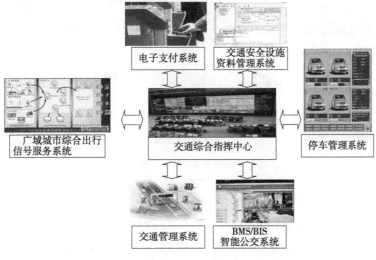

图1.8 韩国智能交通系统的主要建设内容

1.3.7 智能交通系统在其他国家的研究和发展

(1)马来西亚

马来西亚 ITS 建设集中在多媒体超级走廊,从位于吉隆坡 88 层的国油双峰塔开始,南至雪邦新国际机场,达 750km^2。其目标是利用兆位光纤网络,把多媒体资讯城、国际机场、新联邦首都等大型基础设施联系起来。

(2)新加坡

新加坡 ITS 建设集中在先进的城市交通管理系统方面,该系统除了具有传统功能,如信号控制、交通检测、交通诱导外,还包括用电子计费卡控制车流量。在高峰时段和拥挤路段,该系统还可以自动提高通行费,以尽可能合理地控制道路的使用效率。

新加坡以其健全、发达的交通路网和运输系统,富有远见的交通管理与调节策略,有计划的土地使用和城市扩张政策,成为世界闻名的"花园城市"。其中,卓有成效地开发和运用智能交通系统,是新加坡在城市交通发展规划和实践中引人注目的一环,为大多数亚洲发展中国家树立了现代都市发展的典范。新加坡模式体现了高服务水平的交通系统不仅要依赖合理的规划方案和适当的交通需求控制,同时也离不开动态的包含交通组织、管理技术和策略的 ITS 理念,这一理念使新加坡在世界 ITS 发展中居于前列。

新加坡的智能交通系统包括整合交通管理系统(ITMS)、交通流信息检测系统、数控出租车调度系统、出租车信息服务系统、交通流预测系统和交通控制管理系统等,如图 1.9 所示。新加坡的交通管理机构由新加坡运输部统一管理,下设两个分支机构,即新加坡国土交通管理局(LTA)和公共交通议会(PTC)。其中,PTC 不对具体事务直接进行管理运营,仅对巴士服务标准进行评级,对巴士服务和大众运输项目资费进行审核;LTA 则直接负责包括政策制定、土地运输规划、公共运输牌照、车辆放牌登记、城际铁路管理、公共巴士管理等大众运输领域的事务。

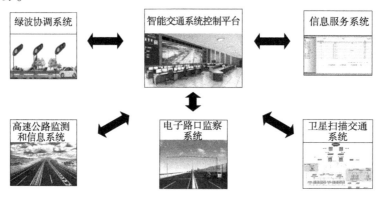

图 1.9 新加坡的智能交通系统

(3)澳大利亚

澳大利亚是世界上较早从事智能交通控制技术研究的国家之一。澳大利亚的智能交通建设包括最优自动适应交通控制系统(SCATS)、远程信号控制系统(Vic Roads)、微机交通控制系统(BLISS)、道路信号系统、车辆监控系统和公共信息服务系统等。其中最著名和最优的自动适应交通控制系统(SCATS)在澳大利亚几乎所有的城市都有使用。澳大利亚研发的 SCATS 隶属于新洲道路管理局(RTA)的交通管理中心(TMC)。就悉尼市而言,该系统能够控制悉尼市及其周围主干公路的 2 200 多个路口及 3 000 个交通信号灯,监控覆盖面积达 3 600km²。

1.4 智能交通体系框架

1.4.1 ITS体系框架的概念及作用

ITS 体系框架是对 ITS 这一复杂的大系统的整体描述。通过 ITS 体系框架可解释 ITS 中所包含的各个功能域及其子功能域之间的逻辑构成、物理构成及相互关系。ITS 体系框架又称 ITS 体系结构,从系统工程的角度体现系统中各要素的关联关系和层次结构,描述了系统间及系统内各要素之间的信息传递关系和实现的相互依赖关系等。但是,究竟 ITS 系统是什么样的结构,结构的内容是什么,用什么样的形式进行构造,在不同的国家和地区也有着不同的理解。

ITS 体系框架定义了智能交通系统为完成特定的用户服务所必须具有的逻辑功能,实现了这些功能的物理实体或子系统,规定了子系统间需要交互和传递的信息流以及传递信息流所需的通信要求和标准要求等。

从开发流程的角度来说,ITS 体系框架开发主要包括 3 部分,即用户服务、逻辑框架和物理框架;同时,相关内容有用户主体、服务主体、ITS 标准和 ITS 评价等。从本质上讲,这 3 部分内容是从不同角度对 ITS 进行解释的过程,即用户服务是从用户的角度对 ITS 提供的服务内容进行描述;逻辑框架是从系统如何实现 ITS 服务的角度进行分析,给出 ITS 应具有的功能及功能间数据流的关系;物理框架则是把 ITS 逻辑功能落实到现实实体,如车载设备、道路设施、管理中心等设备或组织。对这 3 部分的顺序分析,使 ITS 体系框架既充分考虑了用户需求,具有严密的逻辑分析,又与现实世界紧密联系,具有贴合实际、逻辑清晰、便于操作的特点。

(1)用户服务

用户服务是从用户的角度对 ITS 提出要求,是问题定义的过程。用户服务是 ITS 体系框架的基础,它决定了 ITS 体系框架是否完整,是否能满足用户需求。要获得完整用户服务,首先需要明确系统用户,即用户主体。而用户主体的确定需要以 ITS 系统与外界的清晰界定为基础,即需要明确 ITS 系统和系统终端。

(2)逻辑框架

逻辑框架定义了系统为提供各项用户服务而必须拥有的功能和必须遵从的规范,以及各功能之间交换的信息和数据流。它包括功能域、功能、子功能、过程等多个层次及其间的数据流。

(3)物理框架

美国对"物理框架"是这样定义的:物理框架是 ITS 体系框架中的一部分,以逻辑框架中的过程和数据流为基础形成下一级框架。物理框架定义了组成 ITS 的实体(子系统和终端)以及各实体间的框架流,把逻辑框架中给出的过程分配到各个子系统中,并把数据流组合成框架流,这些框架流和它们之间的通信需求定义了各子系统间的界面为目前标准化工作的基础。物理框架是由逻辑框架中的功能进行组合得到的,其组合原则大致包括逻辑功能与现实世界存在的系统相一致或相似,具有一定的可操作性。同时,物理框架与用户服务具有一定的呼应关系,物理框架是对用户服务的实现。如果从此角度来讲,ITS体系框架的开发是一个闭循环过程。

ITS体系框架的构成关系,如表1.2所示。

ITS体系框架构成关系 表1.2

组成部分名称	描 述
用户主体	被服务的对象,明确了是服务中的一方
服务主体	提供服务方,明确了是服务中的另一方
用户服务	明确用户需要系统提供什么样的服务
逻辑框架	对服务进行功能分解,并对逻辑功能进行组织
物理框架	提出物理实体落实逻辑功能,以具体提供服务

ITS体系框架定义了通用、明确的系统结构,描述了各系统之间及系统内各要素之间的信息传递关系和相互依赖关系,为系统充分整合提供了依据,为ITS系统的规划、设计和建设打下了坚实的基础。ITS体系框架向系统涉及的人员提供了对未来智能交通系统运行模式的一般化理解,是专业技术人员的技术指导框架和决策者的决策支持工具。

1.4.2 中国的ITS体系框架

ITS体系框架是中国ITS发展的纲领性和宏观指导性技术文件,是ITS实现的载体。中国政府高度重视ITS体系框架的相关工作。自1999年以来,国内ITS领域的权威科研机构和专家一直不懈地开展中国ITS体系框架的编制、修改完善、方法研究、工具开发和应用推广等工作。2001年,科技部正式推出《中国智能交通系统体系框架(第一版)》,解决了ITS体系框架"从无到有"的问题。2002年,国家正式启动"十五"科技攻关计划ITS专项,设立了由国家智能交通系统工程技术研究中心承担的"智能交通系统体系框架及支持系统开发"项目;2005年,完成了《中国智能交通系统体系框架(第二版)》,其在规范化、系统化、实用化等方面取得了实质性的进展。《中国智能交通系统体系框架(第二版)》中确定的中国目前的ITS体系框架,如图1.10所示。

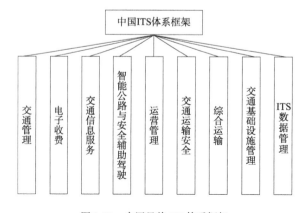

图1.10 中国目前ITS体系框架

交通管理用户服务领域包括交通动态信息监测、交通执法、交通控制、需求管理、交通事件管理、交通环境状况监测与控制、勤务管理、停车管理、非机动车和行人通行管理9项用户服务;电子收费用户服务领域仅包括电子收费1项用户服务;交通信息服务用户服务领域包括出行前信息服务、行驶中驾驶员信息服务、旅途中公共交通信息服务、旅途中出行者其他信息服务、路径诱导及导航、个性化信息服务6项用户服务;智能公路与安全辅助驾驶用户服务领域包括智能公路与车辆信息收集、安全辅助驾驶、自动驾驶、车队自动运行4项用户服务;运营管理用户服务领域包括运政管理、公交规划、公交运营管理、长途客运运营管理、轨道交通运营管理、出租车运营管理、一般货物运输管理、特种运输管理8项用户服务;交通运输安全用户服务领域包括紧急事件救援管理、运输安全管理、非机动车及行人安全管理、交叉口安全管理4项用户服务;综合运输用户服务领域包括客货运联运管理、旅客联运服务、货物联运服务3项用户服务;交通基础设施管理用户服务领域包括交通基础设施维护、路政管理、施工区管理3项用户服务;ITS数据管理用户服务领域包括数据接入与存储、数据融合与处理、数据交换与共享、数据应用支持、数据安全5项用户服务。

中国高速公路智能交通系统的逻辑框架包括感知层、网络层、数据层和业务层4层。

(1)感知层

感知层是构建高速公路智能交通系统全景信息环境的基础,其主要感知手段包括人流检测系统、交通流检测系统、停车位检测系统、手机信令数据分析系统、高清卡口系统、视频监视系统、气象环境检测系统、移动智能终端、室内自动/人工火灾报警系统、用户众包(UGC)等,用以实现对服务区中人、车、设施、气象环境、应急资源、事件、消费、物品、舆情等动态信息进行全息感知。

(2)网络层

网络层包括WiFi、2G/3G/4G/5G网络、光纤通信等通信传输设施,负责将感知层获取的原始数据传输至服务区运营管理系统,获取应用层提供的各种服务信息,实现用户端的互联网接入等,完成基础设施与云端、人与云端、车与云端之间的信息交互。

(3)数据层

引入云计算、大数据技术,实现对服务区多源异构数据的处理、融合、挖掘、存储等,构建基础数据库、业务数据库和主题数据库,为应用层提供标准的数据支持。

(4)业务层

围绕管理、经营、服务这3项业务,构建服务区综合管理与服务系统(云端),包含运营管理、经营管理、电子支付和信息服务4项子系统。

1.4.3 美国ITS体系框架

1992年,美国ITS向运输部正式推荐了一套能调动多家国有、私立机构联合攻关的ITS体系结构开发方法。1993年,运输部正式启动了ITS体系结构开发计划,其目的是开发一个经过详细规划的国家ITS体系结构。这一体系结构将指导而不是指挥ITS产品和服务的配置,将在保持地区特色和灵活性的同时为全国范围内的兼容和协调提供保障。

美国国家ITS体系框架用户服务层次,如表1.3所示。ITS共提供8类服务领域共32项用户服务。

美国 ITS 体系框架用户服务层次　　　　　　　　　　　　　　　　　　表1.3

服务领域	服务
1. 出行和交通管理	1.1 出行前信息；1.2 途中驾驶员的信息；1.3 路线诱导；1.4 合乘与预约；1.5 出行者服务信息；1.6 交通控制；1.7 事件管理；1.8 出行需求管理；1.9 尾气排放检测与减轻；1.10 公路与铁路交叉口信息
2. 公共交通管理	2.1 公共交通管理；2.2 途中公交信息；2.3 个性化公共交通；2.4 公共出行安全
3. 电子付费	3.1 电子付费
4. 商用车运营	4.1 商用车电子通关；4.2 自动路侧安全检查；4.3 车辆行驶安全监视；4.4 商用车辆管理；4.5 危险物品事件响应；4.6 商用车队管理
5. 紧急事件管理	5.1 紧急事件通告与个人安全；5.2 紧急车辆管理
6. 先进的车辆安全系统	6.1 纵向防撞；6.2 横向防撞；6.3 交叉口防撞；6.4 视野扩展；6.5 安全准备；6.6 碰撞前措施实施；6.7 自动车辆控制
7. 信息管理	7.1 存档数据管理
8. 维护和建设管理	8.1 维护和建设运营管理

美国 ITS 体系框架逻辑框架层次，如表1.4所示。ITS 共提供9类逻辑功能共57项子功能。

美国 ITS 体系逻辑框架层次　　　　　　　　　　　　　　　　　　表1.4

功能域	功能
1. 管理交通	1.1 采集交通数据；1.2 控制相关设备；1.3 管理交通事件；1.4 管理出行需求；1.5 管理尾气排放；1.6 管理公路与铁路交叉口
2. 管理商用车	2.1 管理商用车运行；2.2 管理商用驾驶员；2.3 管理商用车路侧设施；2.4 收集商用车相关数据；2.5 商用车管理中心运行；2.6 提供商用车车载数据；2.7 提供货物管理
3. 提供车辆监测和控制	3.1 监视车辆运行状况信息；3.2 提供车辆自动运行功能；3.3 提供紧急情况报警功能；3.4 扩展驾驶员视野
4. 管理客运	4.1 管理客运车辆及设施；4.2 制订客运服务计划；4.3 制订客运车辆保养计划；4.4 提供客运安全和协调支持；4.5 制订客运运营者工作计划；4.6 提供客运途中费用收取功能；4.7 提供出行者路侧服务设施
5. 提供紧急事件管理服务	5.1 紧急事件定位；5.2 提供系统人员对紧急事件数据的操作接口；5.3 管理紧急救援车辆；5.4 加强违规执法管理；5.5 更新事件所需地图信息；5.6 管理事件数据；5.7 提供紧急事件协调反应和避险支持
6. 提供驾驶员和出行者信息服务	6.1 提供出行规划服务；6.2 提供信息咨询和广播服务；6.3 提供路侧查询亭信息服务；6.4 管理合乘；6.5 管理出行者信息服务；6.6 提供导航和出行规划服务；6.7 提供驾驶员个性化信息服务；6.8 提供出行者个性化信息服务
7. 提供电子付费管理	7.1 提供电子收费服务；7.2 提供停车收费服务；7.3 提供电子支付服务；7.4 管理电子收费数据；7.5 提供出行者支付接口
8. 管理 ITS 数据	8.1 获取存档数据；8.2 管理存档数据；8.3 提供数据管理员操作接口；8.4 协调存档数据；8.5 根据需求处理存档数据；8.6 分析数据；8.7 对缺乏的需求数据进行处理；8.8 准备输出政府报告；8.9 管理收集的路侧数据
9. 基础设施维护和建设(M&C)管理	9.1 管理 M&C 车辆；9.2 管理 M&C 活动；9.3 管理施工区；9.4 管理环境信息

美国 ITS 的物理框架采用"香肠图"的形式,如图 1.11 所示。物理框架中的子系统是在考虑了体制问题、技术限制和能力等因素的基础上,主要考虑实现地点,对可能由一个实体完成的逻辑框架中的各功能进行组合得到的。美国 ITS 的物理框架中包含 21 个子系统,各子系统一般具有较多功能。根据实现地点不同,可将各子系统分为 4 组,即中心、车辆、外场、出行者相关设施。此分类方法对通信系统框架的建立提供了清晰的基础,同时,各子系统与外界物理世界有着紧密的联系,因此,各子系统界面是 ITS 标准化工作的重点。

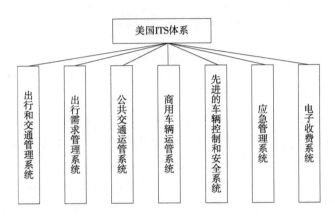

图 1.11　美国 ITS 体系框架

1.4.4　欧盟 ITS 体系框架

与包罗万象、内容覆盖全面的美国 ITS 体系框架相比,欧盟 ITS 体系框架在内容上选取典型的系统进行详细分析,并非以"全"为目的。欧盟 ITS 体系框架是作为欧盟 KAREN 项目的一部分于 2000 年 9 月发布的,主要针对道路相关交通系统而言。总体上讲,欧盟 ITS 体系框架开发指导方法类似于美国的 ITS 体系框架,亦采用面向过程的方法,但其目标不是提供全面的 ITS 系统构成,而是示范给出创建某项 ITS 服务的体系框架所应采取的方法,以便用户根据需要进行相应体系框架的开发和扩展。

在实际构建过程中,欧盟 ITS 体系框架的用户服务、逻辑框架构建方法与美国类似,主要区别体现在物理框架的构建中。如图 1.12 所示欧盟 ITS 物理框架的构建有两种方法:一种是基于用户需求的方法;另一种是基于系统概念的方法。当用户需求明确时采用前者;反之则采用后者。两种方法的主要步骤是一致的,即针对用户服务,结合实际提出物理系统,一个物理系统可以完成一项或多项用户服务,由用户服务与逻辑功能元素的对应关系确定物理系统所包含的逻辑功能元素组成,并对其功能进行分类,原则上是按照功能实现地点进行分类,从而得到子系统,针对子系统中不同功能域的功能元素进一步细分,得到系统模块,同时也得到框架流。由此方法得到的物理框架并非一个完整地覆盖了 ITS 领域的系统组合,而是针对某项用户服务的系统组成。但欧盟 ITS 体系框架亦是从用户服务出发,针对系统模块进行组合而得到具体可实施的系统,实际上,此时的系统与美国框架中的市场包具有一致性。

在推出了欧盟 ITS 体系框架后,欧盟各国(如意大利、法国等)在此基础上构建了适合本国国情的体系框架,进一步为欧盟及其本国的 ITS 建设提供了指导。

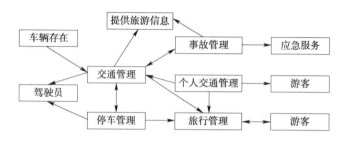

图 1.12　欧盟 ITS 物理框架

1.4.5　日本 ITS 体系框架

1998 年 1 月至 1999 年 11 月,日本警视厅、建设省、通产省、运输省及邮电省联合日本 ITS 协会——ITS Japan,完成了日本 ITS 体系框架的构建。日本 ITS 体系框架的最大特点是强调 ITS 信息的交互和共享,整个 ITS 建设是社会信息化(E-Japan)的一部分。日本 ITS 体系框架的总体内容与美国和欧盟相同,也分为用户服务、逻辑框架、物理框架 3 大部分。它吸纳了美国、欧盟 ITS 体系框架的特点:在总体上类似于美国框架,试图涵盖 ITS 的全部内容;在物理框架部分类似于欧盟框架,针对 ITS 中的每项用户服务给出相应的实现系统。

日本 ITS 体系框架开发以面向对象的方法为指导,这主要体现在逻辑框架的构建中,通过对 ITS 进行抽象,建立信息模型来描述 ITS 涉及的各对象间的信息关系,如继承等关系,通过建立控制模型实现各项用户服务。日本 ITS 体系框架也在不断完善,近年来,日本致力于 ITS 体系框架的推广和应用。2003 年,日本推出了地方 ITS 体系框架开发辅助支持系统,并以东京作为示范点进行了应用。目前日本的 ITS 体系框架,如图 1.13 所示。

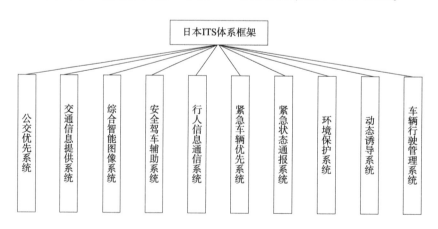

图 1.13　日本 ITS 体系框架

1.4.6　澳大利亚 ITS 体系框架

澳大利亚智能交通系统包括以下几个方面内容:

①基本管理系统,如汽车导航系统、交通信号控制系统、可变信息标志、自动车牌识别或速度相机。

②监控应用,如安防闭路电视系统。

③更先进的集成实时数据和来源反馈的应用,如停车诱导。

④允许高级建模和与历史数据比较的预测技术。

这一体系框架的重点是智能交通系统,因为该系统适用于道路运输以及道路运输和其他运输方式的结合。

智能交通系统有潜力来帮助澳大利亚正在崛起的交通网络解决一系列重大挑战,这些挑战包括:

①在货运任务的预期增长中,仅公路货运预计到2030年将增加80%。

②国家每年在道路交通事故上花费约270亿美金。

③到2020年,全国在道路交通拥堵上花费约200亿美金。交通拥堵导致劳动生产率降低,并导致供应链延迟,进而增加业务的交易成本。

④二氧化碳排放量的管理。公路运输的排放量占澳大利亚温室气体排放总量的14%。

⑤与正常驾驶条件相比,在拥挤的交通中行驶会增加大约30%的燃料消耗和尾气排放。

2 高速公路智能交通系统

2.1 高速公路智能交通系统的概念

随着智能交通系统的兴起,高速公路智能交通系统成为解决高速公路运行问题的主要方法。高速公路智能交通系统是智能交通系统的重要组成部分,是智能交通系统的理念和技术在高速公路管理中的应用。高速公路智能交通系统的含义就是将先进的信息技术、数据通信技术、控制技术、传感技术、运筹学、人工智能和系统综合技术有效地集成并应用于高速公路的建设和管理中,使其具有语言逻辑推理能力和数学逻辑推理能力以及视觉模拟或替代人的肢体运动的能力,从而加强车辆、道路、使用者三者之间的联系,形成一种安全、高效的运输系统。

2.2 高速公路智能交通系统的结构

高速公路智能交通系统的构成按其服务功能不同,可分为以下5点：
①先进的交通监控与管理系统。它包括停车诱导、交通预测、路经诱导及交通事故检测等技术。该系统依靠先进的技术实时地将道路交通信息在监控中心进行加工处理,并将信息发送至道路管理者及其使用者,从而实现动态交通分配以及对交通的有效监管,尽量避免交通阻塞。
②集成的信息服务系统。它由社会交通信息服务系统和车辆交通信息服务系统组成。信息服务系统不仅能方便在路网中行驶的道路使用者,还能为将要出行的道路使用者提供详细的相关路网信息,帮助他们选择最佳出行路线。
③电子收费系统。不停车收费就是全自动收费,它在确保向车辆收取通行费的前提下,减少或杜绝了收费过程中车辆阻碍交通的问题。
④运输管理系统。在智能交通系统中,运输管理是很关键的一项服务功能。它利用智能交通系统其他子系统服务功能所提供的信息和有关运输企业的信息,进行科学的跟踪调度及指挥,使运输企业的效益最大化。
⑤安全保障系统。安全保障系统是交通运行最基本的支撑,它可以确保车辆正常运行过程中驾驶员的安全。若有异常交通状况出现,该系统也可实施有效的救助。

2.3 高速公路智能交通系统的内容

高速公路智能交通系统首先应具备高速公路交通管理与决策支持系统、高速公路信息服务系统、高速公路交通监控与执法系统、事故预警和紧急处理与救援系统等功能模块。

①高速公路交通管理与决策支持系统。该系统包括高速公路辖区智能交通管理中心，光纤通信网络和无线通信网络，警车定位与警务管理系统，交通违法信息管理系统，交通事故信息管理系统，机动车与驾驶人信息查询系统，交通管理决策辅助系统。

②高速公路信息服务系统。该系统包括出行信息服务发布系统，车辆导航与线路诱导系统；高速公路交通信息服务网站。

③高速公路交通监控与执法系统。该系统包括路网交通信息采集系统，闭路电视监视系统，违法行为自动检测、警告与处理系统，"黑名单"查控系统。

④高速公路事故预警和紧急处理与救援系统。该系统包括交通事故预警系统，事故紧急处理与救援系统。

2.4 高速公路智能交通系统的相关技术

2.4.1 信息技术：物联网技术

智能交通系统是指以现代化信息技术为核心，利用先进的通信技术、计算机技术、自动控制技术、传感技术，实现对交通的实时控制与指挥管理。交通信息采集被认为是发展智能交通系统的基础，是交通智能化的前提。无论是交通控制还是交通违章管理系统，都涉及交通动态信息的采集。因此交通动态信息采集成为交通智能化的首要任务。及时对交通动态信息完成采集，主要依赖物联网技术。

物联网的工作原理如图 2.1 所示。

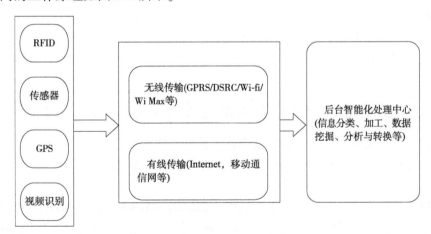

图 2.1 物联网工作原理

应用物联网技术，可以节约能源、提高车辆运行效率、减少因交通事故产生的损失。道路交通状况的实时监控可以减少交通拥堵，提高车辆的运行效率；道路自动收费系统可以提升车辆的通行效率；智能停车系统可以节约时间和能源，降低车辆污染物的排放；实时的车辆跟踪系统能够帮助救助部门迅速、准确地发现并抵达交通事故现场，及时处理事故、清理现场，在黄金时间内救助伤员，将交通事故的损失降到最低。

通过监控摄像头、传感器、通信系统、导航系统等掌握交通状况,进行流量预测分析,可完善交通引导与信息提示,缓解交通拥堵等事件的发生,并快速响应突发状况;利用车辆传感器、移动通信技术、导航系统、集群通信系统等可增强对城市公交车辆身份的识别以及运营信息的感知能力,降低运营成本,降低安全风险,提高管理效率。

增强对交通"一卡通"数据的分析与监测,可优化公共交通服务;对出租车辆加强实时定位、车况等信息监测,可丰富和完善出租车信息推送服务;通过传感器可增强对桥梁道路健康状况、交通流、环境灾害、安全事故等的全寿命监测评估;完善停车智能感知,可加强引导与信息显示,基本形成停车诱导服务平台,有利于完善城市交通综合计费系统。对城市的交通企业、从业人员及运行车辆统一配发电子标签,可加强对身份的自动识别,提高道路交通管理水平。

2.4.2 计算机技术

计算机技术的应用集中于高速公路智能系统中的监控系统、收费系统、通信系统。每个系统都是智能交通系统中不可缺少的一部分。这3个系统对计算机技术的应用比较广泛,很具有说明性。下面就以这3个系统为例来说明计算机系统发挥作用的方式。

①监控系统可以实时对道路的运行情况进行远程监控,为舒缓交通、提高通行质量提供可靠的技术保障。监控系统中道路上的图像采集装置(摄像头)将采集到的信息通过远程通信传输到计算机系统中,计算机系统中的专业软件对采集到的图像信息进行辨认处理,并对采集到的数据信息按照软件预置的数据信息处理方案进行处理,最后输出特定的处理结果。

②收费系统可以对过往的车辆进行科学、合理的收费。收费系统可对车辆进行信息采集,将信息输入计算机系统,通过专业软件对数据信息进行处理,然后将处理的结果输出。

③通信系统确保了高速公路上各交通设备之间的通信,将整条高速公路进行了联网。通信系统可以将收费系统和监控系统连接起来,实现了远程控制和监控,对道路的突发状况可以进行远程指挥处理。

2.4.3 传感器技术:高速公路的车辆检测

传感器技术对交通信息的采集至关重要。传感器技术水平是道路交通信息采集子系统中的一个重要技术评价指标,它直接关系交通信息采集子系统能否采集到有效和准确的动态交通信息。

传感器技术在高速公路智能交通系统中主要应用于车辆检测。车辆检测能为高速公路监控、管理以及信息发布提供实时的道路交通流信息,为系统进行数据管理、设备控制、信息服务提供实时的参考资料和数据,确保高速公路上车辆的行车安全和道路畅通,进而实现高速、舒适和安全等目标。如图2.2所示为高速公路监控系统运行框图,其中,交通信息采集器能利用传感器技术将实时采集到的高速公路运行状态、交通参数、车辆违章、车辆事故以及其他偶发事件等交通信息以图像、语音以及文本数据的形式传送给中心监控室。这些信息经监控系统分析、处理、判断后,可发出指令,控制道路信息板,变更其显示内容,从而实现对交通流的调节和控制。

车辆检测在高速公路管理系统中应用非常广泛,主要用于交通参数统计以及拥堵和事件检测、收费车道出入口控制、匝道控制以及车辆违章监视等场合。

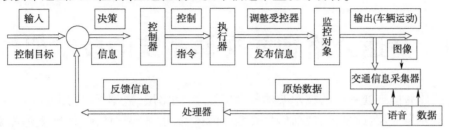

图2.2 高速公路监控系统运行框图

(1)高速公路交通参数统计以及拥挤和事故检测

在高速公路主干道上埋设大量的车辆检测器,可以对表征高速公路运行状况的技术指标(如交通量、速度、密度等交通参数)进行连续的统计,并在此基础上,通过拥挤和事故检测算法分别检测道路拥挤情况和车辆事故情况。

(2)高速公路收费车道出入口控制

埋设在收费车道路基下的传感器通过感知车辆到位和车辆离开信息,提醒收费亭内部的车道控制机对车辆的车牌进行抓拍和车辆放行。车辆检测器在不停车收费系统中主要用于感知车辆通过以及获取车辆行驶参数等。不停车收费系统由于其无障碍通过收费站的特点,大大提高了道路通行能力,是高速公路收费系统未来的发展趋势。

(3)匝道控制

车辆检测器实时检测高速公路入口匝道的交通流信息,然后控制机根据检测器获取的道路交通流参数,确定某种交通控制策略,进而控制高速公路入口匝道的交通流,确保匝道车流尽量不影响主线的交通。

(4)违章监视

埋设在高速公路特殊路段或需要做违章检测的地点的多组检测器能够监测车辆行驶速度和行驶方向,并用"电子警察"对超速/逆行车辆进行抓拍监视。

3 高速公路智能交通系统的技术架构

高速公路智能交通系统的技术架构分为感知层、网络层、数据层、应用支撑层、综合应用层和应用展示层6层；此外，还包括信息安全保障体系、运输管理体系、标准规范体系等。高速公路智能交通系统的技术架构，如图3.1所示。

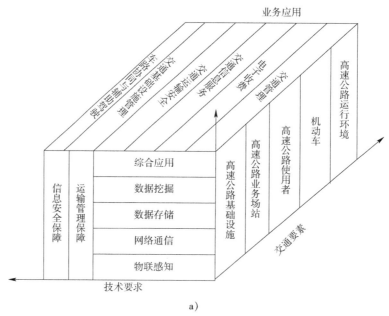

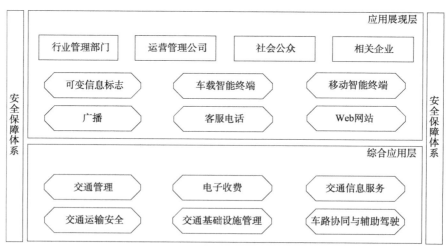

图 3.1

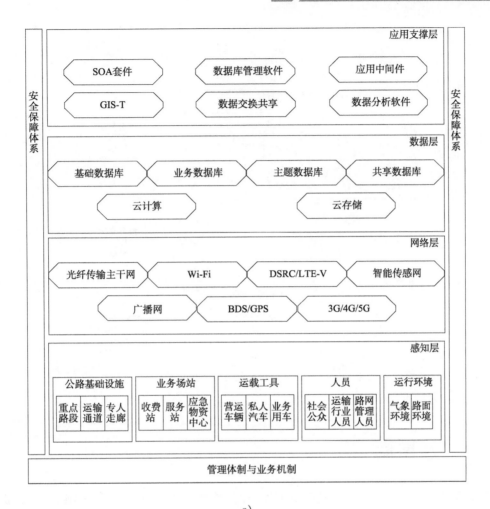

c)

图 3.1 高速公路智能交通系统的技术架构

3.1 感知层

感知层是构建高速公路智能交通系统全景交通信息环境的基础,包括对人、车、基础设施、环境以及舆情信息等的更透彻的感知。

高速公路智能交通系统感知新技术包括北斗卫星、智能传感器、车联网终端、手机信令分析、无人机、用户众包等。

3.2 网络层

集光纤骨干网、移动通信网、无线局域网、专用短程通信网、无线传感网、广播网等为一体的基础网络架构,为数据、语音和图像的传输提供了强有力的保障。光纤通信网的构成,如图 3.2 所示。

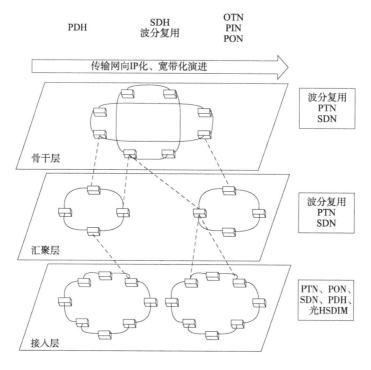

图3.2 光纤通信网的组成

3.3 数据层

建设高速公路智能交通系统基础数据库、业务数据库,同时建立运行监测、决策分析、应急管理、养护管理、信息服务、增值服务等主题数据库,为应用系统提供数据支撑,形成行业云和公共云相结合的架构体系,集约使用服务器、存储等各类信息化基础设施。

3.4 应用支撑层

应用支撑层为实现信息共享、应用系统功能、业务协同工作提供技术支撑,主要包括应用中间件、交通地理信息系统(GIS-T)、BIM模型、在线交通仿真系统、数据交换、共享平台等。

3.5 综合应用层

综合应用层包括综合业务管理系统、路网运行监测系统、指挥调度系统与应急管理系统、养护管理系统、分析研判与辅助决策系统、公众出行服务系统、大数据增值服务系统。其中,公众出行服务系统和大数据增值服务系统是实现数据变现的两大核心业务系统。

3.6 应用展现层

应用展现层向高速公路智能交通系统的用户提供信息服务的窗口,包括业务系统门户(内网)、公众出行信息服务系统门户(外网)、热线电话、高速公路交通广播、移动智能终端APP、车载智能终端、自助服务终端、可变信息标志等多种渠道,如图3.3所示。

图3.3 应用展现层的应用

4 高速公路交通管理

4.1 交通动态信息监测

为了提高高速公路运营安全性,对高速公路进行监测监控以及时掌握影响安全运营的相关信息,并作出应对措施是非常重要的管理手段。对交通动态信息实施监测的高速公路必须具备以下几个功能。

4.1.1 视频监控功能

网络高清视频在监控过程中会产生非常大的数据量,因此需要采用有效的视频数据网络传输技术方案,这样才能够促进网络高清视频监控系统发挥积极的作用。当前,高速公路系统中使用的通信网络是千兆以太环网,具有较好的网络通信条件。在使用网络高清视频监控开展相关工作的过程中,需要对网络的负载情况进行综合考虑,积极做好相应的网络规划工作,这样才能有效地对网络视频进行充分传输。通过传输网络视频,交通管理部门中的各个监控点都能够及时调取相关的视频信息。对网络高清视频流进行全面控制,主要是因为高速公路网络监控中进行的各项业务都是通过对视频流进行调度来实现的,因此,加强视频信息流的控制和处理技术十分重要。在对视频流进行控制的过程中,使用网络组播或者单播技术能够起到良好的效果,同时还需要相应地建立有效的网络链接,这样才能够对视频的信息进行充分的整理。

网络高清视频监控中的系统视频流在进行传输的过程中具有明显的特点。

①存储码流。网络高清视频监控系统使用分布式集中的存储方式,能够保证视频在录像过程中保持良好的连续性。

②实时码流。通过实时性的监控,能够对高速公路行车情况进行全面检查。

③录像回放码流。若想使用网络高清视频监控过程中的信息,需要在使用时对其进行回放处理,这就需要使用组播的方法;当没有网络客户观看时,监控录像将会停止播放。

④视频流的传输。在使用视频流的过程中,无须使用系统管理器或其他方面的服务器,这对网络资源起到了良好的节约效果。

网络高清视频监控系统能够起到良好的智能管理功能,主要表现为:通过总体监控系统的作用,可以对各个高速公路监控点的设备进行远程的管理和配置,从而有效实现状态监测工作。同时,网络高清视频监控方法在实际应用过程中,能够对用户的权限进行有效分配,从而对系统中的各种参数进行有效的配置;对其中丢失的数据信息还能够予以恢复。这有效提升了网络高清视频监控的实际作用,为当前高速公路监控工作的顺利进行发挥了积极作用。

目前,高速公路智能监控系统中拥有视频监控功能的设备主要有监视器、视频分配器、视频矩阵主机、矩阵接口报警单元、网络视频编/解码器、视频控制器、枪型摄像机、球形摄像机、一体化摄像机、车道摄像机、亭内半球型摄像机、摄像机解码器等。

4.1.2 告警处理功能

高速公路智能交通系统根据告警事件的严重程度将事件按轻故障、重故障、严重故障分别进行处理,一旦有告警信息,在操作员工作站上立即会显示设备的状态告警、交通运行状况告警、紧急告警等,并有相应的声光信号提示给值班员。所有告警可随时进行存储、记录、打印,打印内容包括故障日期、时间、地点、故障性质等。

目前,高速公路智能监控系统中负责安全报警功能的设备主要有报警探测器、报警主机、门禁系统、门磁探测器、门控报警、遥控报警发射盒等。

4.1.3 安全及自诊断功能

高速公路智能交通系统的安全及自诊断功能能自动测试系统的工作状况,并在检测到异常情况时自动显示和打印诊断报告。系统对不同层次和职责的人员,分别设置不同的操作使用权限和不同的操作口令及密码,防止越权存取和修改,以保障数据的完整性,并对值班员的操作进行存贮、记录和打印。

目前,高速公路智能监控系统中负责安全功能的主要设备有入侵检测系统、安全网关(UTM)交流主机、防火墙、终端管理接入控制网关、局域网网络平台管理终端、安全事件管理设备等。

4.2 交通环境状况监测

交通环境安全是交通安全的主要内容,交通环境监测预警是环境监测预警体系的重要组成部分,也是交通安全体系的重要组成部分。交通环境监测预警是交通环境管理最为基础的工作,准确、可靠的交通环境监测预警数据和信息是政府制定法律法规、条例制度、政策标准、规划计划和综合决策的依据。先进、科学的环境监测手段是保证获得准确、可靠数据和信息的工具,是保证交通环境安全的重要条件。

4.2.1 交通环境监测预警存在的问题

目前,交通环境监测预警主要存在以下几个方面的问题。

(1)交通环境监测预警的地位没有得到应有的重视

①基础支持力欠缺。交通环境监测预警法规建设滞后,机构人员编制不足,队伍素质不高,经费难以保障。

②技术保障力欠缺。交通环境监测预警网络不健全,技术设备和方法落后,数据的权威性不能保证,技术体系亟待完善。

③环境管理薄弱。交通环境监测预警环境执法乏力,环境管理职责缺位,整体运行效能不高,作用得不到有效发挥。

④社会参与力欠缺。交通环境监测预警的公众参与度不高,公众与交通环境监测和管理部门的沟通渠道不够畅通。

(2)交通环境监测预警的任务难以落实

由于交通环境自身的特点,环境监测预警的监测断面以及监测时间段难以维持稳定,存在较大的变动性;交通环境监测的日常监测预警与突发事件监测预警的结合以及实施需要有效的机制来保证。

(3)交通环境监测预警的发展存在巨大的挑战

随着我国公路里程数不断增加,公路所处的自然环境类型越来越多,不同环境的环境因子选择以及预警标准存在很大的差异性,交通环境监测预警的技术研发及保障存在局限性。

4.2.2 交通环境监测预警体系概述

交通环境监测预警体系,是指以交通环境状况及变化过程为对象,在科学理论的指导下,为完成环境质量监视性监测、污染源监督性监测、环境污染事故应急监测和重大环境问题专项调查性监测任务而建立的一套先进的、完整的环境监测法规制度、业务管理、技术装备、技术标准和保障体系。交通环境监测预警体系应将监测管理、监测网络、监测技术装备、监测技术标准、监测人才队伍、监测质量管理等基本要素体现在交通环境监测预警体系的4个子体系中。交通环境监测预警体系应体现环境监测预警系统运转高效、反应灵敏、数据可靠3个基本特征,实现及时、准确、全面、科学地监测和报告大气环境、水环境、噪声环境、生态环境等的环境质量状况及其变化趋势,及时跟踪污染源、污染物排放的变化情况,尽可能地实现准确预警、及时响应和科学应对各类环境突发事件这3项基本功能,并完成环境质量监测、污染源监测、环境突发事件预警与应急监测这3项基本任务。

4.2.3 交通环境监测预警体系的组成

交通环境监测预警体系由4个子体系组成,即基础支撑体系、技术保障体系、环境管理体系和社会参与体系。交通环境监视预警体系的结构,如图4.1所示。

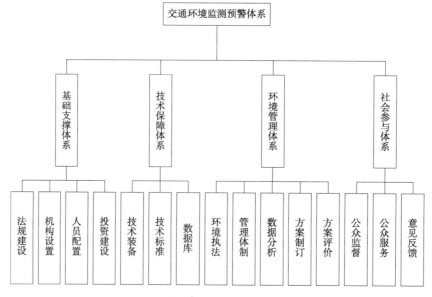

图4.1 交通环境监视预警体系的结构

(1)基础支撑体系

①完善交通环境监测队伍建设。

要建成先进的环境监测预警体系,真正发挥环境监测预警体系的作用,环境监测人才培养与队伍建设是关键所在。建设先进的环境监测预警体系,必须加强环境监测人才培养与队伍建设,完善交通环境监测的人员配备。

②加强交通环境监测法规建设。

要建立和健全交通环境监测执法责任制,监测人员和分析人员要做到落实责任、恪尽职守、协调联动、联合把关;要不断完善环境监测法律、法规建设,加大执法力度,对监测数据超过安全界限和国家规定的路段,要及时上报交通主管部门和环保主管部门,采取积极的处理和防治措施,对干扰监测工作或破坏监测设备的人员应依法追究责任。健全环境监测行政执法监督机制,做到互相监督,环环相扣。

③加强交通环境监测投资建设。

应制定有关环境经济政策,增加环保资金投入,支持监测技术的研究,加强监测系统能力建设,实现监测机构的标准化。监测部门在完成常规监测的同时,要加强现代化建设,提高监测水平,使监测系统的软件和硬件适应发展要求。优先安排资金购置专业设备,建设好应急监测队伍。

④加强交通环境监测机构建设。

中国交通运输部实施的《交通运输行业公路水路环境监测管理办法》(以下简称《管理办法》),要求各类公路水路交通建设项目在工程环境影响评价、施工和竣工环境保护验收以及运营过程中必须进行机构建设。监测机构分一级站、中心站、监测站或化验室3级设置,组成交通环境监测网。按照《管理办法》的要求,中国目前的交通监测机构远远不足,特别是监测站。因此必须加快交通环境监测机构的建设。

(2)技术保障体系

①加强交通环境监测网建设。

交通环境监测预警体系监测网建设的重点任务包括:在国家环境监测网中优化调整交通环境监测网,实现环境监测资源和各类环境监测信息共享,开展优化确定各环境要素的监测点位及断面、污染源和预警应急监测等任务;同时,根据国家环境监测网优化调整的原则和监测技术规范的要求,不断完善交通环境监测网,使交通环境监测网的监测任务和目标与国家环境监测网相互衔接、互为补充。

②加强环境监测设备能力建设。

交通环境监测预警体系设备能力建设的重点是形成与体系建设目标相适应的技术装备能力。加强环境监测设备能力建设的内容:一是加强环境质量监测技术装备能力建设,提升监测环境质量状况的能力;二是加强污染源监测技术装备能力建设,提升掌握污染源、污染物排污情况和"三同时"验收监测的能力;三是加强环境预警和环境突发事故应急监测技术装备能力建设,提升环境预警和应急监测响应能力;四是加强遥测技术装备能力建设,提升遥测在环境监测中的应用研究能力;五是加强环境监测与统计信息技术装备能力建设,提升环境监测信息化能力水平;等等。

③加强交通环境监测技术体系建设。

交通环境监测预警技术体系的重点是形成与完善适合交通环境监测预警的基础理论体系、技术路线体系、技术规范体系、方法标准体系等。通过交通环境监测技术体系的建设,不断提升常规监测能力、自动监测能力、预警应急监测能力、环境监测信息能力,加强新技术的应用,推进交通环境监测科技的进步。

④完善交通环境监测数据库系统建设。

加强交通环境监测信息网络系统和数据库系统建设,应全面提升监测信息传输、数据管理和应用共享能力,以适应综合交通环境监测系统信息的快速传输、收集、集中处理等要求,以及及时、准确的交通环境预报制作与交通环境服务要求,利用先进的传输手段,提高探测信息传输的能力,提高监测信息传输的实时性和稳定性;利用先进的存储设备和数据库技术,建立信息海量存储系统,完善实时资料数据库、历史资料数据库,实现对各种资料集中统一存储、管理和共享,并方便异地实时使用;尤其要广泛调研、搜集、整理交通环境灾情资料,建立交通环境灾害数据库,并实现数据共享。

(3) 环境管理体系

①创新环境监测管理体制。

交通环境监测预警体系应符合中国环境监测的统一监督管理要求,同时要结合交通环境保护的特点,研究制定交通环境监测事业发展规划,制定环境监测管理法律法规、方针政策,理顺环保部门与其他部门之间的关系,研究解决环境监测事业发展人、财、物的保障问题等;交通环境监测部门需要认真履行环境监测职能,加强环境监测系统内部的管理,加强交通环境监测预警和应急监测能力,科学评价交通的环境质量状况。

交通环境监测预警体系应理顺环境监测预警运行机制,按照事权划分原则,建立国家环境监测网运行机制,合理界定国家环境监测网中国家承担、国家和地方共同承担、地方承担的环境监测任务,明确国家与地方在国家环境监测网能力建设、运行管理、质量管理和信息管理等方面的权责关系。对于交通环境监测预警,需要国家和地方共同开展环境监测任务,共同负责。

②加强环境监测质量监督与管理。

a. 建立完善的环境监测质量体系。确立环境监测质量体系基本要素,构建环境监测质量体系框架,形成完整的质量管理要求。

b. 建立质量管理评价体系。以质量管理的基本要求为评价基础,确定评价指标、评价手段与方法、评价工作的实施方式、评价结果的判定方法。

c. 完善质量管理制度和监督机制。制定和完善环境监测质量管理规定、环境监测技术人员持证上岗考核制度、环境监测网质量管理办法;研究建立新的监督管理模式;制定各类环境监测活动的质量监督方法和制度;等等。

d. 完善环境监测质量管理技术体系。建立和完善环境监测技术规范和标准;研制先进、标准的环境监测设备和设施;研究快速监测、污染源在线监测、排污总量监测、环境突发事件应急监测、生态监测、固体废弃物及土壤监测等的技术与方法;建立水、气、声、土壤自动监测质量保证体系。

e. 加强技术执法和技术监督。技术执法能提高执法效率,减少执法过程中的矛盾,减少对交通环境的不良影响;技术监督是对监测人员工作规范的指导和教育,对交通环境监测设备运行状况的反映。加强交通环境监测预警的技术执法和技术监督,对于交通环境安全有着重要的意义。

(4)社会参与体系

交通环境范围广,环境因素复杂,单靠专业部门的监测与管理,难以保证交通环境安全,还需要公众的参与。公众参与从大的方面可以分为社会参与属性和社会服务属性。社会参与属性,可表现为公众监督、公众投诉、公众论证等;社会服务属性则表现为公众投身监测、治理等。主管部门也可以根据公众的要求,为公众提供监测方面的服务。可以说,社会参与属性的主体是公众,对象是监测预警体系;而社会服务属性的主体是监测预警体系,对象是公众。两者之间是相互依赖、相互服务的。

4.2.4 交通环境监测预警体系的运行

交通环境监测预警体系的结构决定了体系的运行方式和运行能力,基础支撑体系为体系的运行奠定了基础,技术保障体系为体系的运行提供了保障,环境管理体系为体系的运行提供了科学管理的方法,社会参与体系则是体系良好运行的补充,这4个子体系缺一不可。只有4个子体系共同协调运作,才能实现交通环境监测预警体系的正常运行。

交通环境监测预警体系的正常运行是保障交通环境安全的关键,也是交通环境监测预警体系构建的目的。要实现体系的成功运行,必须确保体系中每一环节工作的到位。从监测到数据分析,从警源确定到方案制订,从政府指导管理到公众监督投诉,从现场应急处理到补救措施,等等。交通环境监测预警体系的具体运行,如图4.2所示。

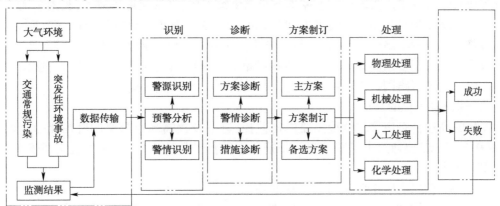

图4.2 交通环境监测预警体系运行图

交通环境监测预警体系运行的主要步骤为:监测—识别—诊断—方案制订—处理—结果。

(1)监测

交通环境监测有人工监测和自动监测两种形式,人工监测的形式最为常见,是由人通过仪器对筛选的交通环境因子进行监测;自动监测的形式是在交通主要路段设立自动监测预警装置,通过全机器的运作模式进行监测。

(2)识别

通过对监测信息的分析,能够识别交通活动中可能发生的环境污染事故与污染灾害的诱因或最终导致因素。识别也就是预警分析,通过对监测数据的分析处理,寻找造成交通环境污染的原因,尽可能全面地识别主要影响因素和次要影响因素。

(3)诊断

诊断就是对已被识别的现实诱因进行综合分析,以明确因素(现象)中主要的危险源。通过诊断,可以为后面工作的开展提供根据和保障。

(4)方案制订

警源确定后,需要提出预控方案,并通过专家或学者对方案进行分析、决策,最终确定最优方案,并附以相关备选方案。

(5)处理

处理即实施最优方案,按照方案进行实地交通环境污染治理。当出现处理失效时,应采取必要的补救措施。

(6)结果

建设先进的交通环境监测预警体系是加强交通环境安全管理的一项具有战略性、基础性的重要任务,有着重要的现实意义。交通环境监测预警体系建设是提高交通环境保护和交通安全管理水平的有效方式。相关部门可以通过该体系的建设,有步骤地落实各项工作任务,从而提高环境监测能力,增强环境预警功能,强化环境安全管理,达到交通与环境的和谐、统一。

4.3 交通需求管理

随着国民经济的飞速发展,伴生的交通需求也越来越多,使得高速公路交通拥堵、交通事故等现象时有发生。为缓解交通需求与交通供给矛盾,降低交通事故率,我国多地早期修建的高速公路逐步步入拓宽改造或修建复线时期。受公路走廊带资源限制等方面的影响,沿原道路进行拓宽实施难度巨大。因此,修建复线成为各地交通主管部门的首要选择,这样就形成了两条甚至多条高速公路并行的路网格局。从吸引交通需求的角度看,这样的高速公路形成了竞争性路网。交通需求管理应着重满足以下两点需求。

(1)巡逻电子化的需求

新建的高速公路应实施全程闭路电视监控,进一步提高高速公路的管控能力。根据需求,每 0.5~1h 都要通过电子监控探头扫描所能监控的路面区域,及时发现交通安全隐患,节约警务成本。

(2)交通违法行为纠正、查处智能化的需求

依靠视频监控进行违法识别与抓拍,搜索路况异常信息,通过网络传输快速通知临近的巡查车或出入口人员,做到快速出警、排障、控制。通过运用现代技术,交警有了"千里眼"和"顺风耳",实现了对有安全隐患车辆的有效控制。杭州湾跨海大桥监控系统和目前正在试点的停车倒车自动报警系统都是典型的应用个案,在监控与语音提示系统的共同作用下,真正实现了"既监又控"的功能。

4.4 道路运行管理

道路运行管理,是指根据采集系统的数据和信息,通过在高速公路的机电设备提供道路

交通信息和诱导控制指令,及时向管理部门、求助部门和社会发送求助指令或道路交通信息。

监控信息处理与控制功能主要包括:结合监控信息的分析和处理来制订控制方案,如发布高速运行指令,对异常事件的处理决策,等等;对系统采集的信息进行分析处理;对系统自动提出的控制方案,值班员也可修改或确认后再执行。

常见的监控信息处理与控制功能:根据上述数据与各自阈值比较,予以越限时报警(包括故障和告警信息),提出控制方案(阈值可根据实际情况设定);对可变信息标志的内容进行人工编辑与发布;对高速路段交通流量信息进行统计;可控制道路沿线设置的遥控摄像机(包括收费站摄像机)动作,使遥控摄像机上下左右旋转等;可在任意一台监视器上切换显示摄像机图像,可任选一路进行录像;等等。控制方式有人工控制和自动控制两种,其中,人工控制优先。对于异常报警情况,可进行人工控制与自动控制的协同控制,包括门架式信息栏控制、悬臂式信息栏控制、遥控摄像机的控制、收费出入口控制等。

4.5 交通控制

通过交通控制方法来提高道路的通行能力是世界各国交通问题专家认同的一种有效途径。交通控制方法策略和系统控制技术与理论的发展有着紧密的联系。随着系统控制新技术不断地应用于交通控制系统,智能的、先进的和有效的交通控制方法也不断涌现,从而更加有效地提高了道路的通行能力。随着计算机技术,特别是计算机网络技术的发展,组建大范围、实时的、准确的交通信息控制系统,可实现人、车辆、道路三者的和谐与统一。

高速公路交通控制系统是包含人—车—路交互作用的复杂系统。高速公路交通控制发展必然是在高速公路智能交通系统的大背景下,朝着集成化、智能化和信息化的方向进行。高速公路智能交通系统与智能运输系统、智能交通控制系统与管理系统的关系,如图4.3所示。

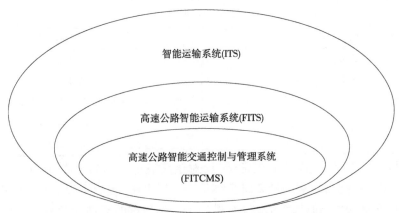

图4.3 高速公路智能交通系统与智能运输系统、智能交通控制系统与管理系统关系示意图

电子信息科学技术的迅猛发展为高速公路智能交通控制系统的实施奠定了基础。在通信领域,光纤数字通信技术的成熟使得大范围的高速公路实时信息控制系统(如集成交通控制系统、区域联网收费系统)的建立成为可能;互联网与移动通信的普及为高速公路交通信

息和诱导系统提供了物质基础;专用短程通信协议(DSRC)为不停车收费提供了技术保证。在计算机领域,电子地图和全球定位系统(GPS)是车辆导航的基础;计算机网络、大型数据库、多媒体信息采集、存储和传输技术是任何一个交通信息控制系统都不可缺少的;人工智能技术为高速公路交通控制和管理的智能化提供了新的途径,其中,基于知识的系统(专家系统 ES)技术用于相对高层的交通管理智能决策,人工神经元网络、模糊逻辑、遗传算法等技术用于相对低层的优化控制(信号控制配时方案的实时优化、计算和选择)、实时交通流的预测和动态交通的最优分配。在自动控制领域,这些年来出现的激光、红外、视频检测技术,已成功地应用于交通流与车辆识别;智能控制、多智能体与大系统理论的结合为高速公路集成交通控制开辟了新的天地。

高速公路交通控制系统的控制方式有入口匝道控制、主线控制、网络路由控制和集成交通控制;其控制策略经历了从静态到动态、从局部到全局的过程;其控制方法也有数学规划、最优控制、随机控制、分散控制、递阶控制、递阶智能控制、模糊控制和神经网络控制等几种。高速公路交通控制系统是时变的、模糊的、复杂的非线性系统,智能控制才是解决高速公路交通控制问题的有效途径。

4.6 交通事件管理

4.6.1 交通事件的含义及影响

交通事件是指导致道路通行能力下降或交通需求不正常升高的非周期性发生的情况。事件分为可预测事件和不可预测事件,其分类见表 4.1。美国 Cambridge Systematics 公司通过对美国高速公路上发生的事件进行统计得出了如图 4.4 所示的各种类型、严重程度和持续时间的事件在高速公路上的分布情况。(我国由于对交通事件的研究刚刚起步,还没有确切的统计数据,所以可以参考上述统计结果进行研究。)

事件的类型　　　　　　　　　　　　　　　表 4.1

可预测事件	不可预测事件
道路养护	事故
道路修筑	车辆抛锚
大型活动(如体育比赛、游行等)	恶劣的天气(雨、雪、大雾等)
	桥梁或道路坍塌
	货物散落

交通事件阻碍或限制交通流的正常运行,对道路通行能力有显著影响。表 4.2 给出了交通事件对道路通行能力影响的最新研究结果。从以上图、表中可以看出,大多数的事件都不是很严重,如车胎漏气、过热或汽车没有燃油等。不严重的事件通常只会导致车辆临时停在车道和路肩上,可是由这类小事件引起的延误却占事件造成的总延误的 65%。这类小事件通常持续时间在半小时以内,使一个 3 车道高速公路的通行能力最多降低 25% 左右。事故(只占事件总量的 10% 左右)是一类比较严重的事件,由事故引起的延误占事件造成的总延误的 35%,事故使道路通行能力严重下降。例如,因为事故,一条 3 车道高速公路中的 1

个车道阻塞,其通行能力降低达50%,远远大于事故本身物理上阻塞的车道(仅有1/3的车道被阻塞)的通行能力(30%)。

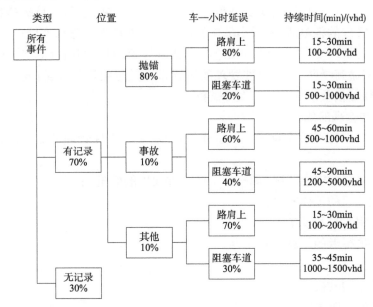

图4.4 各种类型、严重程度和持续时间的事件在高速公路上的分布情况

由于交通事件在很多情况下是不可预见的,驾驶员无法事先计划避免,因此,事件对人员和货物运输方面的影响要比常发性拥挤大得多。随着交通量的持续增长,事件发生的频率越来越高,造成的影响就越来越大。事件造成的后果不仅仅是交通拥挤和阻塞,还极易引发二次事件(事故),而且,二次事件通常都比原来的事件严重。清除事件的时间越长,引发二次事件的危险性就越大,事件处理工作人员的危险性也越大。由此可见,对事件的管理不仅关系到每一个出行者,而且是高速公路系统提高服务水平的关键。

事件条件下可获得的道路通行能力的百分比 表4.2

高速公路单方向的车道数(个)	路肩上车辆抛锚(%)	路肩上事故(%)	阻塞车道		
			1个(%)	2个(%)	3个(%)
2	0.95	0.81	0.35	0.00	N/A
3	0.99	0.83	0.49	0.17	0.00
4	0.99	0.85	0.58	0.25	0.13
5	0.99	0.87	0.65	0.40	0.20
6	0.99	0.89	0.71	0.50	0.25
7	0.99	0.91	0.75	0.57	0.36
8	0.99	0.93	0.78	0.63	0.41

4.6.2 交通事件管理的目的和效益

(1)交通事件管理的目的

交通事件管理就是通过有效地减少事件检测和确认的时间,采取恰当的事件响应措施,安全地清除因事件而受到影响的交通流,直至恢复原有的通行能力来提高高速公路的运行效率和安全系数的过程。

交通事件管理的根本目的是使受到事件干扰的交通流恢复正常;目标是在最短的时间内完成交通事件管理的各项活动,减小事件的影响。在交通事件管理实践中,对于不同类型高速公路的不同的管理要求可以制定相应的交通事件管理目的和目标。比如,在市区高速公路上,特别是交通高峰期,交通事件管理的主要目标是尽快恢复正常的交通流;而在城市间高速公路上,则更偏重于驾驶员的救援需要。

(2)交通事件管理的效益

高效的交通事件管理系统能够产生显著的效益,交通事件管理的效益通常包括以下几个方面:

①改善高速公路的安全状况(如减少二次事件发生的数量);
②提高管理部门的工作效率;
③高效地使用人员和设备;
④丰富针对出行者的信息发布内容;
⑤减少延误;
⑥提高货运车辆的机动性;
⑦减少事件响应时间;
⑧减少对环境的影响;
⑨减少驾驶员的运行费用;
⑩减少事件清除时间;
⑪提高事件当事人、事件处理人员和其他道路使用者的安全系数;
⑫增进各个部门的关系和相互了解。

据美国运输工程师协会(Institute of Transportation Engineers,ITE)估计,高速公路使用事件管理系统后,在交通拥挤期间可以减少10%~15%的行程时间。交通运输系统、交通控制系统与管理系统等系统在实施后都进行了效益评估。比如,1997年,由于CHART项目的实施,总的事件延误每小时减少了1 560万辆车,燃油消耗大约减少了585万加仑,潜在的二次事故减少了337起,CHART系统的费效比超过7:1。又如,亚特兰大NAVIGATOR系统建成后,事件检测和确认的时间由原来的4.2min减少到1.1min,时间减少了74%;事件确认和自动产生事件响应之间的平均时间减少了50%(从9.5min减少到4.7min);事件确认和车道清除之间的平均时间从40.5min减少到24.9min(减少了38%)。事件管理系统在产生巨大的经济效益的同时,还能带来诸多无法度量的社会效益。如缓解事件当事人的紧张心理和减少事件带来的不便,减少延误,减少有害气体的排放,改善公共关系,等等。

4.6.3 交通事件管理系统的结构框架

高速公路交通事件管理系统主要由交通信息采集子系统、监控中心控制子系统、交通信息发布子系统和通信传输子系统等组成。依据我国提出的责任敏感安全(RRS)框架,可推出事件管理系统结构框架。其中,通过高速公路上沿途布置的各类车辆检测器和监视设备获取实时的高速公路运行状态,通过通信链路传输给事件管理中心;事件管理中心承担事件管理的主要工作,负责对原始交通流数据、视频数据以及各种途径的人工报告数据进行处理,以判断是否有事件发生,在确定了事件发生后,根据事件的严重程度和需要制定响应策略并派遣事件处理人员、救援设备和车辆,同时对相关路段进行控制并向出行者和驾驶员发布相关信息,以避免事件进一步恶化;事件现场和救援车辆接收事件管理中心的调度指令,并反馈救援现场的情况。

4.6.4 交通事件管理的活动和工作程序

交通事件管理涉及的部门包括公安交警(110、122)、运管局、高速公路管理局、消防队(119)、紧急医疗服务(120)、媒体等。在事件管理的各个阶段,这些部门要进行事件识别、响应、清除和紧急救援等一系列事件管理活动。通过这些活动充分协调和利用人力和技术资源,在事件发生后尽快恢复高速公路的通行能力,减少事件的持续时间和对交通流的干扰。

事件管理活动涉及在事件持续时间内和交通流恢复过程中的各种主动管理交通流的措施。随着事件的清除,需要不断地监控和修正交通控制管理方案;在交通流恢复正常之前,还要不断地向公众发布信息。有效的事件管理包括以下7项基本管理活动:检测(Detection)、确认(Verification)、驾驶员信息(Motorist Information)、响应(Response)、现场管理(Site Management)、交通管理(Traffic Management)、事件清除(Incident Clearance)。

实践中,这些活动并不一定是按顺序进行的,它们可能同时发生或相互交叉。实践中即使不存在正规的事件管理程序,这些活动也都在某种程度上发生。但是正规的事件管理可以极大地提高这些活动的效率和效力。一般情况下,事件管理的工作程序为:①融合来自不同检测方法的检测结果,发出事件警报,并估计事件对交通流的影响。②确定需要什么样的援助,尽可能利用路旁装置、公用电话或车内无线电装置,与巡逻车、有关驾驶员或合作的旁观者取得通信联系。若有可能,应利用闭路电视监视和观测事件。③派遣适当的服务车辆。这将由事件的性质、高速公路管理系统的优先权(驾驶员服务与保持通行能力相比较)以及可用的服务车辆和已签订的协议来决定。④监视事件的实际处理情况。需要时,增派车辆收回不必要的设备。在适当的时候向驾驶员和媒体(如电台、电视台、互联网等)发布预期的延误时间和替代道路。⑤记录重要数据。重要数据应包括事件开始、结束的时间,事件的严重程度,救援开始和结束时间,提供的援助及采取的其他行动,等等,这些数据为现行系统的评价和改进提供了依据。

4.7 综合执法

4.7.1 我国高速公路执法现状

在对我国高速公路的执法现状进行描述时,通常要进行分类。我国高速公路的执法没有统一的模式,想要为其分类,最直观的莫过于从执法的主体上进行。而且从大方面来看,全国有许多地区的高速公路执法管理仍然沿用以前普通公路的管理方式。所以,在讨论这个问题之前,先对我国的各个道路交通管理的主体进行描述,从中得到高速公路执法模式的分类。

在我国,主管道路交通的行政机关主要有交通局、公路局和交管局。一般来说,交通局负责的范围最广,有公路、水运港口及航道、地方铁路的运输行业管理、交通规费征稽管理、规划建设与保养维护等;公路局负责相关地区的公路交通规费征稽管理、规划建设与保养维护等;交管局的交通警察属于公安系统,主要负责道路安全管理和机动车、驾驶员的管理。这是对这3种主管交通的行政机关职能的描述。另外,从整个执法的层级关系上看,属国家一级的是交通部和公安部的交管局,二者属于合作关系。属省级的是交通厅和公安厅的交管局,二者也是合作关系。市级交通部门则分为交通局和公路局,二者之间存在职能交叉;同时,交通局会在委托授权的情况下,将其职能划分给路管所、运管所和交通执法大队。同一级的交管局则分为交通警察大队和高速交警大队。

以上这些划分方法是一般意义上的划分,至于各个地区自己如何分配权力,高速公路执法管理又有怎样的变换,就涉及我国现行高速公路执法的3种不同。比如,有学者将我国高速公路管理体制分为3种模式:一是由交通部门一个行政独立主体进行统筹管理的模式;二是由交通部门统一管理,吸收公安交警参与交通执法的统一管理、综合执法的模式;三是交通、公安两个行政主体共同参与管理的两家分营的模式。又如,有学者将我国高速公路管理体制总结归纳为"分别管理"模式、"联合管理"模式和"综合管理"模式。除此之外,还有其他的分类方式,在此不便一一列举。

笔者根据这些分类方式,做出了自己对这一问题的分类,即可分为交通主管部门统管、交通部门与公安部门共管、交通部门与公安部门分管这3种管理模式。

首先,交通主管部门统管,这种管理模式是由交通主管部门组建的高速公路管理机构对路政、交通安全、收费、养护、通信监控和服务实施统一管理。这一管理模式的优点是将高速公路交通安全管理纳入整个高速公路管理系统,由一个主体实施统一的综合管理,这在一定程度上加强了对交通安全的管理,使管理的协调性和整体水平都得到很大的提高。成渝高速公路重庆段,陕西省西临、西宝、临渭高速公路都采用这种模式。这种模式的好处在于其不仅实现了管理目标的统一和协调,同时也做到了机构精简,提高了管理工作的效率,降低了管理成本,杜绝了过去几个机关为了同一事项相互推诿的情况。

其次,交通部门与公安部门共管,这种管理模式是由交通部门和公安部门共同组建的高速公路交通管理机构来进行行政执法。机构下设的交警队仍然由公安机关领导,下设道路管理部门也是由交通部门提供经费。这种模式在一定程度上提高了处理事故的速度和效率,利于各交通行政部门沟通信息,互通有无,减少了部门间的摩擦,基本上符合高速公路要求的"统一"的原则。但是,这种管理模式只是在形式上将交通安全管理纳入高速公路统一管理,实际上,在这个混合系统中仍然存在着两个壁垒分明的机关,它们的本质并未改变,在工作时仍然按照各部门的职责进行,在管理目的上存在矛盾,职责交叉、政出多门的现象并没有消失。在工作中,只是强调两部门相互协作,但这种协作关系完全依靠部门领导的个人素质、人际关系以及协调能力等非体制因素来维系,模式结构极不稳定,实际上难以长期维系。

最后,是交通部门与公安部门分管,这种管理模式很长一段时间都存在于我国的高速公路和普通公路管理中,是一种真正意义上的分散执法。这种模式是将高速公路交通安全管理交由公安部门负责,其他管理任务交由交通部门负责。在这种模式下,公安部门和交通部门互相没有任何隶属关系。这样的高速公路行政管理模式并不适合高速公路要求的"统一、高效、精简"的原则,所以具有许多不便之处。比如,这种分割式的管理模式使交通安全管理与其他的管理职能(如路政管理)分离,不利于交通安全管理;同时,公安机关只负责交通安全管理,但是无法采取多方位的措施进行危险的预防,各种技术手段没有办法用于事故预防中,这是很致命的一点。另外,职能的交叉会导致过多的矛盾。比如,一旦有交通事故发生,公安机关就会以"安全"为第一要件,从而忽视了还有其他方面的工作要做。公安机关处理完事故就会一走了之,剩余的属于交通部门的损失却没法得到赔偿;而且双方都有进行巡查的职权,明明可以一次做好的事情,两个部门同时进行,造成了资源的浪费。

综上所述,我们了解了我国现行的高速公路行政执法体制,并且对3种管理模式分别进行了分析,其中,后两种执法模式被称为"分散执法"模式,这两种模式在一定程度上都存在问题。有学者将道路交通行政执法的问题归纳为:法制建设远未完善,道路交通运输发展滞后,管理技术水平偏低;在交通行政执法中,各部门各行其是,自我封闭;在具体的执法过程中,各部门的规章条例在本部门外缺乏权威性,各种规章条例往往发生冲突,相互不统一,协调时存在着条块分割现象。还有学者认为,这两种执法模式的法治环境不够宽松;执法监控不够深入;执法行为不够规范;执法时犯法现象屡禁不止;委托过多,分散管理成条块;执法教育滞后。这些道路交通行政执法存在的问题,同样也存在于我国高速公路执法中。总之,不论问题是什么,我们都不难发现,高速公路的综合执法模式,也就是交通主管部门统管的模式比较适合我国现状。并且从实践中我们也可以了解到,综合执法在我国执行得还算顺利,并且值得在全国范围内推行。

4.7.2 我国高速公路综合执法的创新

从4.7.1节所论述的内容我们可以得知,虽然我国现行的高速公路行政执法模式还是3种模式并存,但是高速公路综合执法的益处已经为人们所熟知,越来越多的省市都在摸索适合自己的模式,而且不可否认的是,他们努力前进的方向就是顺从高速公路的特性,遵守高速公路执法中应当遵守的"精简、统一、高效"的原则。在我国现行的高速公路综合执法模式中,公认的比较成功的莫过于重庆模式。当然,在全国的所有行政区划中,除了重庆的高速公路执法属于综合执法外,还有其他省市的高速公路也在某一条或者某一段上进行了综合执法,但是有的地区的综合执法实际上只是联合执法的一种,辽宁、河北、陕西等省都尝试过这样的模式,但是后来效果不尽如人意,都取消了。下面以我国现行的高速公路综合执法的两种情况来了解我国高速公路综合执法的创新。

(1)河北模式

河北省在一些地级市进行了高速公路综合执法改革,主要是在高速公路上以区/市为单位建立交通警察队伍。目的是解决高速公路管理不顺畅的难题。但是,实际上这种交警执法的模式只注意了高速公路执法中一个方面的问题,即统一。这一改革措施确实起到了统一管理的作用,因为它在队伍管理上,实行省级垂直统一管理与地方监督协管相结合;在业务管理上,实行省级统一交通行政执法与治安刑事案件及应急事件处置当地化相结合。这在一定程度上保证了高速公路交警上下级之间以及各个区域交警支队之间的统一指挥。但是,高速公路的执法不止交通安全管理,还有路政管理、运政管理以及规费征稽管理,在这3个方面中,路政管理与交通安全管理关系最为密切。在公路上,尤其是高速公路上发生交通事故时,最需要的是处理交通事故和进行道路维护以尽快恢复通车。在高速公路上,更是需要路政管理部门尽快介入,使高速公路保持畅通。

如果按照河北省的高速公路执法交警模式,我们可以很清楚地发现,在这种情况下只有两种选择,一是,由高速公路交警支队既进行交通事故的处理又管理道路和车辆,以使道路尽快恢复通车;二是,高速公路交警支队与发生事故的地方部门(或交通部门或公路管理机构)进行合作。而实际上,这两种选择又各有不适合之处。如果按照第一种选择,那么我们必须要阐述清楚一个前提,那就是高速公路交警支队是属于警察部门,属于公安机关,要求公安机关管理路政和车辆,但这是不合法的。根据《中华人民共和国公路法》第8条的规定,"国务院交通主管部门主管全国公路工作""县级以上地方人民政府交通主管部门主管本行政区域内的公路工作""县级以上地方人民政府交通主管部门可以决定由公路管理机构依照本法规定行使公路管理职责"。另外,《中华人民共和国公路法》的第57条和第82条分别规定了公路管理机构可以行使路权职责,公路管理机构可以行使交通主管部门行使的处罚权和采取相应的措施。根据上述法律条文的规定我们不难了解到,公路管理是交通管理部门的职责,这是法律直接授权;同时法律也对交通管理部门授权于公路管理机构做出了授权,但这种授权不同于法律的直接规定,而是强调交通管理部门可以授权,至于是否授权则由交通管理部门自己决定。高速公路属于公路,因此高速公路的路政管理是不可能由公安机关执行的,这一方面不符合法律规定,另外也因为高速公路路政管理是一个专业性较强的职责,所以在进行路政管理时需要专门机构进行,并不是可以随心所欲地将高速公路执法的职责授予任何一个法律未曾授权的部门。如果按照第二种选择,那么就不符合高速公路执法的"统一"原则。因为,第二种选择意味着一旦有交通事故发生,交警支队就需要路政管理部门或者地方公路管理机构的配合,那么这种执法模式就彻底变成了高速公路由交通管理部门和公安机关分管的模式,根本就谈不上综合执法。费心组织的高速公路交警支队使高速公路的管理愈发混乱,因此所谓的"河北模式"只是形式上的综合执法,不适合作为高速公路综合执法的创新模式在全国推广。

(2)重庆模式

重庆高速公路综合执法的模式是重庆的特有模式,从本质上讲,就是将公安部门及交通部门中关于高速公路的路政、交通安全管理、收费、养护、通信监控和服务等方面的行政执法职能提取出来,纳入高速公路综合行政执法机构中,由交通部门统一管理,实行综合执法。

重庆的高速公路综合执法是处于重庆市交通体制改革的大背景下,经过了比较漫长的时间才逐步形成的。重庆高速公路综合执法模式的发展和完善共经历了以下6个阶段:

①早在1993年的成渝高速公路建设过程中,原重庆市交通局就组织专家论证高速公路综合执法的可行性,经过专家对全国其他地区高速公路管理体制考察、对比之后,最终得出要实行"统一管理,综合执法"的管理体制。这一研究主要是停留在理论阶段,并没有立即付诸实践。

②在随后的1994年4月,重庆市政府决定在成渝高速公路重庆段进行由交通部门统一管理的综合执法模式的试点工作。这一试点在有了《行政处罚法》规定的相对集中处罚权中得到了法律规定的支持。

③1998年3月,重庆市人民代表大会常务委员会通过了《关于加快高等级公路建设和

加强高等级公路管理的决议》，在重庆直辖市范围内正式以地方立法形式确立了重庆"统一管理，综合执法"的模式。

④2000年8月，重庆市交通委员会组建成立了主管全市城乡公共客货运输及公路、水路交通基础设施建设和行业管理的市政部门。根据《中共重庆市委、重庆市人民政府关于重庆市党政机构改革方案的实施意见》，市政府撤销了原市交通局、市公用局，将原市交通局的全部职责、原市公用局承担的城市公共客运交通管理职能（含出租汽车管理职能）、市港口局承担的港政管理和码头管理职能、市计委承担的交通战备职能、市经委承担的指导和协调铁路与民航等运输市场管理职能以及地方民航、铁路的行业管理职能，一并划入新组建的重庆市交通委员会。这一阶段只是建立了"大交通"统一管理的模式，并未专门提到高速公路的执法问题。2001年5月，重庆市人民政府以地方政府规范性文件的地位发布了《关于加强高速公路管理的通告》，为重庆的"大交通"添加了重要的一笔。

⑤2002年6月，重庆市交通委员会设置重庆市高速公路行政执法总队，下设执法大队，负责处理交通事故和路政案件，进一步完善了高速公路综合执法管理模式。

⑥高速公路综合执法的"重庆模式"正式形成。重庆市交通行政执法总队于2005年6月29日成立，是重庆市人民政府按照国务院《全面推进依法行政实施纲要》关于深化行政执法体制改革的精神，根据《国务院办公厅转发中央编办关于清理整顿行政执法队伍实行综合行政执法试点工作意见的通知》等有关规定，按照政策制定职能与监督处罚职能相对分开，权责一致和"精简、统一、效能"的原则，在所做出的《重庆市人民政府关于在全市交通领域实行综合行政执法试点工作的意见》中确立的。这一意见将原属重庆市公路局、重庆市道路运输管理局、重庆市港航管理局、重庆市交通征费稽查局履行的行政监督处罚职能和重庆市高速公路行政执法总队承担的综合执法职能进行了重新整合、配置，组建了隶属于重庆市交通委员会并统一行使交通监督处罚职能的综合行政执法机构。将重庆市高速公路行政执法总队更名为"重庆市交通行政执法总队高速公路支队"，划入重庆市交通行政执法总队，按照政策制定职能与监督处罚职能相对分开的原则，在市一级将路政、运政、港航、征费稽查、高速公路5个方面的交通监督处罚职能进行整合，交由市交通综合行政执法机构承担。最终，重庆市的交通管理形成了"一委三局一总队"的交通综合执法模式。其中，"一委"是指重庆市交通委员会；"三局"分别为公路局、运输管理局、港航局；"一总队"是指交通执法总队。执法总队下设直属执法支队、高速公路支队和交通征费局，高速公路支队主要负责高速公路的综合执法工作。直到此时，高速公路综合执法的"重庆模式"才算成型。

重庆市高速公路综合执法之路并不是一蹴而就的，而是经历了上述一个比较长的过程。总体来看，现行的重庆模式高速公路综合执法模式弥补了分散执法的各种缺陷，超越了交通部门和公安部门的共管或分管模式，更好地实现了高速公路的职能。据统计，2006年1月至2月，重庆市高速公路共发生交通安全事故8起，死亡16人，同比分别下降55.56%和44.83%。1995年至2010年15年来，重庆高速公路上未发生一次死亡10人以上的特大交通事故。近3年来，重庆高速公路百千米交通事故死亡人数为15.66人，低于全国平均水平；每百万千米事故发生率下降到0.18，死亡率下降到0.055，也都低于全国平均水平。这些数据让人直观地感受到了高速公路综合执法对高速公路的重要作用。

一种科学并且合适的执法模式能使行政执法事半功倍。重庆的高速公路综合执法模式经实践证明是行之有效的。这主要是因为,第一,交通主管部门运用各种措施,能够全面处理高速公路上发生的问题,将各种情况放在整个交通系统的大环境之下,符合高速公路作为现代化基础设施的运营规律,从而充分发挥了高速公路的基础设施优势,收到了良好的经济效益和社会效益。第二,综合执法全面加强了交通安全管理,保证了行车安全。例如,在天气恶劣时,各个交通管理部门能够接到统一的管理部署,统一行动,做好预警,而路政和养护机构也可以在第一时间了解路面反馈情况,及时清理有安全隐患的路段,进而保证道路的畅通和安全。一旦发生意外的交通事故,在统一指挥之下,综合执法部门的下属机构各司其职,能及时、有效地对事故进行处理,不会像以前那样机构重叠,权限不清,当发生意外时,没有一个行之有效的章程来进行约束,不但浪费时间,还会因处理不及时而引发更大的损害。第三,综合执法做到了精简机构,提高管理工作效率,降低管理成本。自然环境相类似的两条高速公路,另一条是成渝高速公路四川段,另一条是成渝高速公路重庆段。重庆段的死亡人数两年分别是 36 人和 27 人,每百万千米的事故死亡率分别是 0.11 和 0.08;相同年份四川段的死亡人数分别是 104 人和 84 人,每百万千米的事故死亡率分别是 0.22 和 0.18。从这两组数据我们不难看出,同一时间段,自然环境也相差无几,唯一不同的是执法的模式。重庆段的死亡人数只相当于四川段死亡人数的一半,这不能不说是执法管理模式科学有效的功劳。

4.8 "绿色通道"稽查与管理系统

为抗击冰灾,提高鲜活农产品的流通效率,降低产、销、运各个环节的成本,平抑物价,促进农村经济发展,使农民增收,国家出台了对在"绿色通道"上行驶的整车和合法装载的运输鲜活农产品的车辆一律免交车辆通行费政策("绿色通道"政策),并于 2008 年 1 月 26 日零点开始执行。

为防止司机利用"绿色通道"优惠放行政策少交甚至不交高速公路通行费,省内高速公路上设置了"绿色通道"的收费站点基本都采取现场工作人员进行车载货物现场检查的方式以确认该车辆是否符合放行要求,再决定免费放行或者是收费。为避免内外串通作弊行为的发生,切实做好防贪堵漏工作,收费站一般会给"绿色通道"的工作人员配备数码相机,以视频、图像的方式保留免费放行车辆的现场图像并做好记录。

4.8.1 系统设备分析

(1)采用数码相机稽查的优缺点分析

数码相机作为一种民用数码产品,具有普及面广、操作简单、易使用、无须培训、可选供应商多等优点;并且其投资金额相对较低,无须进行专项工程建设,只要采购回来即可交由工作人员使用。但采用数码相机进行记录的方式存在容易篡改、照片无序、实时性差等缺点和漏洞。为弥补数码相机的某些缺点,部分路段采用了以数码摄像机作为取证的技术手段,以视频方式保留放行记录。

(2)采用数码摄像机稽查的优缺点分析

数码摄像机以视频流的形式保存免费车辆的放行记录,相比数码相机而言优势明显。数码摄像机作为民用数码产品,与数码相机类似,具有普及面广、操作简单、易使用、无须培训、可选供应商多等优点；并且修正了数码相机后期篡改容易的缺点，在很大程度上减少了后期通过修改记录作弊的现象。但数码摄像机与数码相机一样存在上述实时性差、使用寿命无保证、工作人员压力过大、容易造成误判等缺点。

针对数码相机及数码摄像机的应用缺点，我们提出以"绿色通道"智能信息采集终端无线视频监控设备作为"绿色通道"的防作弊技术手段，并配合综合管理平台实现决策支持。

4.8.2 系统拓扑

以路段已有的"绿色通道"稽查管理平台为例，"绿色通道"稽查与管理系统拓扑结构终端将采集到的数据通过4G网络或WiFi无线网络上传至路段服务器，在路段服务器进行存储，同时，路段服务器将数据与管理平台进行实时的数据更新，客户端计算机则可连入路段服务器或管理平台获取数据，从而实现后台数据管理包括统计汇总在内的多种功能。

4.8.3 系统功能

系统通过在收费站的"绿色通道"增加一个智能信息采集终端，将经过"绿色通道"的车辆进行多方面的信息采集，在后台管理系统中进行已采集信息的实时处理。系统功能可以从以下两个方面进行阐述。

（1）智能信息采集终端

"绿色通道"智能信息采集终端是一台支持4G+WiFi通信网络的掌上电脑（PDA），同时支持视频、图片的拍摄，内置的"绿色通道"信息采集程序充分考虑了现场稽查工作人员的当前工作流程，并考虑了现场的操作环境。

（2）后台数据管理

后台数据管理主要是把外场智能信息采集终端所采集到的数据进行实时的汇总、统计并生成报表，为管理人员提供决策支持。

后台数据管理的功能包括以下几点：

①按稽查人员个体进行汇总统计。

②按收费站进行汇总统计。

③按不同车型进行汇总统计。

④按不同的运输货品进行统计。

⑤按时间段进行汇总。

⑥按黑名单统计汇总。

⑦复合统计功能。

⑧黑名单管理功能。

⑨参数配置表管理功能。

⑩对智能信息采集终端的使用情况进行实时监控。当智能信息采集终端在线时，通过后台数据管理软件可以一目了然。

4.8.4 系统优势

（1）实时、动态信息采集

"绿色通道"的车辆稽查工作由人工检查到采用部分设备辅助进行，包括使用数码相机或数码摄像机等,已经有了明显的升级。但是数码相机所提供的图片,使用数码摄像机拍摄的图片或者稽查过程中的短片,都不能做到实时汇总,在处理时有明显的延后。同时,后期处理工作繁重,现场收费员同样需要人工记录,包括车型、运输物品、通过时间等内容,在后期进行数据统计时还需要大量的人力,在无形中增加了工作人员工作量。而使用智能信息采集终端则是由稽查人员现场进行"绿色通道"车辆的检查,同时将必要信息实时上传至路段服务器,彻底消除了信息采集延后的现象,减轻了工作人员的工作压力,并且统计工作由计算机完成,工作效率更高。

(2)实时"黑名单"对比

将恶意严重违规的利用"绿色通道"逃避收费的车辆列入"黑名单库",并取消其免费通行资格。"绿色通道"稽查与管理系统所提供的智能信息采集终端在稽查过程中可以实时进行"黑名单"对比,能快速确认"绿色通道"中的车辆是否在"黑名单库"中,发现该类车辆将进行更为严格的审查或者是取消其免费资格。

(3)人性化操作界面

无论是数码相机还是数码摄像机,都是消费类产品,都不能修改其内部程序,操作界面与高速公路"绿色通道"的业务无关,在使用过程中可采集的信息量也不够;而采用智能信息采集终端后,操作界面完全根据"绿色通道"的需求订制,终端以触摸屏形式进行交互操作,所有的数据输入以选择或点击的形式进行,人性化、智能化程度更高。

(4)高实时数据汇总

智能信息采集终端以WiFi网络为通信媒介,现场采集到的信息可以通过WiFi进行实时汇总。数据通过网络上传至路段服务器,路段服务器与管理平台进行数据交换,通过管理平台能将各个路段的数据汇总上报上级管理单位,管理单位可以随时随地通过网络了解下辖路段"绿色通道"的运作情况,根据不同的情况而采取相应的措施。

(5)多功能查询模块

系统后台数据管理提供了多种多样的数据统计功能,既可以进行简单的单项功能的数据统计,如按车型进行统计,按稽查人员进行统计,也可以进行较为复杂的组合条件查询。多功能的查询模块为高速公路管理单位、上级单位的决策人提供了更准确、实时性更高的决策支持。

通过应用该系统,一方面有效降低了收费站现场工作人员对鲜活农产品运输车辆进行检查、记录、核查的工作强度,提高了收费稽查工作效率;另一方面,通过"绿色通道"车辆基础数据电子化,收费管理人员可根据营运管理的需求对数据进行筛选、汇总、对比、分析,根据数据的情况对营运管理工作方向进行研判,为管理决策提供数据依据。该系统的实际使用效果以及实际使用人员的反馈意见,很好地验证了开发和应用"绿色通道"稽查管理系统的必要性。

4.9 智慧服务区

智慧服务区属于高速公路的高级发展阶段,能够平衡社会、商业和环境需求,同时优化可用资源;通过应用信息技术规划、设计、建造和运营服务区的基础设施,可以提高公众的出行质量,推动区域进步。

在出行者不断增加的背景下,高速公路服务区基础设施落后,公共服务设施不足,安全监管难度逐步加大,资源运转效率降低,传统服务区发展难以为继。智慧服务区将实现人与物、物与物的信息交换和无缝对接,达到对服务区的实时控制、精准管理和科学决策。因此,智慧服务区势必迎来广阔的应用前景,并引导服务区未来的发展方向,进而促进高速公路的可持续发展。

服务区管理是高速公路管理部门及服务区经营部门对高速公路服务区的有关服务设施、停车设施、辅助设施等进行的规划、投资、建设和经营活动的总称。服务区管理的目的是完善高速公路服务功能,提高高速公路服务水平,保证高速公路运营工作正常进行,最终实现高速公路的多功能、高效率与高效益。

建设智慧服务区应做到:通过信息化手段进一步满足公众对高品质、多样化服务的需求,提升停车场、公共卫生间、加油站、汽车修理店、便利店、开水供应区等便民服务场所的运营保障效果,实现全天候服务保障;加强公路出行多渠道信息服务,实现公路运行状况和信息发布联网管理,确保高速公路路况、气象等公众出行信息实时滚动播报;并根据地区经济社会发展需求以及公路运输发展的新变化,为公众提供地方特色商品选购、客货运输节点、旅游服务、医疗救助服务等延伸服务,满足司乘人员多层次需求。智慧服务区的重点建设内容包括服务区综合管理平台建设、服务区智能监测系统建设、服务区智慧停车场建设、服务区信息发布系统建设、服务区 WiFi 上网系统建设、服务区充电桩智能管理系统建设、服务区经营管理系统建设、服务区决策分析系统建设。

4.9.1 服务区综合管理平台

服务区综合管理平台主要是将各个服务区的经营数据、运行数据及管理数据等相关数据进行汇总管理,对相关的数据做进一步的挖掘,分析服务区运营和管理状况,监管服务区的运营和服务水平,形成统一监管、统一调度、统一规划的格局。

总部服务区综合管理平台集视频实时预览、经营管理、经营数据分析、大数据预演、大数据展示等多个功能于一体,实现了对高速公路所辖服务区的实时监管。

单服务区管理平台是包含服务区客流分析、车流分析、服务区 WiFi、经营数据、快捷支付等多个功能模块的系统。通过这个系统,能够实时地收集服务区的客流量、经营数据等业务运行信息。

总部服务区综合管理平台和单服务区管理平台之间是联动结构,总部通过对所有服务区的大数据进行分析,挖掘服务区的经营思路和创新管理策略,从而实现对所辖服务区统一监管、统一调度、统一规划的"三统一"模式。

对于单服务区日常业务的处理分析,仍然放在服务区本地进行;对于服务区的管理和分析工作则放在总部进行,最终形成"总部负责管理,本地负责运营"的服务区管理模式。某高速路段服务区综合管理平台,如图 4.5 所示。

图4.5 某高速路段服务区综合管理平台

4.9.2 服务区智能监测系统

服务区智能监测系统部署于服务区,基于服务区的管理需要,以提高管理水平为目的,主要对进入服务区的车辆和人员进行监测。通过布设视频监控系统,对服务区内的加油站、停车场、超市、餐厅等位置进行远程实时监控,完成车辆信息和客流信息采集,并将数据实时传输至云数据中心,供智慧服务区应用系统的其他模块使用。

智慧服务区管理包括为不同层次的驾乘人员提供不同深度的、多样的信息,保证全方位的信息发布和监控。

在每侧服务区停车场各设置1台高性能全景(8+1)个200万像素摄像机;在进出加油站处和进出服务区处各设置1台500万像素智能高清摄像机,具有车型和车牌识别功能;在综合楼的超市、餐厅门口各设置1台500万像素智能高清摄像机,具有客流量统计功能。各监控设备获取的信息经本地监测分析服务器统计后,统计结果将被实时上传至智慧服务区管理应用系统。

4.9.3 服务区智慧停车系统

(1)出入口车流量统计及车位动态展示

将各服务区两个方向的入口、出口高清卡口的车流量数据实时采集到前置系统中,采集包括高清卡口设备编号、设备名称、所在服务区、车辆行驶方向、出/入口、车牌号码、车牌颜色、车型(货车、轿车、大巴等)、进入时间等核心数据,基于服务区停车场规划的车位数量进行动态计算。以大巴车为例,当服务区某一方向的入口处驶入一辆大巴车时,则剩余大巴车位等于当前剩余大巴车位-1;当服务区同一方向的出口驶出一辆大巴车时,则剩余大巴车位等于当前剩余大巴车位+1。其他车型的、车位动态计算同理,并在服务区入口处LED显示屏上显示当前剩余车位情况。当车位数量为0时,显示"0"。车位数量定期计算(每隔5~10min),并不断更新LED屏显示。若发现系统显示与实际出入较大时,可进行人工校准。每天0点时,系统进行自动初始化,初始化的值预先设置好。

4 高速公路交通管理

在服务区前置程序中设有 LED 显示屏显示信息的实时预览界面,如图 4.6 所示。

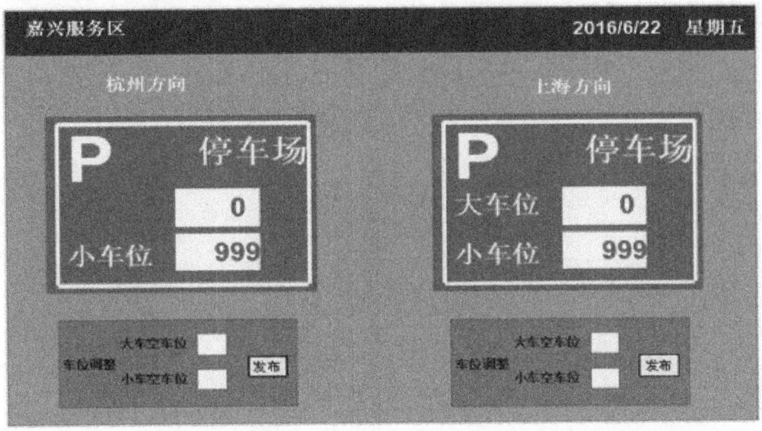

图 4.6 嘉兴服务区前置程序中的 LED 显示屏显示信息实时预览界面

服务区 APP 对外提供停车场的饱和数据,便于数据的统一传输和业务的统一管理。嘉兴服务区 APP 显示界面,如图 4.7 所示。

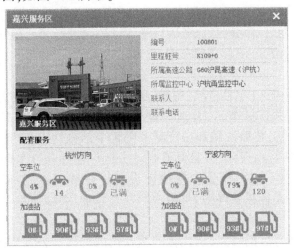

图 4.7 嘉兴服务区 APP 显示界面

(2)停车场车位实时监控

停车场车位实时监控已有多种实现方法。比如,可以在车位地面以下埋设感应线圈,通过检测磁场的变化判断车位内是否有车;也可以通过超声波检测技术,对有效范围内的运动物体进行跟踪,从而检测到车辆运动。这两种实施方法的车位传感器都需要在每个车位的上方或下方进行施工和安装,然后将各个车位停车情况的简要信息通过专用网络线路传给上端控制计算机。它们安装施工复杂,维护费用高,需要根据实际情况分析是否适用于室外停车场。智慧停车系统中采用地磁的方式对车位进行实时监控,如图 4.8 所示。

地磁工作原理:地磁在一定范围内基本上是恒定的,但大型的磁性物体会对地球磁场产生巨大的扰动。地磁传感器可以分辨出地球磁场 1/6 000 的变化,而当车辆通过时对地磁的影响将达到地磁强度的几分之一,因此,利用地磁传感器来检测车辆具有极高的灵敏度,准确度极高。每当有车辆停入时,地磁传感器可根据地感周围磁场的变化检测到车辆的到来,并在信号稳定后将此信号发送到安装在适当位置的接收器上;同样,当有车辆离开时,地磁感应器也能根据磁场的变化检测到此信息并告知接收器。

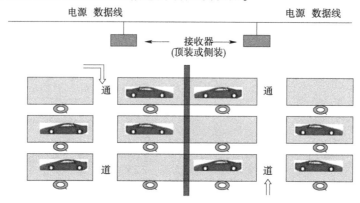

图 4.8　采用地磁的方式对车位进行实时监控

4.9.4　服务区信息发布系统

服务区信息发布系统主要是结合服务区交通流的相关数据特征,特别是在节假日期间服务区内的交通流量,通过对路网各服务区交通流量数据进行统计和分析,借助多种发布形式提示驾乘人员当前的情况,使其合理安排出行计划。

(1)广播系统

广播系统能够为服务区(包括广场、餐厅、超市、办公区域、客房区域、大厅、公共卫生间等)提供背景音乐和公共广播节目,营造一种轻松和谐的气氛。广播系统基本由节目设备、信号的放大处理设备、传输线路和扬声器系统 4 个部分构成。广播系统能实现播出曲目的内容、时间、日期的自由设定,并且具有自动分区广播和兼容多路外接媒体功能,达到任意选择播放;还可对扩音机、调音台等输出设备进行智能控制;硬盘式内存曲目可达 10 000 首,并采用开放式音源软件平台,用户可任意添加/存录曲目;通过联网还可实现远程广播。

基于现代化高速服务区的特点,现代化的服务区内均设有公共广播系统。目前主流的公共广播系统包括 3 部分:公共区域的背景音乐系统、服务管理广播系统、紧急事故公共广播系统。

①公共区域的背景音乐系统。在公共区域设置背景音乐,可以营造舒适、和谐的氛围。随着人们文化素质的不断提高和思想意识的不断更新,现在对于公共区域背景音乐的使用已不再局限于其他公共场所,它已经被广泛应用于几乎所有的现代化建筑中。服务区在选用设备时,应根据资金情况尽量选用性能稳定、使用寿命长的设备。

②服务管理广播系统。按照停车区、餐饮区、加油区、购物区、办公室或楼层设置服务区分区广播,主要用于服务项目、宣传及与管理相关的广播,也可以定时播出音乐或广播节目等。

③紧急事故公共广播系统。紧急事故公共广播在服务区的设计中通常被列为消防自动控制的一个联动部分,而实际施工中它是作为服务区公共广播系统的一部分进行的。在公共广播系统中,消防广播具有绝对优先权,消防广播信号所到的扬声器应无条件畅通无阻,

包括切断所有其他广播和处于开启或关断状态的音控器,相应区域内的所有扬声器应全功率工作。

(2)信息发布终端

一般在服务区入口、服务区大厅、广场设有 LED 显示屏,在服务区卫生间洗漱台设有液晶广告屏。根据 LED 显示屏的设置特点,应分别显示服务区的服务项目、天气状况、附近路况、服务区车位以及相关广告等信息。

通过信息发布终端可以发布下一个服务区的情况,包括停车位、车流量、客流量等方面的信息,做到服务区与服务区之间的互联互通,为驾乘人员提供更人性化的路况信息。

还可以利用信息自助发布终端发布周边景点、旅游攻略、商旅订餐、促销活动等商旅信息,从而更好地为驾乘人员的出行消费提供便利。

4.9.5 服务区 WiFi 上网系统

在高速公路服务区免费提供 WiFi 互联网服务,将更好地为驾乘人员以及高速公路管理和服务人员提供信息网络服务。驾乘人员在服务区休息的过程中,不仅可以从服务区的信息板上了解有限的发布信息,还可以借助随身携带的智能手机、平板电脑、笔记本等通过 WiFi 链接公共服务信息发布网站,智能化地获取路径导航、路段拥堵状况、天气情况等;同时,管理部门也能将出行服务信息、服务区功能信息以及广告信息通过服务区公众微信号推送至服务区 WiFi 覆盖范围内的手机终端。

高速公路服务区无线部署采用目前主流的"无线控制器 + AP"的架构形式,在实现对整个服务区进行无缝覆盖的同时,又能够实现对无线网络的灵活管理配置,特别是在客流高峰期提供有效的网络管理功能,完善旅客上网畅通的体验。分别在服务区设置室内型和室外型 AP 设备,并使用万兆无线控制器模块,实现对高速公路服务区中所有 AP 设备的统一管理。在主通信机房部署智能管理中心,进行无线管理,并增加无线业务运营管理组件,实现对无线控制器和交换机设备的统一管理。

每个服务区用独立光纤专线连接至附近的运营商基站,无线网络主要覆盖服务区停车场、餐饮区、商场/超市、公共休息区、加油站(根据需要确定)等。由于大部分 AP 设备部署在室外,无线 AP 及接入交换机部署安装在本地服务区,因此无线控制器可以部署在管理站机房,无线 WiFi 可就近接入外网。

无线 WiFi 服务能够针对出行人员免费上网的刚性需求,提供相应的免费网络服务和商业资源服务,对提升用户黏度有很大的作用。但由于服务区的网络带宽极为有限,且单独铺设光纤和网络费用均较高,会给经营管理者带来巨大的经济成本负担。因此,推荐采用浙江高速驿网服务区的 WiFi 合作模式,即由服务区提供场地和客流资源,由一家 WiFi 专业运营商提供免费 WiFi 的接入和运营服务。WiFi 专业运营商通过广告、网络商城等模式进行商业运营,并以此收回成本。该模式既实现了免费 WiFi 服务,又减轻了服务区的投资压力,甚至还能通过共享收益的方式带来新的盈利。

4.9.6 服务区充电桩智能管理系统

随着工信部会同财政部、商务部、质检总局、海关总署等部门联合制定的《乘用车企业平均燃料消耗量与新能源汽车积分并行管理办法》的发布,新能源汽车产业会发生革命性变化,比亚迪、北京汽车、吉利汽车、上汽乘用车、众泰汽车、江淮汽车、奇瑞汽车等本土车企会推出越来越多的新能源汽车。高速公路作为长途运输的骨干交通网络,在高速公路服务区配置相应的新能源汽车充电桩将成为大势所趋。因此,应在高速公路服务区配置充电桩,并利用"云大物移"技术对充电桩进行智能化管理,为高速出行提供更多的便利。

服务区充电桩智能管理系统利用物联网、通信等技术,将具有身份标识的充电设施进行互联,实现基于物联网的电动汽车智能充电服务网络的自动化运行与管理。车主可自主对充电终端进行操作,充电终端能自动检测汽车电量并对电动汽车进行充电;车主也可通过自助充值卡进行刷卡充电并打印出单据。充电桩智能管理系统的主要功能包括综合监控运营管理、统计分析和设备管理。

(1)综合监控

综合监控功能是与地理资讯系统(Geographic Information System,GIS)相结合,能够在地图上显示各个充电站和充电桩的位置信息,主要用来查看充电站和充电桩的实时数据,监控各个服务区充电桩的状态并及时发现异常告警等。

(2)运营管理

运营管理主要用来查看和管理充电站的运营情况,可查看充电的数据记录,也可查看历史充电曲线,以帮助运维人员追溯历史充电情况;还可以对充电桩的故障报警情况进行查看和管理;同时可以设置充电站或充电桩的收费标准,支持不同收费方案的编辑,如多种费率和分时段收费等。

(3)统计分析

统计分析是从不同角度对服务区充电站及充电桩的充电数据进行统计查看。统计分析可分为运营统计和设备统计。

运营统计的功能主要是对服务区总的充电收入、充电次数、充电时长等指标进行统计。

设备统计的功能主要是对服务区的充电时间及次数分布、日平均充电量、日平均充电次数以及平均单次充电时长、平均单次充电量等进行统计。

(4)设备管理

设备管理是对各个服务区的充电站及站内的基本设备进行配置和管理,分为设备管理、故障管理和运维管理。

设备管理是对充电桩和充电站进行管理,针对选定的充电站或充电桩,可查看其详细信息,如投运日期、设备型号、生产厂家、地址、经纬度信息等,也可以进行修改、删除和添加等操作。

故障管理是对发生故障的充电桩或充电站及时告警,并显示其故障的详细信息,包括故障充电桩所处的服务区名称、桩名、故障时间、故障类型以及相应的故障描述。

运维管理是对充电桩或充电站的运维情况进行管理,包括对充电桩进行报修、保养、巡视和报废等操作,并在管理人员进行相应的处理之后对处理过程进行记录,以供日后查看和追溯。

4.9.7 服务区经营管理系统

在服务区经营管理系统中,总部服务区可以汇总各个服务区的经营数据(加油数据、商超数据和餐饮数据),结合各服务区的车流、人流数据,通过技术手段多维度的进行分析,将分析后的结果通过数据可视化进行展示,并对经营的业务进行管理。服务区大数据展示,如图4.9所示。

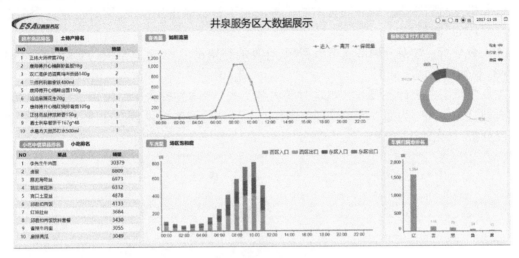

图4.9 服务区大数据展示

服务区经营管理系统还可对接入各类数据进行挖掘分析,找出各类数据的关联关系,从不同的维度,多方面的了解客户的消费行为及习惯,为服务区日常精细化管理和营销服务提供依据,有助于服务区的创收和管理。

(1)服务区销售分析

总部可汇总统计各服务区规定时间范围内的销售额,形成图形化分析比对,支持多图形化展现形式。总部可根据分析比对结果,对所辖服务区销售情况进行排名考核。服务区销售对比情况,如图4.10所示。

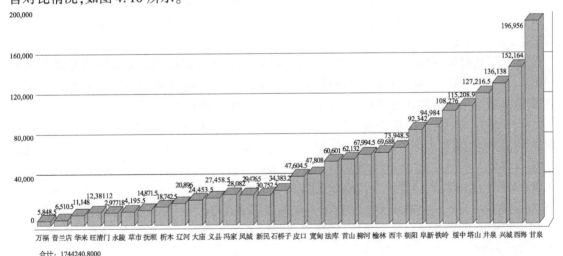

图4.10 服务区销售对比情况

(2)商品销售情况分析

①根据商品维度,对所有服务区以日期为维度统计查询周期范围内各类商品的销售数

量、销售金额、总毛利,可按照毛利、数量进行排序。根据统计结果,找准畅销商品、滞销商品、高中低档商品销售比例,为商品结构调整提供数据支持。

②分析销售排名TOP10的商品种类及销售情况,分析顾客的年龄段和喜好。

③分析商品周转率。商品周转率的快慢决定了资金的占用情况,同时也是一个门店经营状况好坏的“晴雨表”。

④人效分析。涉及开源节流节省费用,合理的利用员工,发挥其最大的实际工作效率。

(3)餐饮销售情况分析

①总部可汇总统计各服务区规定时间内各类餐饮形式、餐饮产品销售量、销售金额,可根据金额、数量排序,为服务区餐饮项目结构和菜品结构调整提供数据支撑。服务区餐饮销售情况分析,如图4.11所示。

从左侧选择分类，快速过滤商品

	开始日期	结束日期	商品编号	品名	规格	数量	销售成本	销售金额
1	20140320	20140320	00060596	自助餐（成人）		516.0000	0.0000	35088.0000
2	20140320	20140320	00015772	红牛功能饮料250ml	250ml	1904.0000	0.0000	13328.0100
3	20140320	20140320	00140469	15元菜	份	862.0000	0.0000	12930.0000
4	20140320	20140320	00053090	[illegible]	份	367.0000	0.0000	11010.0000
5	20140320	20140320	00060629	大肉粽	160g	1575.0000	0.0000	9450.0000
6	20140320	20140320	00112065	30元菜	份	285.0000	0.0000	8550.0000
7	20140320	20140320	00015806	阳光利群(硬)	1*1	174.0000	0.0000	7899.9900
8	20140320	20140320	00079414	[illegible]	1	525.0000	0.0000	7865.0000
9	20140320	20140320	00107726	15元菜		522.0000	0.0000	7829.2500
10	20140320	20140320	00144158	菜10元	1	720.0000	0.0000	7200.0000

共4826行，483页，首页 上一页 当前第 1 页 下一页 末页

图4.11 服务区餐饮销售情况分析

②用餐等待时间分析。驾乘人员在服务区停留的时间一般都比较短,应在食客的耐心时间内为其奉上美味佳肴,若无法达到上菜的黄金时间(在20min内),则应设计用餐等待时间的小环节,降低食客的烦躁心态,为食客创造一个愉快的用餐环境。

③饮食风味分析。分析消费者常点的传统菜系的占比,如川菜、湘菜、粤菜、江浙菜、鲁菜、闽菜、徽菜等的占比;也可以分析特色饮食的占比,如火锅、烧烤、东北菜、北京菜、私家菜、素食等的占比。

④餐厅选择原因分析。口味与氛围是食客最为关心的就餐因素,无疑味道是最为核心的竞争力。风味特色、就餐环境、口碑评价、服务水平、安全卫生水平、价格水平、地理位置等都是检验餐厅长久性的软性旗帜,也是消费者选择餐厅就餐的主要原因。

⑤餐位时间分析。分析午餐、晚餐的就餐时间,如分析餐厅经常会在哪个时间段出现排队就餐情况,在哪个时间段则经常坐不满。为使上座率最大化,餐厅可以根据不同时间段,给予到店客人不同优惠。比如,如果客人在13:00~14:00到店就餐,可享9折优惠;如果客人在14:00~15:00到店就餐,可享8折优惠,以此类推。

⑥买单方式分析。服务区大部分客人在买单时依然选择支付现金,但现在移动支付已经成为年轻人日常支付的主要手段,餐厅可以尝试开通手机在线支付等新兴支付业务,节省买单排队时间。

(4)加油销售情况分析

①总部可汇总统计各服务区规定时间范围内各类油品(汽油、柴油)销售量、销售金额,可根据金额、加油量排序,为服务区加油站油量结构调整提供数据支撑。

②通过过站车辆数据,掌握车流分布状况,有效分析加油高峰期。

③有效识别和管理加油卡客户加油车辆信息。比如,当加油卡星级客户车辆进站时,及时提供 VIP 服务;当出现客户流失趋势时,及时预警。

④获取加油车辆的等待时间,并提供数据接口,在手机地图上显示加油拥堵情况,以便客户选择最优加油站,减少等待时间。

⑤识别加油车牌信息,为加油站营销及客户服务提供数据依据。

4.9.8 服务区决策分析系统

服务区经营决策分析的目的是对服务区在智能监测、停车管理、经营管理过程中所产生的数据进行深度挖掘,找出其中的关联关系,从而更好地提升服务区的服务质量和经营效益。服务区的决策分析系统的分析内容如下:

①分析出行者在服务区停留时间与消费金额之间的联系,从而分析延长出行者停留的时间是否会提高其消费金额。

②分析服务区内不同位置的人流量与消费类型之间的关系,基于服务区内免费 WiFi 定位、视频人流量监控数据,分析区域内人流量与区域服务内容之间的相关关系,为后期服务区业态的合理空间布局导流提供数据依据。

③分析服务人员投入数据与消费服务数据之间的关系,从而形成各类服务项目单位人力投入与消费、利润的比例模型。

④分析入店率与营收数据之间的关系,通过前端视频采集单店的入店人流量,将统计数据与单店的营收数据进行比较,分析同类型店铺在不同服务区内的人流量差别及对应的营收数据差别。分析服务区内各经营项目的营收数据,确定项目租金基数。

⑤分析服务区内的车流量及车流结构、人流量及人流结构、驾乘人员的消费行为习惯、客单价,为服务区的经营布局和新项目引进提供数据支撑。

5 高速公路电子收费

5.1 联网 MTC

MTC 是 Manual Ton Collection System 的简称,汉译为人工半自动车道收费系统,是一种比较传统的高速公路收费系统。

5.1.1 MTC 车道的设计

MTC 车道由汽车自动分类系统(AVC)、读卡装置、显示设备、视频监控、自动栏杆和计算机软件系统组成。其中,读卡装置可以采用接触式或非接触式。当汽车进入 MTC 车道时,汽车自动分类系统(AVC)将车辆信息自动分类,然后告诉软件系统该车属于哪一类型的车辆,软件系统根据此信息告诉读卡装置应该收取多少数额的通行费;当交易完成后,软件系统向自动栏杆发出命令,让车辆通过。如今 MTC 收费系统已经大规模地应用于实际,而且技术相当成熟。

MTC 车道分为入口车道和出口车道。车道的公共功能是:判断车辆的类型,识别车辆牌照,标识车辆的种类(普通车、公务车、军车、紧急车等),抓拍车辆图像,防止车辆非法进入车道或非法驶出车道,为车主显示车道操作中的相关信息。入口车道特有的功能是:将车辆的相关信息写入通行卡并发放给车主。出口车道特有的功能是:获得车辆的轴重信息,收取通行费并打印发票给车主。根据上面的功能分析,MTC 车道主要有如下设备:手动栏杆、自动栏杆、雨棚灯、通行灯、报警器、摄像机、费额显示器、车牌识别仪、称重仪、车辆检测器、IC 卡读写器、打印机、收费键盘、收费显示器、车道控制计算机。MTC 入口车道的结构布局设计,如图 5.1 所示。

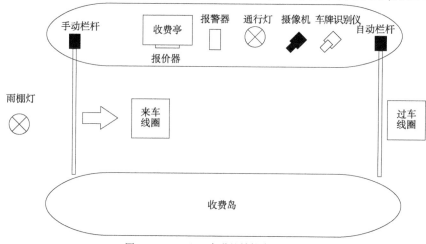

图 5.1 MTC 入口车道的结构布局设计

出口车道完成的功能较入口车道要复杂一些,因此,出口车道的硬件设备相对入口车道要多一些。出口车道特有的设备有称重仪、费额显示器。MTC 出口车道的结构布局设计,如图 5.2 所示。

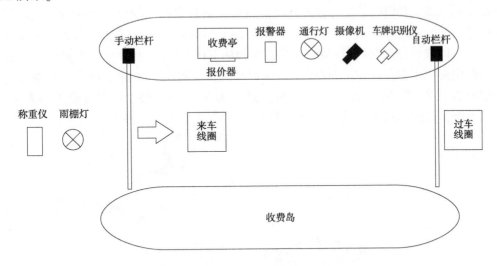

图 5.2 MTC 出口车道的结构布局设计

其中,车道控制计算机、收费显示器、收费键盘、打印机、IC 卡读写器在收费亭内,其他各设备在收费亭外的收费岛上;各种硬件设备除手动栏杆外都连接到车道控制计算机上;车道控制计算机通过交换机连接到收费站网络,与收费站系统进行通信。

5.1.2 MTC 车道收费子系统的设计

MTC 车道收费子系统的软件设计与 ETC(电子不停车收费系统)车道收费子系统基本一样,也是由车型分类库模块、交易认证模块、账户管理模块、数据管理模块、账务管理模块、系统管理模块、统计查询和报表打印模块等组成。

在设计要求上,MTC 车道收费子系统除交易认证模块外,账户管理模块、数据管理模块、账务管理模块、系统管理模块、统计查询和报表打印模块的设计要求与 ETC 车道收费子系统一样。

在 MTC 车道收费子系统中,交易认证模块的功能是:对于进入 MTC 车道的车辆,交易认证模块负责向读卡装置发出命令,根据车型分类库模块提供的收费参数对车辆实施收费,并确认交易是否成功。如果交易不成功,则提示工作人员改用现金交易。交易完成后,启动自动栏杆,让车辆通行;同时报告给账户管理模块,由账户管理模块向中心服务器报告此次收费操作细节。

5.2 联网 ETC

ETC 是 Electronic Toll Collection 的简称,汉译为电子不停车收费系统,它与 MTC 都属于智能交通系统。

5.2.1 ETC车道的设计

ETC是利用专用短程微波通信技术,通过路侧单元(RSU)与车载单元(OBU)的信息交换自动识别车辆,采用电子支付方式自动完成车辆通行费扣除的全自动收费方式。当ETC系统检测到车辆进入ETC车道时,安装在龙门架上的微波天线与安装在汽车挡风玻璃上的电子标签自动进行信息交换,与微波天线相连接的ETC车道控制计算机根据电子标签中存储的信息识别出车辆信息,并根据车主的使用情况从其账号中扣除通行费。如果车主银行账号中余额不足,则由显示设备提醒驾驶员进入MTC车道。整个收费过程无须人工干预,用户可不停车快速通过ETC收费车道。ETC的工作原理,如图5.3所示。

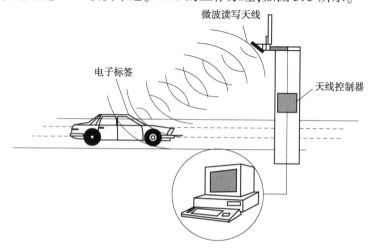

图5.3 ETC的工作原理

5.2.2 ETC车道通信子系统设计

(1)短程通信标准的选取

《高速公路联网收费暂行技术要求》中第十三条明确指出:"电子不停车收费技术中车辆自动识别系统所采用的专用短程通信频率推荐为5.8GHz。电子标签宜采用可读写的'单片式'(可读写智能电子标签)或'两片式'(带IC卡接口的电子标签)。'两片式'电子不停车收费系统应与人工半自动收费系统(MTC)兼容。"因此依据该文件,选取5.8GHz的短程通信标准为专用短程通信(Dedicated Short Range communications,DSRC)标准。我国DSRC通信标准的技术指标如下:

频段:5.795~5.815GHz;

输出功率:300MW;

调制方式:ASK,BPSK;

通信距离:10m。

选用5.8GHz作为微波短程通信中心频段有以下3个优点:

①5.8GHz频段背景噪声小,抗干扰性较好。

②5.8GHz频段的设备供应商较多,有利于我国ETC系统的设备引进,有利于降低系统成本。

③有利于未来在此频段内开展智能运输系统的其他各项服务。

(2)路侧设备(RSU)技术

路侧设备是指安装在路侧的ETC设备及其辅助设备。其功能是与车载单元进行通信完成ETC收费交易,检测车辆和抓拍违章车辆图像等。路侧设备通常由路边设备控制器、天线及其控制器、抓拍系统、车辆检测器和其他辅助设备组成。

①路边设备控制器。路边设备控制器是一台计算机设备,通常与天线及其控制器、抓拍系统、车辆检测器互联,对于具有收费岛的单车道ETC系统,与之互联的还有通行信号灯、电动栏杆等外部设备。路边设备控制器完成对所连接设备的各种控制功能、通信功能和处理功能。

②天线及其控制器。天线及其控制器用于实现与车载OBU之间的通信。

③抓拍系统。抓拍系统是针对违章车辆以及无电子标签车辆的电子记录系统,用于事后对这些车辆进行通行费追缴和违章处罚。

④车辆检测器。车辆检测器对到来的车辆进行检测,以及对来车车型进行分类。

⑤其他辅助设备,如电源、照明设备等。

车道天线接收从天线控制器传来的数据信号,信号经调制和功率放大后经天线口面辐射出去。当ETC用户驾车经过ETC车道时,电子标签被车道天线信号激活,进入工作状态,根据接收到的命令向车道天线回送相应的响应数据。车道天线控制器通常由电源单元、RS 485/422通信接口、振荡器、发射单元、接收单元、数据处理单元、外部信号指示器、喇叭天线或微带天线构成,如图5.4所示。

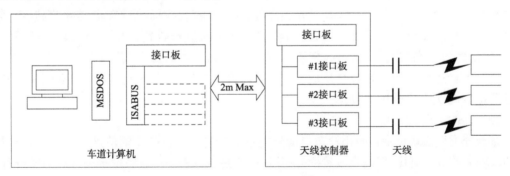

图5.4 车道天线控制器的结构图

车道天线控制器从车道控制计算机系统接受通信请求,形成符合DSRC标准通信协议的数据帧,通过车道天线将数据帧发给车道上的电子标签,并接收和解析从电子标签返回的数据,再上传给车道控制计算机系统。

天线控制器从车道控制计算机系统接受通信请求,形成符合DSRC标准通信协议的数据帧,通过车道天线将数据帧发给车道上的电子标签,并接收和解析从电子标签返回的数据,再上传给车道控制计算机系统。

车道天线控制器通常内置多块控制模块,每个控制模块可以控制一个车道天线。车道天线控制模块通常由PC通信接口单元、双端口存储器(DPRAM)、通信协议处理单元、RS 485/RS 422天线接口单元构成。PC通信接口单元负责车道天线控制模块与车道控制计算机的数据通信,它可以是PC总线接口,也可以是RS 232接口。

(3)电子标签的选取

针对我国的具体国情,兼顾大部分收费站采用的 IC 卡交易方式,系统采用组合式电子标签。组合式电子收费是一种基于"两片式"电子标签的组合式收费技术。组合式电子标签是一种"两片式"电子标签,其带有标准的 IC 卡接口(通常为 ISO7816 规格的接触式 IC 卡接口或 ISO14443 规格的非接触 IC 卡接口),与 IC 卡共同组成一套完整的"两片式"ETC 车载设备。采用该设备有以下两大优点:

①系统是基于 IC 卡作为收费介质的收费系统,具有兼容人工半自动收费(MTC)和电子不停车收费(ETC)的能力。

②适合我国的基本国情,组合式电子标签适合于已经建立的 ETC 收费系统和 MTC 收费系统,为设计组合式收费系统创造了条件。

5.2.3 ETC 车道收费子系统的设计

ETC 车道收费子系统包括交易认证模块、车型分类库模块、账户管理模块、数据管理模块、账务管理模块、系统管理模块、统计查询和报表打印模块等。ETC 车道收费子系统的具体设计要求如下。

(1)交易认证模块

对于进入 ETC 车道通信区的车辆,交易认证模块负责向硬件设备发出通信命令,对安装在车辆上的电子标签进行读写操作,以获得车辆的账户信息并进行余额查询。如果账户无效或余额不足,则向显示设备发出命令,通过显示设备告诉驾驶员由 MTC 车道通过。如果账户和余额都没有问题,则根据车型分类库模块提供的收费标准对车辆实施收费,并确认交易是否成功。如果交易不成功,则通知硬件设备再次进行收费操作。当车辆已经通过通信区,但仍然没有完成交易,则将收费不成功信息发送给中心服务器,将在下一个收费站或者出口对车辆进行收费。如果交易成功,则报告给账户管理模块,由账户管理模块向中心服务器报告此次收费操作细节。

(2)车型分类库模块

车型分类库模块负责接收由汽车自动分类系统(AVC)提供的车辆信息,再与车型分类库中的车辆参数进行对比,以确定收费标准,并通知交易认证模块准备收取多少数额的通行费。

(3)账户管理模块

账户管理模块负责对新卡进行初始化管理和黑名单管理,并与中心服务器核对车辆信息及报告收费细节,包括被收费的用户账号、收费金额、收费时间、收费地点等信息。

(4)数据管理模块

数据管理模块负责所在车道的车辆收费数据管理、数据备份与恢复。

(5)账务管理模块

账务管理模块负责所在车道的财务管理和向收费站服务器汇报财务信息。

(6)系统管理模块

系统管理模块负责系统维护、参数设置、密码管理、断点保护等。

(7)统计查询和报表打印模块

统计查询和报表打印模块负责所在车道的数据统计、查询及报表打印。

5.3 移动支付

5.3.1 高速公路收费趋势

(1)非现金支付主流化

根据中国人民银行公布的最新支付运行报告显示,截至2016年末,全国银行卡的用、发卡数量已经超过61.28亿张,同比增长12.54%;人均持卡约4.47张,同比增长11.83%;2016年消费业务银行卡交易383.29亿笔,金额达56.50亿元;2016年全年银行卡渗透率已达48.47%。而实证研究得到的数据显示,我国银行卡支付渗透率每上升10%,能直接提升GDP 0.5%。中国支付清算协会发布的《中国支付清算行业运行报告(2016)》指出,移动支付业务继续保持高速增长态势,2016年银行业金融机构处理移动支付业务已达257.10亿笔,金额达157.55亿元,同比分别增长85.82%和45.59%。以上数据均显示,移动支付以其操作简单、携带方便的优势在我国逐渐成为主流支付方式,并且其使用率正以较快的速度增长。

(2)收费方式多样化

随着互联网技术的进步和应用的普及,目前越来越多的高速公路在MTC中的支付方式包括现金支付、银行卡刷卡支付以及支付宝和微信的扫码支付。2016年,浙江省在杭州等地的高速公路收费站启动了支付宝和微信扫码支付的试点;同年10月31日,甘肃省"互联网+高速公路电子支付系统"示范工程在机场高速公路中川收费站开始试运行,通过微信、支付宝等电子支付工具在高速公路收费站MTC出口车道实现了移动支付;2017年,湖南省也大力推进"互联网+高速公路"的平台建设,实现了不停车手机移动支付。

5.3.2 高速公路移动支付实施的需求分析

现金支付要求驾驶人携带一定数额的现金,这给驾驶员在携带和保管现金等方面带来了安全隐患。另外,收费员识别假钞、核对金额会不可避免地降低收费效率和车道通行能力,也给后续的现金核对、保管、转移等环节带来了安全压力。实现高速公路移动支付具有以下实际意义。

(1)能更好地满足公众的出行需求,推进"智慧交通"建设

积极推动互联网支付工具在高速公路运营管理领域的应用,实现线上线下多种支付方式并存,能满足用户出行中的各类支付需求,使公众缴纳通行费更加便捷、高效。

(2)能化解长途货车驾驶员长期以来携带大量现金上路的难题

一方面,以前长途货车驾驶员经常需要携带数万元现金才能出门,这给资金安全乃至驾驶员的人身安全带来隐患;另一方面,收费员需要对上千元钞票反复核对、识别真伪,不仅影响了收费效率,降低了车道的通行能力,还增加了劳动强度,带来了经济风险。

(3)有助于提高收费站口的通行效率

现金、通行卡、银行卡、移动支付等,对于不同类型的通行车辆各有优势。电子收费通行卡虽然可以大幅度提高通行效率,但使用率很难超过50%。笔者认为,其余几种小额(300

元以下)交费方式由快到慢依次为:闪付、现金、移动支付、刷卡;而在大额(1 000 元以上)交费方式中,银行卡和移动支付比现金更快。

(4)能有效缓解银行上门收款及辅币兑换的压力

上门收款和辅币兑换是高速公路通行费收取的两大日常性工作难题。非现金支付方式完全解决了辅币兑换问题,并且可以有效缓解上门收款的资金管理难和成本高等问题。通过一段时间的发展以及其他内部制度的设计,可以逐步减少押运公司上门收款的频次,甚至建设"无现金收费站"。届时,不仅有望全面解决上门收款和辅币兑换难题,而且可以在一定程度上降低资金归集的成本。

(5)能优化收费财务账务处理方式,提高工作效率

统一的支付接口、统一的结算方式、统一的对账口径,既减少了收费员的差错率,又减少了财务结算的对账工作量,提高了收费员的工作效率。

(6)有助于依据交易数据开展大数据分析,为运营管理等决策提供更为丰富的数据支撑

传统支付是为了完成交易而进行的货币债权转移,在这一过程中,支付活动所掌握的信息量十分有限。在互联网时代,支付活动所能掌握的客户信息、交易信息等各类信息数量大大增加,使得支付的价值不再局限于支付本身,支付的基础功能也被急剧放大。对这些数据信息的收集、整理和分析,可以为其他业务提供必要的基础性数据支撑。

5.3.3 移动支付技术方案

(1)多样化移动支付方式的实现

实现多样化移动支付方式应充分考虑市面上现有的所有支付方式,以满足不同用户多样化的支付需求,同时也要考虑通行费汇缴资金的安全。收费站采用与银联合作的方式在联网收费系统上安装银联 POS 机,一是可以兼顾市面上所有银行卡(含闪付)的支付功能;二是通过银联与支付宝、微信等公司签订合作协议,利用银联通道,在银联 POS 机上增加扫码设备,实现微信、支付宝等的支付功能;三是银联商务为国有企业,高速公路通行费收入统一由银联汇缴至通行费专户,相比于支付宝、微信等支付手段,不存在资金沉淀在虚拟账户带来的金融风险。通过这种方式,高速公路收费现场可实现银行卡、微信、支付宝、Apple Pay、三星 Pay 等现行所有支付方式的使用;同时,也支持工行的"融 e 联"、中国移动的"和支付"等其他扫码支付方式。

(2)POS 机的通信连接方式

考虑 POS 机使用的稳定性,经过近 6 个月的方案比选与测试,高速公路管理部门最终确定了"串口+互联网"的实施方案,即 POS 机通过串口线与高速公路收费车道计算机连接,实现与高速公路联网收费车道软件的数据联通,而 POS 机在高速公路收费亭内通过有线方式接入公网,通过公网与银联数据中心连接,实现 POS 机的扣费功能。

(3)系统的升级与部署

一是升级高速公路车道软件与站级管理软件。在车道键盘上增加"银联"键,在车道软件上增加移动支付相关操作界面,可通过车道键盘根据支付需要选择银行卡支付、微信支付等,完成相应的收费操作。升级收费站管理软件,增加移动支付的查询、统计功能。二是开发与部署对账系统。财务管理必须确保高速公路收费数据与银联扣费数据的一致性,因此

必须建立对账系统。以湖北省高速公路为例,湖北省高速公路联网收费中心与银联数据中心之间采用租用运营商专线的方式进行连通,并在省联网收费中心部署对账服务器,按照"逐条核对,按需汇总"的思路,双方共同开发对账系统,对全省高速公路POS机交易的流水金额进行逐条核对,同时可按照收费站、路段、全省高速公路等需求对各种支付方式进行分类汇总和统计。

(4) 资金划拨原则

仍以湖北省高速公路为例,湖北省高速公路通行费的POS机收入统一归集到全省高速公路通行费现金归集专户,银联商务按照"T+1"日到账原则,将POS机收入清算资金按照路段集中划付,在"T+1"日上午12点之前归集到通行费现金专户。

6 高速公路交通信息服务

高速公路交通信息服务系统作为智能交通系统的一部分,其本质是运用各种技术使出行者在出行的全过程中能够及时、准确、方便地掌握影响其出行行为的信息,为出行者提供多方位、高质量的出行服务。高速公路交通信息服务系统一方面提高了交通安全水平,缩短了出行者的出行时间,使交通出行更加顺畅、平稳;另一方面,高速公路交通信息服务系统为各级交通管理部门提供决策和管理所需的数据支持,提高了交通管理效率和服务水平。总之,高速公路交通信息服务系统通过进一步加强交通系统人、车、路、环境等各交通要素之间的联系,可以有效地改善现有路网的运行状况,提高道路有效利用率和交通流量,减少道路的交通拥挤程度、交通事故的发生率及因交通拥挤、事故等造成的出行时间延长,降低油耗,减少废气排放污染,有利于提高高速公路的整体服务水平,实现可持续发展。

6.1 出行前和出行中信息需求

6.1.1 出行前信息需求分析

出行前阶段是出行的规划阶段,高速公路使用者一般倾向于事先搜集包括道路的当前状况、备选路径和指定路径的行车速度、服务区情况、当前和即将开始的各类交通事件的进展,以及当前及预测的未来天气情况等信息。

(1)政府部门对高速公路交通信息的需求内容

政府部门需要高速公路的基础信息、运输信息和辅助信息。基础信息主要有高速公路网络状态信息、车辆位置信息、服务区使用动态信息、交通管理设施动态信息、各类交通设施及紧急救援装备与部门的地理信息、突发事故信息(包括事故发生的时间、地点、类型、严重程度等)、运输信息主要包括其他关联信息,如气象信息、交通集散点信息、收费道路价格信息、环境污染信息等。辅助信息主要有交通流的现状及预测信息,交通设施与车辆的使用情况信息以及交通事故信息和事故预报警信息等。

(2)企事业单位对高速公路交通信息的需求内容

运营者需要的信息主要有与运营相关的天气、路面、路况信息,乘客或货物需求信息,相关城市的地理和人口信息,以及相关的其他运输方式的状态和信息。服务者需要的信息大致包括气象信息、环境污染状况信息、路面性能的评价及预测信息、出行者信息等。

(3)社会公众对高速公路交通信息的需求内容

社会公众在出行的不同阶段对信息服务需求的差异性较大,不同地点、选择不同出行方式的出行者在各个出行阶段对交通状况、气象、路边服务、交通事件、道路施工、收费、公共服务设施、公共服务预定、旅游景点等方面的信息需求是不同的。

6.1.2 出行中信息需求分析

在出行途中,出行者所关注和需求的重点是希望能够通过视频或音频的方式获取关于出行选择及车辆运行状态的精确信息以及道路情况信息和警告信息。不熟悉地形的驾驶员更希望获取具有导向功能的信息。出行中公众对路况信息是特别关注的。出行途中公众的信息服务需求,如表6.1所示。

出行途中信息需求分析　　　　　　　　　　　　　表6.1

信息类别	主要需求内容
交通状况信息	交通流量、路段占有率、拥挤度、交通事故以及各路段的交通管制
气象信息	气象部门发布的当前和未来一段时间内的天气情况信息
路边服务信息	路边餐饮、食宿、加油站、停车站、紧急电话等服务的信息
交通事件信息	当前交通网络中出现的交通事故及重大事件的发生时间和地点等信息
道路工程施工信息	有关规划和突发的道路施工、道路关闭、道路维护等信息
收费站信息	收费站的位置、收费标准等信息

6.2 驾驶员和乘客信息需求

6.2.1 驾驶员信息需求

驾驶员是车辆行驶的主导者,是高速公路应用的主体人群。不同车辆类型对驾驶员的要求是不同的;不同的驾驶员,由于驾驶环境和驾驶目的的不同,对诱导系统的服务要求也是不同的。按照驾驶员单次出行的时间顺序,可以把驾驶员信息需求分为出行前和出行中两个阶段。

(1) 出行前

①了解路径信息[包括高速公路沿线的行政村、镇、县城、旅游景点、大的工厂、基地、通行费用、可选路径(目标不一样,路线不一样)、路径长度、车道数、路径信息的发布时间、驾驶员的评价信息、行程时间等];

②了解超限信息(限高、限重、限宽、限速);

③了解气象信息;

④了解交通管制信息(特大政治事件、特殊事件);

⑤了解当前正在发生的对交通有影响的事件信息(事件类型、位置、发生时间、原因、处理状况、预计消除时间);

⑥了解危险路段及其历史事故信息；
⑦了解交通流信息(平均车速、行驶时间)及其历史信息、预测信息；
⑧了解路况；
⑨了解重要交通设施的分布情况(桥梁、隧道)；
⑩了解辅助服务设施信息(餐厅、商店、加油站、洗手间、宾馆、修理厂)。
(2)出行中
①了解救援服务信息；
②了解当前正在发生的对交通有影响的事件信息(事件类型、位置、发生时间、原因、处理状况、预计消除时间)；
③了解应急路径选择信息；
④了解重要交通设施的实时状态信息；
⑤估计后续行程时长；
⑥了解交通流状态；
⑦了解最近服务区的位置和距离。

6.2.2 乘客信息需求

乘客的信息需求也可分为出行前和出行中两个阶段。
(1)出行前
①了解路径信息[包括高速公路沿线的行政村、镇、县城、旅游景点、大的工厂、基地、通告费用、可选路径(目标不一样,路线不一样)、路径长度、车道数、路径信息的发布时间、乘客的评价信息、转乘信息等]；
②了解气象信息；
③了解交通管制信息(特大政治事件、特殊事件)；
④了解正在发生的对交通有影响的事件信息(事件类型、位置、发生时间、原因、处理状况、预计消除时间)；
⑤了解交通流信息(平均车速、行驶时间)及其历史信息、预测信息；
⑥了解路况；
⑦了解辅助服务设施信息(餐厅、商店、加油站、洗手间、宾馆、修理厂)。
(2)出行中
①了解救援服务信息；
②了解当前正在发生的对交通有影响的事件信息(事件类型、位置、发生时间、原因、处理状况、预计消除时间)；
③了解转乘路径选择信息；
④了解重要交通设施的实时状态信息；
⑤估计后续行程时长；
⑥了解交通流状态；
⑦了解最近服务区的位置和距离。

6.3 发布交通信息的主要技术

高速公路交通信息发布方面,运营管理单位正在积极探索新技术,不断创新。发布交通信息的主要技术和装备有互联网、车载导航仪、信息板、交通广播、客服电话和电视报道等。

6.3.1 互联网

互联网最初是美国专门用于军事研究的专用计算机网,后在美国和欧洲建成军用网,并于20世纪60年代末开始发展起来。1992年以后,随着商业性网络进入互联网和专用计算机技术的迅速发展,互联网成为普及全球的信息网络。

我国自1994年加入互联网以来,网络应用迅速普及,尤其是近几年,网民数量激增,互联网已经成为信息传播的主要手段。目前,中国互联网络信息中心(CNNIC)已完成第39次《中国互联网络发展状况统计报告》(以下简称《报告》),《报告》中详细分析了中国网民规模情况:截至2016年12月,中国网民规模达7.31亿,全年共计新增网民4 299万人。互联网普及率为53.2%,较2015年底提升了2.9%。预计2017年我国网民规模将达7.72亿,互联网普及率将达55.9%。

截至2016年12月,我国手机网民规模达6.95亿,较2015年底增加了550万人。网民中使用手机上网人群的占比由2015年的90.1%提升了至95.1%,提升5%,网民手机上网比例在高基数基础上进一步攀升。网民中使用手机上网人群的占比由2016年的95.1%提升至97.8%。我国手机网民规模及其占网民比例情况,如图6.1所示。网民在选择高速出行时,多使用手机地图软件进行路径选择和导航。应用较普遍的几款手机地图软件,如图6.2所示。

图6.1 中国手机网民规模及其占网民比例情况

互联网资源丰富,信息传播的条件好,已经成为交通行业提供出行服务的一个有效平台。有关部门可以通过互联网发布详细的交通信息,如历史路况信息、实时路况信息等。互联网网页表现形式多样,表达信息丰富,如电子地图、图像、视频、音频等形式都可以综合应用到网页上,用户查找信息极其方便。欧美发达国家都通过互联网提供交通咨询服务、实时交通信息和气象信息等;日本还提供通过互联网查看道路实时交通视频的服务。

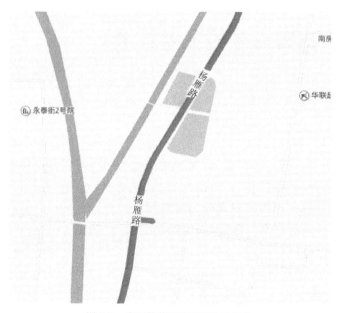

图 6.2 应用较普遍的手机地图软件

6.3.2 车载导航仪

车载导航仪安装在车辆内(如图 6.3 所示),以地图、文本及语音提示的方式为车辆出行提供专门的导航服务。车载导航仪的发展经历了 3 个阶段:第 1 代车载导航仪的研制工作始于 1985 年,其功能主要体现在位置设定上,通过与地图结合,驾驶员可以获知路线信息及当前位置;第 2 代车载导航仪拓展了道路探索、道路导航、信息查询的新功能,能够帮助驾驶员行驶至想要到达的目的地;第 3 代导航仪可以支持网络通信,能够提供第一时间的信息。比较成功的案例是日本的 VICS 系统,它能使用户了解实时的交通信息,并为用户提供出行建议。随着无线网络通信技术的发展,车载导航仪必将能够通过网络服务的模式为用户提供更专业、更高效的实时交通服务。

图 6.3 车载导航仪

车载终端提供 GPS 导航功能、通信功能等,能给驾驶员在驾驶途中提供实时路况信息和交通诱导信息等。

6.3.3 可变信息板

可变信息板一直是高速公路发布交通信息的一个重要手段,在高速公路的运营管理中发挥着积极的作用。可变信息板的信息传输一般采用高速公路专用通信网,其信息直接来源于高速公路管理部门,因此具有实时、高效的特点。在实际使用中,信息板一般分为3类,即门架式信息板、F型信息板和立柱式小型信息板,分别如图6.4~图6.6所示。

图6.4 门架式信息板　　　　图6.5 F型信息板　　　　图6.6 立柱式小型信息板

电子信息板分为固定式和车载移动式两种。电子信息板是目前最常用的信息发布方式,可在道路分叉口、入口处、出口处提供交通诱导信息、危险路段提示信息、与重要地点(如车站、机场)的距离及行程时长等信息。车载移动式信息板是交通信息发布系统的有机补充,当高速公路上出现局部恶劣天气,有道路施工或固定电子信息板无法使用等情况时,可以使用车载移动式信息板。

6.3.4 交通广播

交通广播是以语音提供交通信息服务的方式,其特点是作用范围大,信息丰富,趣味性强。1991年,我国第一家交通广播频道——上海交通信息台诞生。在其发展过程中,各省市纷纷推出本地交通广播节目,以交通信息作为支撑点,强调"伴侣"功能,穿插娱乐信息,对调解驾驶员的心理状态和提高行车安全系数都有积极的帮助作用。

车载收音机是一般车辆的标准配置,驾驶员不用为接收交通信息而增加新的投资。因此,交通广播具有良好的信息接收条件。同时,交通广播为了提高收听率,通过增强节目的趣味性来吸引驾驶员,这也在无形中拓宽了交通信息的发布渠道。交通广播在发送交通信息方面有着自己特殊的优势,可面向大众提供信息服务,出行者一般在出行前或出行中随时收听相关交通信息。路侧广播台通过路侧广播向正在途中的驾驶员提供交通信息。

6.3.5 客服电话

客服电话是政府为提高高速公路信息服务水平而提供的一项服务。社会公众可以通过电话网询问路况、气象状况、通行费费率等信息。在客服电话应用的早期,由于开通客服电话业务的省、区、市较少,各省区市分别指定本省、区、市的客服电话号码,发挥了一定的作用。随着该项业务的不断普及,全国各省、区、市的高速公路救援电话五花八门,甚至同一省、区、市内高速公路各路段救援报警电话各有不同,给广大高速公路通行者带了诸多不便,在一定程度上影响了各省、区、市高速公路的报警救援工作。对此,信息产业部规定高速公路全国统一客服电话的号码为12122,进一步规范了高速公路交通信息服务。

6.3.6 电视报道

电视机是生活中的常用家电,具有很高的普及率。到2004年,我国电视机用户已经达到3.6亿。随着新技术的发展,数字电视、移动电视逐渐进入人们的日常生活,电视报道成为发布交通信息的手段之一。直播高峰路况、插播即时路况、点对点信息服务将做得更加人性化、贴身化,这些方式无疑将提高交通信息发布的能力和水平。电视浏览分为交通视频浏览、交通视频点播等。用户可以通过电视收看交通信息的节目,也可以通过视频点播来观看历史交通信息。

6.4 综合信息服务

6.4.1 交通自动投诉及投诉快速反应

交通投诉处理结构框架与流程,如图6.7所示。其主要功能包括以下几个方面。

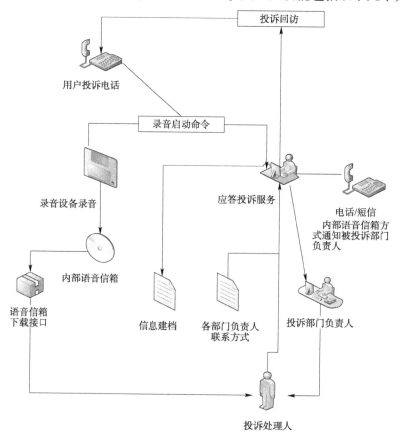

图6.7 交通投诉处理结构框架与流程

①来电自动接入;
②数字化录音;
③以多种方式(如电话、短信、内部语音信箱等方式)通知被投诉人或部门的负责人;
④录音回放;
⑤部门、个人汇总投诉量,并以图形方式显示;
⑥自动提示一定时期内的投诉回放信息。

6.4.2 信息查询

语音信息查询处理流程,如图6.8所示。

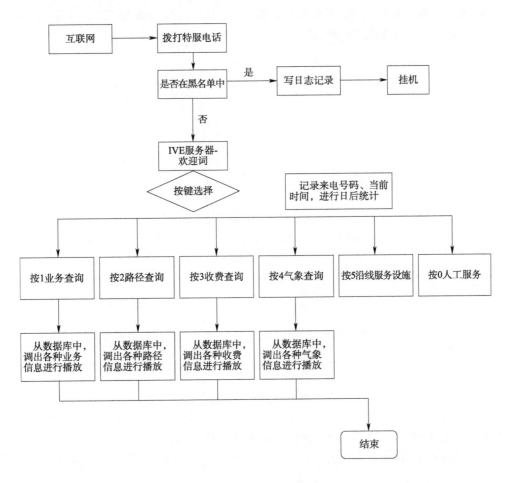

图6.8 语音查询处理流程

信息查询主要包括以下几个方面。
(1)黑名单维护
黑名单维护操作包括修改、删除、查询、策略制定及各种样式报表的打印。
(2)IVR热线统计
IVR(Interactive Voice Response)即互动式语音应答。IVR热线统计操作包括IVR热线

的查询、修改、删除及各种样式报表的打印。按小时、时段、年、年段进行统计,并打印饼图、人工服务日期、日期条状图、曲线图及相关统计数据。

(3)人工服务

人工服务流程如图6.9所示。用户转人工服务时若在转接期间挂机,则从当前队列中删除此次呼叫。拨通服务电话后,会有自动语音提示"当前话务员忙,请稍候",随后,电话进入服务队列;如果自动语音提示"当前话务员忙",则播放音乐。根据高速公路呼叫中心显示的来电号码先判断是否为客户来电,如果该号码在数据库中,则优先排到人工服务队列前端,等待人工服务。当该服务接入座席时,判断该用户是否呼叫过服务中心,如果有,则调出该用户的信息(如姓名、性别、住址、上次呼叫事由),以提供给座席员一些必要的信息。若该电话号码在VIP客户名单当中,则显示VIP客户标记。此时,语音提示"××号话务员为您服务",并开启录音设备转接当前座席。

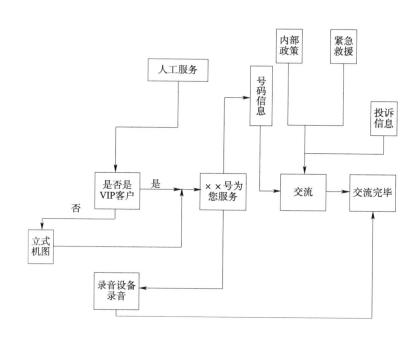

图6.9　人工服务流程

(4)VIP客户数据库

VIP客户数据库操作包括增加、修改、删除、查询及各种样式报表的打印。按小时、时段、日期、日期段、年、年段进行统计,并打印饼图、条状图、曲线图及相关统计数据。

(5)用户呼叫记录

用户呼叫记录操作包括增加、修改、删除、查询及各种样式报表的打印。按小时、时段、日期、日期段、年、年段进行统计,并打印饼图、条状图、曲线图及相关统计数据。

(6)转紧急救援

若用户呼叫事由为紧急救援类型,则单击计算机上的"转紧急救援"按钮,转入紧急救援工作流程。

(7)转投诉申告

若用户呼叫事由为投诉申告,则单击计算机上的"转投诉申告"按钮弹出投诉界面,转入投诉原因及投诉人信息,转入内部投诉处理流程。

6.4.3 语音应答与语音留言

(1)语音应答

语音应答操作流程如图 6.10 所示。

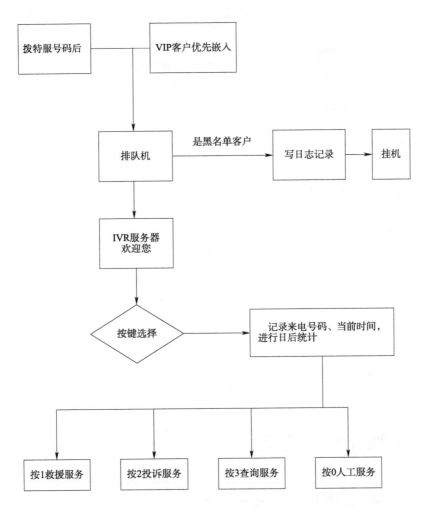

图 6.10 语音应答流程

(2)自动连接与语音留言信箱

根据投诉人的信息,座席服务员可以通过在电子地图上选择"自动连接"得到被投诉单位的详细信息。并且服务系统可以根据用户需要自动建立多方电话会议。如果被投诉人或其他联络人暂时无法联系,用户可以通过语音应答的引导进行留言。自动连接语音留言信箱,如图 6.11 所示。

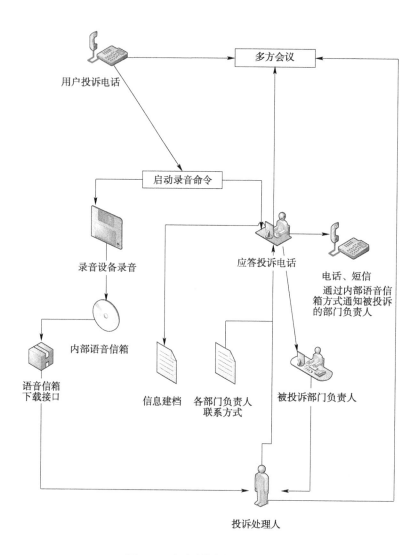

图 6.11 自动连接与语音留言信箱

6.5 个性化信息服务

6.5.1 个性化信息内容需求分析

随着我国高速公路网的逐渐完善,出行车辆的数量急剧增加,高速公路的行车信息数据量增长迅速,合理的运用历史信息数据,对于为出行者提供个性化信息服务具有重要意义。除了在出行前和行驶中获得所需的信息外,有些出行者希望获取与出行相关的社会综合服务及设施的信息,这些信息包括餐饮服务场所、停车场、汽车修理厂、医院等的地址,以及营业或办公时间,等等。出行者个性化的信息服务需求,如表 6.2 所示。

个性化信息需求分析　　　　　　表6.2

信息类别	主要需求内容
公共服务设施信息	汽车修理厂、加油站、宾馆等服务设施信息;到达目的地的优化行车路线等信息
公共服务	车票预订、宾馆预订、餐饮预订
旅游景点信息	当地旅游景点、相关公交车辆、公园及商店和饭店的营业时间

6.5.2 总体架构

我国现存的高速公路信息服务系统能够记录所有同行车辆的行驶信息,通过该种方式,大量历史信息及数据被累计下来。目前对累计数据的处理方式有限,只能对其进行初级的储存、统计以及简单的查询。然而,随着经济的发展,汽车的数量不断增加,通过记录车辆信息可以得出大量重要的信息,合理利用该类信息对出行者及高速公路部门提供便捷的服务具有重要意义。对该类信息的管理和利用是相关部门亟待解决的问题。对数据信息进行更深层的分析的方法主要是数据挖掘,属于决策支持的过程。数据挖掘技术对促进高速公路网络信息的发展具有积极作用,利用该项技术能够充分地实现数据内在联系的准确分析。

在挖掘布尔关联规则频繁项集中通常会用到 Apriori 算法。该算法的基本思路是:首先找出所有的项集,这些项集出现的频繁性至少和预定义的最小支持度一样;然后由频集产生强关联规则,这些规则必须满足最小支持度和最小可信度;最后使用频集产生期望的只包含集合项的所有规则,其中每一条规则的右部只有一项,这里采用的是中规则的定义。一旦这些规则被生成,那么只有大于用户给定的最小可信度的规则才被留下来。Apriori 算法是较为成熟的技术,目前已被各领域广泛引进并应用,其主要分析并挖掘数据之间的关联性,提升了数据的利用价值,促进了数据对决策制定过程的重要作用。

6.6 车辆救援服务

6.6.1 事故处理流程

(1)确定事故已经发生
(2)发出事故通报到高速路上的可变信息板,以提示驾驶员注意
①通过可变信息板发布异常交通现象的发生地点和事故类别的信息;
②通过交通广播或车载导航系统提供上述内容的交通信息;
③流入和流出诱导信息等;
④提供车道或行驶速度限制信息等;
⑤通知相关部门与附近各路口执勤人员。
(3)系统根据基础参数设置援救方案
①提供紧急救援、安全防护、消防和救护等服务;
②维修和牵引事故车辆;
③改变交通管制方案;
④提供交通信息服务。

车辆救援服务流程,如图6.12所示。

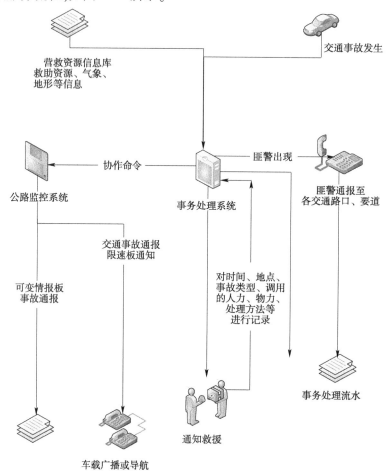

图6.12 车辆救援服务流程

6.6.2 紧急救援方案的决策

紧急救援方案决策是依据实际情况选取事先已研究提出的各种可行方案的过程。在得知异常交通现象发生后,应根据异常交通现象的类型和程度,迅速地就以下救援方案做出决策。

①突发事件现场的调查与管理方案;
②紧急救援技术方案与装备;
③救援线路;
④上游流入交通的迂回诱导与控制管理方案;
⑤关联平面道路的紧急管理方案;
⑥要求系统提供对常见事故解决方案的编辑,以利于事故的快速解决。

6.6.3 事后处理

救援结束、救援人员归队后,对异常交通现象发生的时间、地点、所属类型、调用的人力及物力、处理方法等进行事件录入,系统对当前交通事件结合系统自动分析得出的数据进行存档。

7 智能车路协同

近20年来,随着社会和经济的快速发展,交通运输所涉及的范围和规模也得到进一步的扩大。交通安全、出行效率和节能环保已成为世界范围内交通系统发展面临的重大挑战,传统意义上的智能交通系统已远不能满足交通运输发展的需要,取而代之的是将出行者(人)、运载工具(车)和道路基础设施(路)有机结合起来,从而形成人、车、路一体化的交通协同系统,以保障在复杂交通环境下车辆的行驶安全,实现道路交通安全的主动控制,提高基于道路智能管理的通行效率。车路协同技术的发展将使交通参与者、运载车辆和道路基础设施的信息获取和交互手段、内容和范围发生革命性变化,必将引发交通安全保障、道路智能管理和高效出行服务的深层次变革,使交通更安全,出行更畅通。

智能车路协同系统(Intelligent-Vehicle Infrastructure Cooperation Systems, I – VICS)是采用先进的无线通信和新一代互联网等技术,全方位实施车 – 车、车 – 路之间的动态实时信息交互,并在全时空动态交通信息采集与融合的基础上开展车辆主动安全控制和道路协同管理,以充分实现人、车、路的有效协同,保证交通安全,提高通行效率,从而形成安全、高效和环保的道路交通系统。

综合应用相关前沿技术,建立适合中国交通管理需求的智能车路协同系统,加快促进交通安全模式从被动到主动的转变,推动交通战略性新兴产业的跨越式发展,具有重要的理论意义和长远的应用价值。

7.1 交通应用

7.1.1 超距离的通信网络

通过V2X(Vehicle to everything,即车对车的信息交换)超距离通信,可以获得整个区域的实时路况、道路信息、行人信息等一系列交通信息,实现超距离通信网络的建设。V2X超距离通信模式,如图7.1所示。

7.1.2 超距离视频传输

在行人聚集区域安装摄像头,通过路测节点到车载节点的视频传输提醒路过车辆。这样驾驶员在临近事故高发区域时可尽早了解前方状况,调整并保持合适车速,从而提升出行的安全性。超距离视频传输,如图7.2所示。

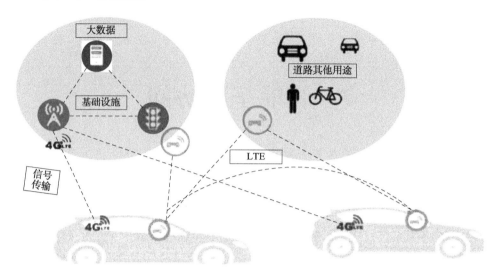

图 7.1　V2X 超距离通信

图 7.2　超距离视频传输

7.1.3　交通信号传输

目前,驾驶员只能通过目视观察到交通标志,这样不仅增加了驾驶员的负担,而且由于发现标志到采取行动的时间间隔较短,容易引发交通事故或交通违章行为。借助 V2X 车联网,可以将道路限速、限行、信号灯等交通信号传输到车载终端,车载终端可根据信息对驾驶员进行提醒或通过执行端辅助驾驶。交通信号传输如图 7.3 所示。

图 7.3　交通信号传输

7.1.4 主动安全

利用 V2X 车联网,车辆可以获取周围环境的未知参数以及附近车辆的运行状态,然后车载端主动运用安全算法处理所获取的信息,并按照优先级对信息进行分类,对可能发生的危险情境进行预警,紧急情况下可以利用车辆执行端对车辆进行控制,从而规避风险。主动安全情况下高速公路危险预警,如图 7.4 所示。

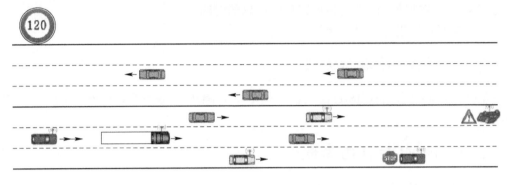

图 7.4 高速公路危险预警

7.2 道路危险状况提示(Hazardous Location Warning, HLW)

7.2.1 HLW 的应用

当主车(Host Vehicle, HV)行驶到存在潜在道路危险的(如桥下存在较深积水、路面有深坑、道路湿滑、前方急转弯等)路段时,存在发生事故的风险,此时,HLW 对主车驾驶员进行预警。本应用适用于城市道路、郊区道路和高速公路等容易发生危险状况的路段或临时存在道路危险的路段。

7.2.2 HLW 的应用场景

如图 7.5 所示,当道路存在危险时,HLW 附近路侧设备或临时路侧设备对外广播道路危险状况提示信息,信息包括道路危险状况位置、道路危险类型、危险描述等,行驶过该路段的主车根据信息及时采取避让措施,以避免事故发生。

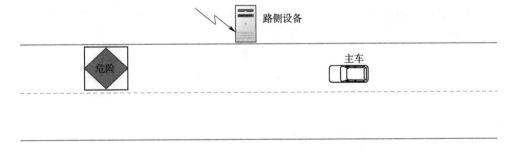

图 7.5 路侧设备或临时路侧设备提示道路危险状况信息

7.2.3 HLW 的工作原理

HLW 的基本工作原理如下：
①具备短程无线通信能力的路侧设备(Road Side Unite,RSU)周期性地对外广播道路危险状况提示信息。
②依据主车位置信息和道路危险状况提示信息,计算主车和道路危险区域的距离。
③依据主车当前速度计算到达道路危险区域的时间。
④对主车驾驶员进行及时的预警。

7.2.4 HLW 的通信方式

主车(HV)和路侧设备(RSU)需具备短程无线通信能力,路侧设备将道路危险状况信息发送给主车(HV)。

7.2.5 HLW 的性能参数

主车车速范围:0～130km/h;
通信距离:≥300m;
数据更新频率:≥10Hz;
系统延迟:≤100ms;
定位精度:≤5m。

7.3 限速预警(Speed Limit Warning,SLW)

7.3.1 SLW 的应用

主车(Host Vehicle,HV)行驶过程中,在驾驶员对道路状况不熟悉或注意力不集中的情况下,往往会因为车速太快而发生事故。SLW 在车辆速度超出限定速度时,对主车(HV)驾驶员进行预警,提醒驾驶员减速行驶。本应用适用于普通道路及高速公路等限速道路。

7.3.2 SLW 应用场景

(1)SLW:单个限速设施
①主车和路侧设备需具备 V2X 通信能力。
②主车行驶时,路侧设备周期性发送限速信息。
③当主车速度超过路侧设备的限制速度时,SLW 功能对主车驾驶员发出预警,提醒驾驶员减速行驶。

(2)SLW:多个限速设施
①主车和路侧设备 1 及路侧设备 2 需具备 V2X 通信能力。
②主车行驶时,收到路侧设备 1 及路侧设备 2 的限速信息。

③当主车速度超过路侧设备1的限制速度时(优先处理距离主车距离近的设备发送的限制速度),SLW功能对主车驾驶员发出预警,提醒驾驶员减速慢行。

7.3.3 SLW 的工作原理

SLW 的基本工作原理如下:
①分析路侧设备(RSU)发送的信息。
②计算主车与路侧设备的距离,根据路侧设备的限速范围判断主车车速是否在其限速范围内。当主车车速不满足速度限制时,触发 SLW 报警,提醒驾驶员减速。
③若接收到多个限速要求,则筛选出最紧急的要求,处理离车主最近的路侧设备发来的信息。
④超出限制速度时,SLW 通过数字视频系统(DVI)对主车驾驶员进行相应的限速预警。

7.3.4 SLW 的通信方式

主车(HV)和路侧设备(RSU)需具备短程无线通信能力,路侧设备将道路危险状况信息发送给主车。

7.3.5 性能参数

主车车速范围:0~130km/h;
通信距离:≥300m;
数据更新频率:≥10Hz;
系统延迟:≤100ms;
定位精度:≤5m。

7.4 车内标牌(Traffic Sign In Car,TSC)

7.4.1 TSC 的应用

当装有车载设备(On Board Unit,OBU)的车辆收到由路侧设备发送的道路数据以及交通标牌信息时,车载 TSC 应用将给予驾驶员相应的交通标牌提示,以保证车辆安全行驶。本应用适用于任何交通道路场景。

7.4.2 TSC 应用场景

TSC 主要应用于典型的车内标牌场景,应用步骤如下:
①车辆从远处接近相应的路侧设备。
②路侧设备发出局部道路数据信息以及相应的交通标牌信息。
③车载 TSC 设备根据上述信息,结合主车的定位和行驶状态,计算出主车在路网中的位置,并判断前方是否有交通标示牌,如果有,则给主车驾驶员进行车内标牌的提示。车内交通标牌会在其有效的区域和时间段内亮起。

应用 TSC 的车内标牌场景,如图 7.6 所示。

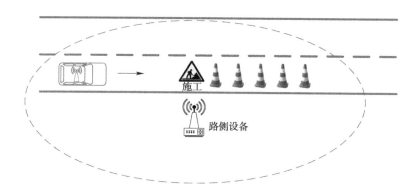

图 7.6 应用 TSC 的车内标牌场景

7.4.3 TSC 的工作原理

TSC 的基本工作原理如下:

①根据收到的道路数据以及主车的定位和运行数据,判定主车在路网中所处的位置和运行方向。

②判断主车运行前方道路是否有交通标牌,并且当前时间段该标牌有效。若有,可直接显示给主车驾驶员。

7.4.4 TSC 的通信方式

TSC 的通信方式是,具备短程无线通信能力的路侧设备将道路数据与交通标牌信息发送给主车。

7.4.5 TSC 的性能参数

主车车速范围:0~70km/h;
通信距离:≥150m;
道路数据与交通标牌信息更新频率:≥1Hz;
系统延迟:≤500ms;
定位精度:≤5m。

7.5 前向碰撞预警(Forward Collision Warning,FCW)

7.5.1 FCW 的应用

当主车(Host Vehicle,HV)在车道上行驶,与正前方同一车道的远车(Remote Vehicle,RV)存在追尾碰撞危险时,FCW 将对主车驾驶员进行预警。本应用适用于普通道路或高速公路等车辆存在追尾碰撞危险的道路场景。

7.5.2 FCW 的应用场景

(1) 主车行驶,远车在主车同一车道正前方停止(如图 7.7 所示)

①主车正常行驶,远车 1 在主车同一车道的正前方停止。

②主车和远车 1 需具备 V2X 通信功能。

③主车行驶过程中,在即将与远车 1 发生碰撞时,FCW 对主车驾驶员发出预警,提醒驾驶员主车与位于正前方的远车 1 存在碰撞危险。

④预警时机需确保主车驾驶员收到预警后能及时反应,避免与远车 1 发生追尾碰撞。

图 7.7　主车行驶,远车在主车同一车道正前方停止

(2) 主车行驶,远车在主车相邻车道前方停止(如图 7.8 所示)

①主车正常行驶,远车 1 在主车相邻车道的前方停止。

②主车和远车 1 需具备 V2X 通信功能。

③主车行驶过程中不会与远车 1 发生碰撞,主车驾驶员不会收到 FCW 预警信息。

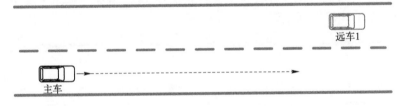

图 7.8　主车行驶,远车在主车相邻车道停止

(3) 主车行驶,远车在主车同一车道正前方慢速或减速行驶(如图 7.9 所示)

①主车正常行驶,远车 1 位于主车同一车道的正前方慢速或减速行驶。

②主车和远车 1 需具备 V2X 通信功能。

③主车行驶过程中,在即将与远车 1 发生碰撞时,FCW 功能对主车驾驶员发出预警,提醒驾驶员主车与位于正前方的 RV-1 存在碰撞危险。

④预警时机需确保主车驾驶员收到预警后能及时反应,避免与远车 1 发生追尾碰撞。

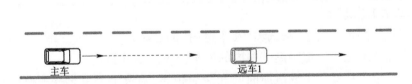

图 7.9　主车行驶,远车在车主同一车道正前方慢速或减速行驶

(4) 主车行驶时视线受阻,远车在主车同一车道正前方停止(如图 7.10 所示)

①主车跟随远车 2 正常行驶,远车 1 位于主车同一车道的正前方停止,主车的视线被前

方车辆远车2遮挡。

②主车和远车1需具备V2X通信功能,远车2是否具备V2X通信功能不影响应用场景的有效性。

③远车2为了避开远车1进行变道行驶。

④主车行驶过程中在即将与远车1发生碰撞时,FCW功能对主车驾驶员发出预警,提醒驾驶员主车与位于正前方的远车1存在碰撞危险。

⑤预警时机需确保主车驾驶员收到预警后能及时反应,避免与远车1发生追尾碰撞。

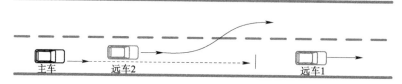

图7.10　主车行驶时视线受阻,远车在主车同一车道正前方停止

(5)主车行驶,远车在主车同一车道反向行驶(如图7.11所示)

①主车正常行驶,远车1位于主车同一车道的正前方且与主车反向行驶。

②主车和远车1需具备V2X通信功能。

③主车行驶过程中在即将与远车1发生碰撞时,FCW功能对主车驾驶员发出预警,提醒驾驶员主车与位于正前方的远车1存在碰撞危险。

④预警时机需确保主车驾驶员收到预警后能及时反应,避免与远车1发生追尾碰撞。

⑤主车和远车1均需得到预警。

图7.11　主车行驶,远车在主车同一车道反向行驶

7.5.3　FCW的工作原理

主车在行驶过程中,若与任意一辆远车存在碰撞危险时,FCW对主车驾驶员进行预警。触发FCW功能的主车和远车的位置关系,如图7.12所示,其中包括两种情况:主车和远车位于同一车道;远车在主车的前方。

FCW的基本工作原理如下:

①分析接收到的远车信息,筛选出"在车道内"的远车。

②进一步筛选出位于一定距离范围内的远车作为潜在威胁车辆。

③计算每一个潜在威胁车辆碰撞时间和防撞距离,筛选出与主车存在碰撞危险的威胁车辆。

④若有多个威胁车辆,则筛选出情况最紧急的威胁车辆。

⑤FCW通过数字视频系统(DVI)对主车驾驶员进行相应的碰撞预警。

7 智能车路协同

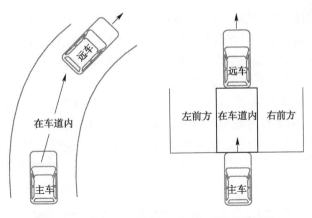

图 7.12　触发 FCW 功能的主车和远车的位置关系

7.5.4　FCW 的通信方式

主车与远车需具备短程无线通信功能,车辆信息通过短程无线通信在主车和远车之间传递(H-R)。

7.5.5　FCW 的性能参数

主车最低车速范围:0~130km/h;
通信距离:≥300m;
数据更新频率:≥10Hz;
系统延迟:≤100ms;
定位精度:≤1.5m。

7.6　紧急制动预警(Emergency Brake Warning,EBW)

7.6.1　EBW 的应用

主车(HV)在道路上行驶,与前方行驶的远车(RV)存在一定距离,前方远车做紧急制动动作时,主车检测到远车的紧急制动动作,通过主车的行驶方向、速度、位置、加速度,远车的方向、速度、位置、加速度,反应时间,计算判断主车和远车有无碰撞可能,如果可能发生碰撞,则根据危险程度对主车进行不同危险等级的预警。本应用适用于城市郊区普通道路及高速公路可能因紧急制动发生追尾碰撞危险的道路场景。

7.6.2　EBW 的应用场景

(1)同一车道主车行驶方向前的第一台车辆紧急制动(如图7.13所示)
①主车行驶在道路上,远车发生紧急制动事件。
②主车和远车需具备V2X通信功能。
③主车行驶在道路上,远车发生制动事件,EBW功能对主车驾驶员发出预警,提醒驾驶员前方车辆有紧急制动操作,存在碰撞危险。

④预警时机需确保主车驾驶员收到预警后能及时反应,避免与远车发生追尾碰撞。

(2)同一车道主车前方隔若干车的车辆发生紧急制动(如图 7.14 所示)

①主车行驶在道路上,同时远车 1 发生紧急制动事件,主车的视线被远车 2 遮挡。

②主车和远车 1 及远车 2 需具备 V2X 通信功能。

③当主车行驶在道路上时,远车 1 发生紧急制动事件,EBW 功能对主车驾驶员发出预警,提醒驾驶员前方车辆 2 有紧急制动操作,主车与远车 2 存在碰撞危险。

④预警时机需确保主车驾驶员收到预警后能及时反应,避免与远车 2 发生碰撞。

图 7.13　同一车道主车行驶方向前的第一台车辆紧急制动

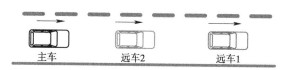

图 7.14　同一车道主车行驶方向前隔若干车的车辆发生紧急制动

7.6.3　EBW 的工作原理

在同一车道上,当远车发生紧急制动事件时,对外广播主车紧急制动事件,主车通过行驶测定方向、距离、位置、速度、加速度、道路摩擦系数、反应时间等判断碰撞危险,并对主车驾驶员进行不同危险等级的预警。触发 EBW 功能的主车和远车的位置关系,如图 7.15 所示。

EBW 的基本工作原理如下:

①分析接收到的远车紧急制动信息,通过行驶方向、速度、加速度、位置等的分析筛选出存在潜在危险的远车制动信息,并做出紧急事件提醒。

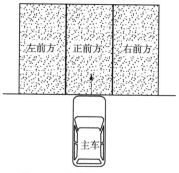

图 7.15　主车和远车的位置关系

②进一步通过计算主车的速度、加速度、反应时间、道路摩擦系数等判断与前方车辆发生碰撞的可能,进行不同危险等级的预警。

7.6.4　EBW 的通信方式

主车和远车需具备短程 V2X 通信功能,车辆信息通过短程 V2X 通信在主车和远车之间传递(H – R)。

7.6.5　EBW 的性能参数

主车车速范围:0 ~ 130km/h;

通信距离:≥150m;

数据更新频率:≥10Hz;

系统延迟:≤100ms;

定位精度:≤1.5m。

8 高速公路交通运输安全

8.1 紧急事件指挥调度与救援管理

随着我国高速公路通车里程的不断增长,高速公路的突发事件也越来越多,并且重特大事件时有发生;与此同时,国家对突发事件越来越重视,尤其对突发事件的报送制度要求非常严格,而且执行效果明显。由于高速公路突发事件的应急救援具有涉及行业多、管理协调难度大、技术复杂的特点,国内相关的研究目前主要集中在应急处理流程执行、信息报送等方面,但对于紧急事件响应分级、紧急事件发生后的交通组织管理、应急资源调度和后期救援能力评估等方面,现有研究还存在不足,值得深入研究;同时,找到这些问题的更优解决办法对高速公路紧急事件的应急处理有重要的实际意义。

下面将从高速公路常见交通紧急事件入手,详细分析各种常见紧急事件可能产生的主要影响,并将交通紧急事件的事件直接损失、应急处置难度、路网运行状态、交通影响程度等作为主要指标,通过选择合适的评定标准或办法,将高速公路交通紧急事件响应等级划分为一级事件(特别重大事件)、二级事件(重大事件)、三级事件(较大事件)、四级事件(一般事件)和五级以下事件(轻微事件)5个等级,并对每个等级的满足条件进行规定。高速公路紧急事件相应等级的确定对于提高高速公路应急救援决策的准确性、及时性有重要意义。

在高速公路安全保障技术的研究领域中,对紧急事件实施应急救援的关键技术研究一直备受关注。应急救援作为一种事件发生后的处理手段,可有效减少生命、财产损失,对提高路网运行效率和效益也具有重要意义。国外针对应急救援开展了不少研究和实践工作,构建了诸多的模式和手段,但在国内,应急救援的相关研究起步很晚。

2006年,《国家突发公共事件总体应急预案》发布;2007年,《中华人民共和国突发事件应对法》发布。国家已开始重视应急救援。但由于我国高速公路建设比发达国家晚很多,从2000年开始到现在,高速公路的工作重心一直在建设方面,对高速公路运营管理投入较少,特别是对突发应急事件的应急救援研究投入更是不足,重、特大交通事故影响十分恶劣。例如,2008年,南方发生大面积冰灾,期间导致京港澳高速公路湖南段大面积堵车,2.5万辆汽车(涉及约6万人)被困高速公路,最长滞留时间达9天;2010年8月,京藏高速公路进京路段发生重大堵车事件,车辆堵车路段长度最长达100km,最长时间达9天;2014年,山西省内晋济高速公路晋城段岩后隧道内发生"3·1"特别重大危化品燃爆事故,大火燃烧了73个小时才被扑灭,这次事故最终导致31人死亡,9人失踪;2014年,沪昆高速公路湖南境内邵阳段发生"7·19"特别重大危化品燃爆事故,这次事故最终导致54人死亡,6人受伤(4人医治无效死亡),直接经济损失达5 400万元;2016年4月2日,沪宁高速公路江苏常州段发生20多辆车连环追尾,3人死亡的重大交通事故。

从这些重特大交通事故的总结报告和国家发布的事故调查报告中可知,我国高速公路应急救援存在预案启动不及时、操作性差、落实不到位、应急资源准备不充分、交通组织流于形式等问题。

我国高速公路紧急事件应急救援具有参与部门多、操作实施困难、时效性要求极高等特点。受我国现行管理体制、模式和资源配置水平等诸多因素的影响,高速公路突发紧急事件在应急救援中还有很多没有解决的问题。针对上述问题和我国现状,国内研究人员也提出了很多方法和措施。但研究结论基本都存在集中于对问题的探讨、提出框架性概念、将问题归结为管理体制和模式的改变,侧重应急事件报送、应急处置流程、救援预案本身等问题,而在对事件发生的形式和影响的分析、事件的影响和交通组织情况、应急资源的调度技术和救援能力评估等方面缺乏研究。

通过以上分析可知,高速公路发生紧急事件后应急救援的主要问题包括紧急事件响应、事件突发后的交通组织、应急物资的调度、应急救援能力评价等。

紧急事件应急救援能力评价是应急救援的重要内容之一,正确的评价能为提升救援能力提供科学依据。高速公路紧急事件应急救援能力评价因其评价对象复杂多变、评价对象所处情境存在不确定性,所以实施难度较大。

通常,应急救援能力评价的研究主要集中在:根据评价对象的特征构建评价指标体系、评价模型,并将建立的指标体系和评价模型应用到具体的应急救援系统中。通过文献检索可知,国内针对应急救援评价的研究开始于20世纪80年代。在2003年SARS爆发、2008年汶川地震之后,应急管理系统建设和评价研究引起了政府和学术界的广泛重视,相关研究大量涌现。目前应急救援评价研究涉及的领域有煤矿、交通、自然灾害(如地震、干旱、气象等)、卫生、核电、城市等。

在应急管理或应急救援评价研究的相关文献中,检索表明:常规应急管理评价和城市应急管理评价所占比重较大;交通运输或高速公路紧急事件应急救援能力评价所占比重非常小,主要是针对零星具体紧急事件的救援评价进行研究,未就较通用的紧急事件救援评价展开系统性研究。

8.1.1 高速公路常见紧急事件

紧急事件也称突发事件,通常是指可预测或不可预测,且可能对道路、环境、交通流造成严重破坏的事件。国务院2007年颁布并实施的《中华人民共和国突发事件应对法》中规定:"本法所称的突发事件,是指突然发生,造成或者可能造成严重社会灾害,需要采取应急处置措施予以应对的自然灾害、事故灾难、公共卫生事件等。"交通运输部2009年修订后实施的《公路交通突发事件应急预案》中规定:"本预案所称公路交通突发事件是指由下列突发事件引发的造成或者可能造成公路以及重要客运枢纽出现中断、阻塞、重大人员伤亡、大量人员需要疏散、重大财产损失、生态环境破坏和严重社会危害,以及由于社会经济异常波动造成重要物资、旅客运输紧张,需要交通运输部门提供应急运输保障的紧急事件,包括自然灾害、公路交通运输事故、公共卫生事件和社会安全事件4大类。"

高速公路上最常见、发生次数最多的紧急事件为交通事故,其次为车辆故障引起的交通拥堵;除此之外,还有危险品泄漏引起的火灾、环境污染,一些社会安全问题引起的车道封闭、高速公路利用率降低等问题。结合高速公路紧急事件的实际情况,可将高速公路紧急事件划分为交通事故事件、恶劣天气事件、道路病害事件、不可抗力事件以及危险品货物事件5类。

(1) 交通事故事件

交通事故是高速公路上经常发生的紧急事件,通常包括撞车事故,一般会导致驾乘人员受伤或死亡、机动车损毁、货物抛撒等。交通事故可分为人员伤亡类交通事故和财产损失类交通事故。

①人员伤亡类交通事故。

在高速公路上最容易发生的交通事故包括车辆或人员发生撞击、倾倒,人员被甩出车辆等,此类事故一般都会造成人员伤亡。根据人员受伤和死亡数量的多少和严重程度高低,人员伤亡类交通事故可分为特大交通事故、重大交通事故、普通交通事故、轻微交通事故等。

②财产损失类交通事故。

此类交通事故会造成人员伤亡,只引起一定的财产或物质损失。如前后车辆之间的追尾或轻微碰撞、车辆超速失控撞击护栏造成护栏损坏等交通事故,一般都属于财产损失类交通事故。

(2) 恶劣天气事件

根据国务院办公厅出台并印发的《国家气象灾害应急预案》可知,道路交通气象灾害包括台风、暴雨(雪)、寒潮、大风(沙尘暴)、低温、高温、干旱、雷电、冰雹、霜冻、冰冻、大雾等。

①暴雨。

雨为常发性气候,一般小雨对道路的影响不大,我们主要研究暴雨对高速公路的影响。降雨会改变高速公路路面的摩擦系数,降低道路的能见度,进而影响道路上车辆的行车安全,使得车辆追尾、刮蹭事故的发生概率大大增加,在山区路段还有可能引发泥石流、山体滑坡等更加严重的自然灾害。预防暴雨引发的突发事件,需要掌握当地的气候特点和实时气象信息,同时派工作人员对事故多发地段进行巡逻和交通疏导,及时发现险情,防患于未然,将暴雨对道路造成的影响降到最低。

②大雾。

大雾由大气中悬浮水汽凝结而成,会严重降低道路的能见度,使驾驶员难以看清路标、标线及其他信号,严重影响车辆的行驶速度和驾驶员的安全,极易造成交通堵塞甚至交通事故。

③大雪。

雪是因空气温度过低而导致空气中水分子结晶的自然现象。下大雪时道路能见度会降低,由于车辆反复驶过,白天和晚上的温差又比较大,所以路面容易结冰,导致车辆打滑,在高速公路这个高速、封闭的道路环境中,车辆极易发生事故。而且由于结冰后路面的摩擦系数降低,前车发生事故后很容易对后车造成连锁反应,导致车辆连环追尾,救援难度也很大。

④沙尘。

沙尘天气是北方地区一种常见的天气,但大多数沙尘天气空气中的扬沙不多,不会造成沙尘暴。发生沙尘暴是由于地面沙尘物质多且出现强风,使得空气中的沙尘物质增多,严重降低道路能见度。出现沙尘暴后天空发黄且变暗,驾驶员的视距严重缩短,容易引发交通事故。

(3)道路病害事件

①路基损坏。

高速公路路基的完整性是确保高速公路正常运转的根本。对路基的损坏问题主要包括挖方路堑边坡问题以及填方路堤沉降问题等。

②路面损坏。

沥青路面的损坏可分为结构性损毁和功能性损毁两大类。

(4)不可抗力事件

地质灾害是主要的不可抗力事件之一。地震、山体滑坡、泥石流是最常见的3种地质灾害,它们通常会对高速公路基础设施造成比较大的损坏,因此,它们被称作地质灾害事件。

①地震。

地震是板块与板块之间的相互挤压碰撞引发的自然灾害。依据地震的能量,可将地震划分为超微震、微震、弱震(或称小震)、强震(或称中震)和大地震等。

②山体滑坡。

作为山区特有的地质活动现象,山体滑坡通常发生在山区地带,山体在暴雨或淫雨作用下从薄弱地带断开,整体下滑。山体滑坡会造成部分区域的人员伤亡或财产损失,并严重影响当地交通运输的正常运转。

③泥石流。

泥石流是在山区或险峻的深壑、沟谷地区发生的一种地质灾害,是由暴雪或暴雨引起山体滑坡并携带有大量泥沙和石块的特殊洪流。泥石流常会冲毁公路铁路等交通设施甚至会冲毁村庄、城镇。

(5)危险品货物事件

略。

8.1.2 高速公路应急交通组织

众多统计数据表明,突发事件给高速公路的建设和运营带来了严重的安全隐患,甚至于导致重大的生命财产损失,同时,高速公路交通运输条件十分发达,行车速度很高,交通量大,在互通出入口和相交公路衔接处存在大交通流交织、多种交通方式交叉运行的现象,一旦出现紧急事件,极易造成事件发生路段和互通出入口路段的严重拥堵和重特大交通事故,成为制约高速公路管理与服务水平提升的短板。可见,有针对性地开展技术攻关,应用高速公路突发事件下公路交通应急管理与救援等技术手段,对于提高事件条件下高速公路应急管理与救援保障能力具有重要意义。

在发生交通事故时,将影响的区域划分为保护区、控制区和缓冲区,每个区域有着不同的特点,将从这三个区域采取合理的措施,使车辆能够安全地通过交通事故区域。

(1)保护区紧急交通组织

在图8.1中,保护区主要分为事故现场区和过渡区域两部分组成,因此,对保护区采取交通组织措施主要在这两个区域组织控制,主要是对过渡区域管理和控制以及对事故现场警戒。

①过渡区域管制。在过渡区的起点开始设置反光锥导向交通和设置电子情报板设置相应提示信息,对交通区域设置隔离。

②事故现场警戒。主要利用警戒线或者其他设施将事故区域隔离,并由交警维护秩序和疏导交通。同时在过渡区配置警车,并开启警灯以警示车辆的输入方向,使得驾驶员提高警觉,并能够集中注意力驾驶车辆,有效地疏导交通,进而防止车辆聚集在事故区域。对于保护区紧急交通组织主要是使车辆能够安全通过交通事故区域,防止二次事故发生和防止交通事故路段上游出现排队,增加延误而带来的利益损失。

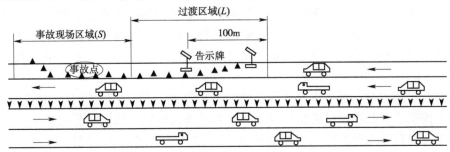

图 8.1 高速公路事故现场保护区示意图

(2)控制区紧急交通组织

高速公路发生交通事故时,车道关闭会使道路的通行能力下降,交通事故的持续时间有一定的不确定性,综合考虑高速公路的交通流量,对于控制区主要采取的应急交通组织措施为:

①控制速度与车距。当高速公路发生交通事故,势必会导致道路的通行能力下降,采取限制速度和车距是有效的措施。通过可变限速标志和可变情报板发布限速值进而达到改善道路行车安全的目的。或者通过雷达提示驾驶员限速信息,使行驶的车辆能够保持安全距离,减少二次事故的发生。

②利用对向车道通行。根据高速公路本身的设计特征,对事故路段上游最近的中央分隔带的开口打开,将车辆导向到对向的车道上,并设置相应的隔离措施,防止出现交通冲突。但是必须是在对向交通流不受影响时采取此措施。当交通事故发生后,如果对向的交通流允许的情况下,采取对向车道能够分流,可以有效地防止车辆出现聚集的情况。在采取利用对向车道的交通组织措施时,车辆在进入高速公路中央分隔带的开口处时,车辆会出现转向和变速等情况,因此必须在诱导的道路上设置相应的变速和导向设施,防止二次事故的发生,使得能够有效地疏导交通流,进而减少延误和排队。

③车队模块化通行。将排队的车辆按照 20~30 辆车为一个模块分成若干个模块,在交警的引导下按照模块进行放行,并使其能够安全顺利的通过事故路段,这样可以更加有序的进行,防止车辆混乱增加延误。当控制区流量压力较大,可以采用车队模块化通行措施。

(3)缓冲区紧急交通组织

高速公路发生交通事故时,车道关闭会使道路的通行能力下降,交通事故的持续时间有一定的不确定性,综合考虑高速公路的交通流流量,这些因素将直接决定缓冲区紧急交通组织,当事故路段的交通量小于或者等于事发路段的通行能力时,可以不采取措施,当事故路段的交通量大于事发路段的通行能力时,需要采取一定的组织措施,以便能够减少车辆延误和二次事故发生的概率。

①主线诱导。在高速公路交通事故的上游或者能够进行交通分流的节点处,通过交通广播或者电子信息板等方法将事故信息传递给道路上的驾驶员,并给出绕行的建议,对于研究的石黄高速公路的路段发生交通事故时,可以建议车辆行驶到 307 国道再进入 205 国道回到石黄高速公路。

②缓冲区诱导。对主线诱导范围进行了扩大,主要包括事故路段上游区域以及缓冲区的节点。在高速公路交通事故上游的节点以及收费站设置电子信息板或者告示牌,将事故信息传递给驾驶员并建议选择合理的线路绕行。

③主线交通控制。当交通事故路段上游的交通流量无法有效地通过诱导将交通流进行转移时,需要借助于立交或者匝道进行强制交通流的分离,主要是通过人工的方法将主线的交通流转移到其他的道路上,进而确保主线上的交通能够安全通行的一种应急交通组织方式。

④缓冲区交通控制。缓冲区交通控制主要是包括入口匝道控制或者立交控制,对于入口匝道调节控制主要是通过设置相应的交通信号设备,例如信号灯、情报板或者收费站。采用信号灯进行控制车流间断进入事故路段,利用匝道调节高速公路交通流,从而减少或者消除高速公路主线的交通阻塞。

8.1.3 高速公路应急资源调度技术

高速公路发生紧急事件后,决策者一般根据所掌握的信息进行研究和判断,根据紧急事件发生的性质、紧急事件的影响分级、紧急事件的响应等级等确定启动紧急事件的应急处置流程,而应急资源的调度问题又是交通紧急事件应急处置的核心问题。

在交通紧急事件处置过程中,高速公路管理机构的指挥者需要做出应急资源的调度决策,掌握什么地点有什么物资、各点应调动多少应急物资等。指挥者需要根据高速公路交通紧急事件处置过程,掌握现阶段应急资源需求情况并确定其之后可能发生的应急资源需求变化,调整应急资源的调度计划。由此可见,应急资源调度是一个动态的过程。

在应急资源调度中,一般应急资源供应点和消耗点的位置、数量和调用成本是确定的,根据这些条件以及交通紧急事件发生的情况和阶段,如何制订更优化的调度方案成为紧急事件指挥者最关心的问题。最优化的调度方案需要解决调用资源延误最少问题、调用费用最低问题或同时兼顾速度和费用问题。

(1)应急资源调度的准备阶段

应急资源调度的准备阶段主要包含以下 3 项任务:

①建立专门的应急资源调度管理部门。

一般各省高速公路管理部门都成立了负责应急资源调度管理的部门。省级高速公路应急资源调度管理部门一般由应急指挥中心、养护处或安全管理部门负责;各高速公路路段应急资源调度一般由管理分中心负责。各应急资源调度管理部门的职责主要是对应急资源调度的全过程进行指导和监督,包括可能发生的紧急事件对应急资源的需求、应急资源储备点和数量、应急资源调度等。

②判断可能发生的紧急事件及其救援所需要的应急资源的类型和数量。

这项任务由专门的应急资源调度管理部门完成,依据高速公路紧急事件的类型、事故响应等级、事故影响分级等做出需求预测,据此确定应急资源储备地点(一般设置在养护工区),并根据应急资源调度后的评估工作对最初的应急资源类型、应急资源储备点等进行优化。

③应急资源的筹措。

常用的应急物资,如食品、修路机械设备、修路材料等,一般会根据高速公路的沿线设施情况(如隧道、特大桥、跨河等)和里程长度,合理考虑按照一定区域在高速公路建立互通立交或服务区等处设置养护工区,作为应急资源的储备点。正常情况下,专门的应急资源调度管理部门应根据需求预测,在合理时间限制内,根据成本优化原则,将需要采购的应急物资全部运送到应急资源储备点。在应急事件处置初期,随着应急救援的推进,根据紧急事件发生的性质、影响范围等,对于储备点(养护工区)不足的物资,在考虑时间、成本的基础上,将急需的应急资源运送到应急资源储备点。

(2)应急资源调度的实施阶段

当筹备好所有需要的应急资源后,专门的应急资源调度管理部门应在最短的时间内,动用一切运输设施,将这些应急资源运送到紧急事件发生现场。根据应急资源储存位置的不同,应急资源的调度实际上包括以下两种类型。

①从应急资源储备点(养护工区)到紧急事件发生现场(应急资源消耗地点)。应急资源储备点在应急资源补充完毕后,应根据实际需求,将相应的应急资源在最短的时间内运送到紧急事件发生现场。对于剩余的应急资源或暂时不需要的应急资源,应分类存储在应急资源储备点以备后用。

②从应急资源供应地点到应急资源储备地点。

在紧急事件处置过程中,储备地点的物资如果消耗过快,就需要考虑对储备地点的应急物资进行及时补充,以满足应急救援时需要。应考虑从应急资源供应地点(生产商)调运消耗过快的物资到应急资源储备地点。

(3)应急资源调度的评估阶段

应急资源调度的评估阶段主要是对应急资源调度的准备阶段、实施阶段的具体工作进行评价。评价时应选择合适的指标体系,采用正确的评估方法进行客观评价。

在评价过程中,应重点评价应急资源调度管理部门、应急资源储备地点、紧急事件发生现场(应急资源消耗地点)之间的协调和联动效率。

在实际操作过程中,应根据紧急事件的推进和对应急资源需求的变化,针对应急资源调度的每个过程、紧急事件发生的每个时期的应急资源调度的及时性、满意程度进行评价,以更好地应对未来的应急资源调度。

8.1.4 高速公路紧急事件救援能力

(1)高速公路应急救援通信能力

①提升信息采集能力:ITS动态地采集交通信息作为预警及应急的依据。采集方式和内容有:信号控制系统数据采集、快速路网数据检测、号牌识别行程时间检测、视频监控、公安警车监控与定位系统、违法信息系统、停车场信息等。基于GPS,可以获得路上运行车辆位置与密度的实时信息;基于GIS,能得到道路网、交通设施、交通流量、交通事故、交通民警警

力等的实时分布信息;利用环境监测器,可以随时明确灾害天气的来临;利用视频监视系统,着重地对事故风险高发地点监控突发事件的爆发,这样能用最少的时间内拿出应急控制方案以事故定位为例。我们知道,事故的准确定位是应急救援系列工作开展的前提。有别于传统的定位系统,ITS 的事故自动定位系统(AAL)自动事故定位的依据是电子地图、GPS 和报警电话,可更准确地开展救助。并且,AAL 能够提供更进一步的信息。急救人员能通过事故严重情况判断人员伤亡形势,并预估急救过程中可能出现的问题。这些信息整合存储到数据库中,形成动态交通参数、行程时间和速度参数、警车及救援车辆分布参数、数据表单备份等。

②提升信息显示能力:ITS 能面向信息使用各方,实时地显示高速公路上各类交通信息,如路段交通状况、气象信息、紧急事件信息、时空分布信息(如信息指示与显示牌、沿线紧急电话、限速标志、气象与车辆检测器、CCTV 等的位置及实时工作状态)、措施执行状况;直观显示全线各路段(收费站)采取的措施状况、紧急或异常事件发生的时空位置、相关信息及时发布、相关事件响应、采取的相关联动举措、援救进度与结果等。

③提升信息发布能力:将信息发布并提供给交通管理者或应急救援决策者。首先是实时发布。ITS 的电子标志系统可以实时发布交通信息及适时变化的速度控制方案。例如,一旦环境监测器检测到浓雾、结冰等信息,经过确认后,对出行者公开危险信息,发出警告,当形势进一步恶劣时要求道路管理部门采用有效的举措优化道路通车条件;在事故高发路段或危险路段,给驾驶员发布预警信息,示意驾驶员拿出应变办法,改变车辆方向,防止发生事故。其次是更广泛的发布,可以通过高速公路广播,让更多的人们事先改变出现计划,调节交通流量,避免交通拥堵与交通事故的发生。第三,信息发布的形式上更为直观,采用文字显示和图像显示的方式,用不同颜色代表不同级别的交通事件进行分级显示;采用动态文字、辅以颜色变化来发布。

(2)高速公路应急救援指挥调度能力

整个应急管理体系中,应急指挥调度中心是最高层的决策机构,突发事件发生后,它要迅速组织与指挥各部门联动响应。高速公路应急救援指挥的对象,涉及区域高速公路交警部门、路政执法队伍、公路养护部门、车辆扬救、医疗救助、消防等部门。

ITS 系统能全面提升高速公路应急救援指挥控制手段的数字化和智能化水平,能根据道路系统中各类实时交通信息动态调整控制手段,有效引导和控制事件发生地及周边的车辆,对更大范围内通行高速公路的车辆采取手机短信、高速公路广播、可视化路牌、GPS 导航提示灯等多种方式发布预警信息,一方面减轻事件发生地交通压力,另一方面也能有效地避免二次事故或事件的发生。

生成动态预案,提升预案的有效性。一旦高速公路上突发事故,高速公路应急救援指挥中心在获得事故报警信息后,通过与 ITS 中数字化的相关模块交互,能够确定事故等级及其影响范围,并获取相对应的应急处置预案。数字化预案模块与 ITS 中的 GIS 引擎通过交互,将实现基于 GIS 图层的动态预案展现。这样,随着事件的发生、发展和演化,预案能不断调整,有助于决策的有效性和指挥的正确性。

基于动态预案的指挥调度能实时、统一。由于 ITS 数据库能动态更新、全面共享、实时维护,高速公路应急救援指挥中心及其他机构都能共享同一平台信息,就会减少甚至避免传统通过电台、电话信息传递的口误发生概率,改善了指挥调度信息的权威性、真实性和准确性。

(3)高速公路应急救援响应能力

高速公路一旦突然发生交通事件,应遵从决策与指挥机构的命令,迅速响应。响应能力的高低,对在黄金时间内及时抢救受伤人员,避免事件态势恶化尤为关键。ITS 对高速公路应急救援响应能力提升效应体现在:

①统一救援平台,提高服务能力。应急救援系统,依托 ITS 中先进的交通信息系统和管理系统,整合高速公路交通监控中心和参与联合行动的相关救援部门,构建了快速响应的现场处置与医疗救援系统。高速公路应急救援人员利用 GPS 的联网功能,一旦接到报警可迅速与 110、120、122 联动,协同救助,为事故受伤人员和事故车辆提供及时的抢救和抢修服务。

②简化救援流程,提高响应效率。科学选择救援线路,保证救援人员和装备以最快捷的方式到达事故地点;先进的现场管理,路政人员、救护人员、公安交警、消防人员、保险公司代表等,各司其职,防止协调和分工混乱,保证救援工作顺利的开展。

③实时救援信息,提高救援效益。在应急预案实施的过程中,应急救援领导小组需要在第一时间内了解到事件现场的基本信息,并关注整个事件的演变过程。基于 ITS 的高速公路应急救援系统,能生成数字化预案,能实现统一指挥、协同调度(跨部门协调、调度),应急救援系统显得更加透明。高速公路监控人员通过 GIS 可以实时知道事件现场的交通状态,给出车辆引导信息,利用 GPS 的调度功能,还能很好地帮助监控中心对每台救援专用车每次出车情况进行监控,并通过车载设备上的液晶显示屏或话音向车辆发送调度信息。中心指挥人员能看到整个预案实施的一个综合性结果,实时了解事件的动态,做好统一指挥和调度安排。

(4)高速公路应急救援决策能力的提升

高速公路突发事件应急决策对决策人要求高,决策内容涉及现场调查、预警分析、预案选择、资源与技术调度方案、交通控制方法选择、救援线路选择、预案效果评估等。而方案选择恰当与否直接决定了救援过程的难易程度,因而在方案决策时要能依据实际情况,选取预案中的最优方案,这对决策人的素质、经验和能力提出了很高的要求。ITS 对提升应急救援决策能力效力明显:

①通过实时信息,提升决策质量。高速公路应急救援决策系统,在高速公路应急救援保障系统中,就像人的大脑一样,起着十分关键的作用,因而对于决策质量,有着很高的要求。ITS 依托 GIS 和 AI 技术,能将决策依据的事件信息、环境信息实时、直接地汇集到信息监控中心,决策的准确性和客观性大大提高,从而全面提升了高速公路应急救援决策质量。

②通过决策辅助,提升决策效率。ITS 系统具有决策辅助功能,其 GIS 技术利用各种地理线性数据模型,能快速处理海量的数据,方便数据的显示、分析、管理、维护,实现对高速公路应急救援决策的辅助分析;其 GIS 动态的综合制图功能,能根据救援需要分层输出相关专题地图,以辅助应急救援专家和决策者做出应急救援路线选择、资源调拨、人员调配、预案选择等方面的决策。

③生成数字化预案,提高决策准度。由于高速公路内外部环境随时发生变化,应急预案

在事故发生时不能与实际情境完全吻合,应急决策需要根据交通路网的实际运行情况、受灾损失情况和外部环境与资源情况,动态生成多个应急方案在高速公路应急救援平台上展现,供指挥员选择和修改。GIS 技术的数字化预案模块和 GIS 引擎集成后,能更高效地估算各类事件破坏影响的区域和范围;对 GIS 平面布置图上按照危险级别对受灾区域进行标示(一般程度的称之为警戒区,稍重程度的称之为隔离区,危险程度最高的称之为危险区),通过圈选方便地对这些区域进行区域设备分析;自动生成应急网络联系图,将参与应急救援的相关单位的责任人姓名及其联络电话标注在图上;通过 GIS 直接调度赶赴事件现场的救援抢险车辆;提供事件现场附近的 CCTV 系统摄像头的分布图,方便救援者在第一时间获得有关事件现场的信息。再加上 ITS 本身其强大的数据库功能,借助数据挖掘技术、案例推理技术,能不断修改、完善数字化预案子系统,为下一次动态预案生成进行充分的信息和技术准备。

8.2 运输安全管理

危险化学物品在生产、使用、存储等过程中要涉及运输问题。危险品运输是特种运输的一种,是指专门组织或技术人员对非常规物品使用特殊车辆进行运输。一般只有经过国家相关职能部门的严格审核,并且拥有能保证安全运输危险货物的相应设施、设备,才能有资格进行危险品运输。据统计,我国每年通过公路运输的危险品有 2 亿多吨,达 3 000 多个品种,其中,易燃易爆品 1 亿吨以上,液氯 400 万吨以上,液氨 300 万吨以上。国内外统计表明,危险化学物品运输事故占危险品事故总数的 30%~40%。此类产品运输事故极易引发燃烧爆炸、散发有毒气体,具有社会影响大、伤亡人数多、环境危害大、救援难度大的特点,对社会公共安全构成了严重威胁。下文将立足高速公路危险品运输安全管理,结合国庆节等节假日期间危险品安全管理实际进行分析。

8.2.1 危险品运输安全管理现状

(1)高速公路自身特点

高速公路是全封闭、控制出/入口、专供机动车高速行驶的公路。危险品运输车辆进入高速公路行驶后,一般保持较高的行驶速度。

①发生事故救援难、危害大。由于公路交通事故具有突发性、不确定性、随机性和社会性等特征,危险品承运车辆在高速公路行驶过程中也不可避免地发生这样或那样的交通事故。因此,危险品运输车辆一旦在高速公路上发生交通事故,易出现多车相撞、危险品泄露、救援队伍及装备难以及时到达现场的现象,导致伤亡人数多、环境危害大、社会影响大等问题。

②道路行驶监管难。限于高速公路自身的特点,交警、交通部门不可能也不会在高速公路上设卡拦截查车,只能在服务区或进/出口进行检查,对于非本辖区的运输车辆,也只能任其在高速公路上一驰而过。纵然是因违法运输而受到查处,而往往接受处罚的也只是驾驶员,对异地的运输企业、托运单位无法直接进行监管。

③发生堵车危险大。在高速公路上,不管是因遇到恶劣天气还是因车流量大而发生的

临时性堵塞,危险品运输车辆都比一般车辆危险性大。一般在国庆节期间,国家会明确限制危险品运输车辆上高速行驶的时间,目的就是避免危险品运输车辆和大量的其他车辆在高速上堵塞在一起而发生意外事故。

(2)危险品自身特点

危险化学品的性质决定着事故的严重程度及破坏程度。运输易燃易爆的危险化学品的车辆发生交通事故后,可能会发生燃烧和爆炸,从而加大事故的严重性;具有毒性或腐蚀性的危险化学品泄漏后,可能会直接导致环境污染,从而增加救援的难度。

①品类多,性质各不相同。按照危险货物的危险性,《危险货物分类与品名编号》将危险品分为9类共22项。现有的近3 000种危险货物和每年不断新增加的危险品,各有各的物理特性和化学特性。

②危险性大。危险货物在道路运输和仓储中危险性很大,容易造成人员伤亡和财产损失。一旦发生交通事故,危险品承载容器受力容易发生形变导致危险品外泄,危险品的易燃易爆性和剧毒性,决定了救援的复杂性和危害的广泛性,发生的事故不仅对交通事故本身有巨大损害,还会给公众安全与环境安全带来严重威胁。

③专业性强。危险品运输除了满足一般货物的运输条件外,还要根据货物的物理性质和化学性质,满足特殊的运输条件。在这方面,国家有专门的规定和限制,如驾驶员、押运员和装卸人员等必须掌握危险货物运输的有关专业知识和技能,并做到持证上岗。

(3)管理体制自身特点

危险品公路运输存在多头管理,既有公安、交通等主管部门,又有质检、环卫等监管部门。职能交叉的弊端是:一方面,职责不清,部门争利时有发生;另一方面,管理重叠,标准不统一,易使企业无所适从。据统计,在危险品运输事故中,40%的事故承运方无道路危险货物准运证,43%的事故驾驶员和押运员无危险货物运输资格证。

危险品公路运输管理体系,如图8.2所示。

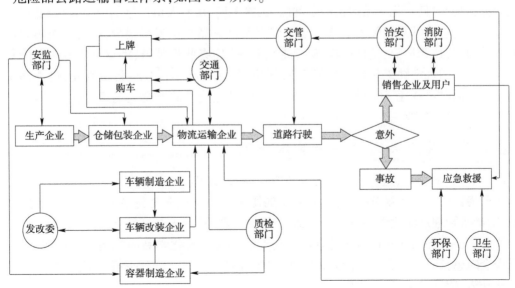

图8.2 危险品公路运输管理体系图

8.2.2 危险品运输安全问题分析

(1)多头管理,责任不明,管理难以统一进行

《危险化学品安全管理条例》虽对危险品的生产、经营、储存、运输、使用和废弃处置等环节做出了严格的规定,但由于管理主体涉及交通、民航、铁路、公安、质监、安监等十余个部门,各部门之间在管理职能上存在严重交叉,形成了多个部门都有权管,但都管不好的现象。就肇事车辆来说,按现有管理体制,就涉及4个部门:槽罐归质检部门管、车体属运管部门管、车辆上路通行涉及公安部门、车辆所在企业管理又涉及安监部门。就道路运输监管而言,又涉及公安部门和交通运输管理部门。在公安机关内部,涉及运输安全的管理部门有消防和交警两个部门,部门之间容易产生职责不清和推诿扯皮现象。

(2)缺少配合,部门单干,行动难以协调一致

高速公路危险品运输安全问题仅仅依靠公安交警部门和交通运输管理部门进行路查,难以避免发生非法运输、违规运输危险化学品等现象。随着高速公路建设的加快,纵横交错的高速公路网已经形成,交警、交通部门没有足够的力量,也不可能全天候地在每一条道路的每一个重要节点上都设置检查站点来查堵非法运输、违规运输的漏洞,也就不可能查到每一辆非法运输、违规运输的车辆。就连在国庆节期间要求高速公路10月1日和7日全天、10月2日至6日夜间2点以后禁行危险品运输车辆的情况下,依然有危险品运输车辆不按规定时间上高速公路行驶。

(3)安全意识、责任心不强,企业单位缺乏监管机制

在整个危险化学品道路运输过程中,人起着最重要的作用。《危险化学品安全管理条例》第四十六条虽然规定了"通过道路运输危险化学品的,托运人应当委托依法取得危险货物道路运输许可的企业承运",但是一些危险化学品的生产、经营、储存、使用和废弃处置单位却错误地认为,只要保证危险化学品在本单位内安全就行了,出了本单位的大门,安全就与其无关,缺少对危险化学品运输经营部门、运输车辆、从业人员严格的监督管理,造成部分从业人员对危险化学品相关的法律法规知识以及危化品常识了解很少,有的甚至根本没有这方面的知识,违章运输、超载运输,甚至非法运输;还有些驾驶员、押运员对有关危险化学品的安全运输的规定缺乏了解,疲劳驾驶,开快车,强行会车,超车,野蛮驾驶,过铁路交叉口、桥梁、涵洞时不减速,还有的酒后驾车,这些都给危险品的安全运输带来很大的隐患,极易引起撞车、翻车事故。

8.2.3 危险品运输安全管理对策

(1)改革监管体制,进一步完善源头监管主体及其职责

①严格执行法律法规及标准,把好安全的源头关。建立健全完整的危险化学品道路运输系统,严格管理危险化学品运输经营部门、运输车辆、从业人员,做到令行禁止。

②赋予公安部门和交通运输管理部门对非法托运危险化学品的托运人的行政处罚权,发现安全隐患及时从源头上进行处罚处理,打牢危险化学品运输源头第一道防线,教育托运人依法托运,依法经营。

③统一归化管理危险物品的运输,"一盘棋"地推进危险化学品各个环节的管理。同时,

加大危险化学品监管相关部门之间的协作与沟通,增加执法力度和检查频次,实行多部门联合执法,协同执法,依法对非法运输危险化学品行为实施从严、从重处罚。

(2)搭建信息平台,进一步建立健全跨行政区、跨部门通报协查机制

通过信息平台,相关管理部门可以及时了解和掌握危险品运输企业、车辆、从业人员的实际状况、违章及事故发生情况、相关责任人追究情况。对于危险化学品运输过程中检查出来的问题,有管辖权的异地相关部门可以根据信息追究源头有关托运人、运输单位的责任,而不只是处罚驾驶人员,进而可以杜绝事故发生者在异地继续从事危险品运输的行为,从而有效地控制和减少非法运输。

(3)组织应急救援演练,进一步提高事故救援能力和水平

化学品运输事故的发生具有一定的随机性,快速、有序、高效的事故应急救援行动是减少事故损失、防止重、特大事故发生的重要手段。应急救援是危险化学品道路运输事故应急处理中的一个重要环节。在事故抢险救援工作中,消防部门是主力军,公安、交警、路政、医疗等部门是主要的配合力量,适时组织救援演练,建立一支高素质的应急救援队伍是提高高速公路应急救援能力的保证。

(4)加大宣传力度,进一步提高从业人员的安全运输水平

从发生危险化学品运输重大事故的惨痛教训来看,不少人对危险品安全运输管理一无所知或知之甚少。因此,进一步加大危险化学品安全管理法规条例的宣传力度,强化对相关知识的学习,对有效减少和降低人民生命财产损失和环境破坏程度有至关重要的作用。进一步规定托运人对承运人宣传教育的义务、责任和形式,落实学习教育措施,强化对非法从事危险化学品运输造成重大事故受到追究一类案例的宣传,使非法从事危险化学品运输的人和非法托运单位认识到违法需要付出代价,从而采取行之有效的措施,全面落实管理责任,自觉提高从业人员的安全运输认识水平。

综上所述,危险化学品运输是一项政策性、技术性和专业性很强的工作。要想做好高速公路危险化学品运输安全管理工作,完善法规标准、健全管理机制、加强源头管理是基础;各相关管理部门严格执法,大力宣传培训,严格资质审验,强化市场监督管理是关键;各托运单位、承运单位、运输业主严格守法,确保安全运输条件,做好车辆设备检验,完善规章制度,加强从业人员的培训教育是根本保障;救援队伍的培训、救援组织的健全、救援设备的配置、事故应急预案的编制等应急救援准备工作是预防重大危险化学品事故不可缺少的重要环节。

随着社会经济的迅速发展,我国高速公路建设基本实现了持续、快速和有序发展,这有力地促进了我国的经济发展和社会进步。我国高速公路发展迅速,但大量的超载违规车辆在高速公路上行驶导致高速公路的使用寿命急剧下降,路面损坏非常严重,同时诱发了大量的交通拥挤,高速公路交通事故数量更是不断大幅上升,死亡人数持续增加。要彻底、有效地解决这些问题,必须在交通管理工作中采用系统的、综合的思路和方法。

8.3 交通安全管理

高速公路是全封闭、多车道、具有中央分隔带、全立体交叉、集中管理、控制出入、安全服务设施配套齐全的高标准汽车专用公路。高速公路具有行驶速度高,通行能力大等特点。

近年来,由于采取了一系列的措施,高速公路交通事故已大幅减少,但是高速公路交通事故发生次数和伤亡人数仍然较多。这主要源于我国高速公路使用年限较短,高速公路的使用程度、水平不同,高速公路管理水平落后等。

高速公路安全管理涉及面广,涉及内容多,主要包括安全教育、法规建设、车辆建设、驾驶员管理、核查及审核机动车驾驶证、道路及安全设施的验收与管理、道路治安管理及交通污染管理,等等。

8.3.1 安全管理体系的构成

高速公路交通安全问题是一个由人、车、路、管理组成的系统性问题,人为因素、车辆因素、道路因素、管理体系这4个因素相互协调、相互作用,任何因素出现问题都将影响交通安全。其中,"人为因素"至关重要,高速公路上的事故由人为因素引起的占95%。汽车在行驶过程中的制动性能、转向操纵性能等对交通安全也有很大影响。高速公路本身的构造、安全设施是否完备也是影响交通安全的因素。交通安全管理对保障高速公路交通安全具有重要作用。

(1) 人为因素

由于高速公路全封闭、全立交,路况良好,所以驾驶员在行驶过程中无须采用很多应对潜在危险的措施,这样容易导致驾驶员警惕性下降,一旦遇到问题,反应不及时,就容易发生交通事故。导致交通事故发生的原因主要有驾驶员缺少高速公路驾驶经验、驾驶员缺乏高速公路交通常识、驾驶员长时间疲劳驾驶以及驾驶员的交通安全法规意识薄弱,如无证驾驶、酒后开车、超速行驶、违章超车及违章装载、车辆间距过近等。在雨雾天气及路面结冰或雨后积水时,更容易发生交通事故。此外,乘车人在高速公路上随意上下车以及擅自在高速公路上穿行也是引发交通事故的原因。

(2) 车辆因素

车辆是构成现代交通的主要元素。影响汽车安全行驶的主要因素是车辆转向、制动、行驶和电气4个部分。我国机动车种类多,动力差别大,安全性能差,管理难度大。机动车在长期使用中处于各种各样的环境,承受着各种应力(外部应力、内部功能应力和运动应力),以及汽车、总成、部件等由于结构和使用条件不同而导致机动车性能不佳,机件失灵或零部件损坏,最终成为造成交通事故的主要因素。加之我国高速公路建设步伐较快,而车辆性能更新速度还未能跟上高速公路的建设步伐,车辆高速行驶可靠性差、安全性差,导致我国高速公路交通事故呈现快速增长趋势。由于车辆的可靠性、安全性差,事故发生后车辆对驾驶员或车上乘员的保护力量不够,很容易出现人员伤亡,这就为我国高速公路紧急救援工作增加了困难,往往是还没等救援人员赶到,伤者已经死亡,降低了紧急救援的成功率。

(3) 道路因素

道路因素主要指高速公路的线形设计和道路结构。其中,线形设计与交通事故关系较大,如道路的曲率半径过小、直线距离过长、视距过小、纵坡过大、平纵线形不协调等。此外,路面的强度、稳定性、平整度和抗滑性也是影响车辆在高速公路上安全行驶的因素。由于高速公路上车速快,路面上的一个小石粒或路面结构上小的破损都可能导致大的交通事故,因此,高速公路的保养非常重要。

(4)管理体系

高速公路管理体系的管理不足,主要表现在以下几个方面:

①警力严重不足,整体执法水平不高。

②交通设施欠缺。

③交通科学技术管理落后,科技含量不高。

④群防群治、综合治理、社会化交通管理的各种措施没有落实。

⑤各有关部门在管理立法规划等方面缺少严密性和长期合作。

⑥管理决策者的思想观念不适应。

高速公路管理在我国还没有统一的模式,由于"一路两制"即公安部门和交通部门职责不清,使得管理不断出现问题。此外,管理的硬件设施落后,科学化管理水平低,也是影响高速公路安全的因素。高速公路安全管理部门应对高速公路提供有效的管理,为人民提供安全、舒适、通畅、迅捷的行车环境,从而减少交通事故,保证通行安全。

8.3.2 针对安全管理体系提出的几点建议

(1)坚持用科学发展观指导高速公路的安全管理工作

科学发展观是我国经济社会发展的重要指导方针,是发展中国特色社会主义必须长期坚持和贯彻的重大战略思想。作为从事高速公路交通安全管理工作的参与者与决策者,学习实践科学发展观,就是要深刻理解和准确把握科学发展观的精神实质与科学内涵,用科学发展观武装头脑,做科学发展观的忠实践行者,推动高速公路交通安全管理工作实现跨越式发展,打造平安畅通、和谐有序的道路交通安全环境。

(2)对驾驶员加强教育和管理,提高驾驶员的素质

针对高速公路的行驶特点,应对驾驶员进行安全教育,让驾驶员掌握高速公路行驶中的注意事项。对违章的驾驶员进行教育处理,使之从中吸取教训。驾驶员在驾车行驶前应注意制订合理的行车计划,不要疲劳驾驶,不要超速行驶,对车辆要进行必要的检查,要按要求系好安全带。此外,要加强对全社会的安全法规教育,使人们了解高速公路与一般公路的区别,加强高速公路安全附属设施的管理及维护,从而减少乘车人在高速公路上随意上下车及穿越高速公路现象的发生。

(3)严格执行公路工程标准、规范

新建高速公路在规划、设计、建设各个阶段都应充分考虑交通安全这一因素,对之加以足够重视,严格执行公路工程标准、规范;已建成的高速公路,应加强对道路交通安全设施的掩护和完善,对其中影响行车安全的路段,应采取工程措施来改善道路条件,为道路使用者提供良好的行车条件。

高速公路的快速发展为其安全管理赋予了更新的内容,提出了更高的要求。为完成道路安全通畅运输,促进国民经济发展的任务,不仅需要高速公路安全管理部门及工作人员的努力,更需要广大人民群众的参与和积极配合。我们需坚持以科学发展观为指导,深入、系统地研究安全管理的新理念、新思路、新措施,着眼于安全管理长效管理机制,以高度的责任感,预防控制和高速公路交通事故的发生,确保道路畅通,为推动现代化交通事业的发展、构建和谐社会贡献一份力量!

8.4 养护作业人员安全保护

8.4.1 高速公路养护安全的重要性

由于高速公路养护作业面很小,再加上恶劣的天气,汽车噪声和尾气,驾驶员疲劳驾驶、酒后开车、违章超车、车辆超限超载运输及爆胎现象等,这些不利因素都大大地增加了高速公路养护工作的危险性,养护作业人员遭受意外风险的可能性也大大增加。然而,高速公路养护工作的高危险性,也正反映了该项工作的重要性与迫切性。为保证高速公路养护工作顺利进行,高速公路养护安全管理势在必行。

8.4.2 影响高速公路养护安全的因素

(1)人的因素

由于高速公路路况良好,驾驶员在驾驶过程中往往警惕性下降,一旦出现问题,反应不及时,易造成交通事故。另外,快速行车时,驾驶者的动视力下降,视野变窄,这也不利于养护作业人员的安全。

驾驶员长时间疲劳驾驶、违章超车、酒后开车、超载行驶,特别是违章超车,对养护作业人员的安全造成极大的威胁。

(2)车的因素

在理想状况下,一般4车道的高速公路,其一个断面的基本通行能力为一车道1 500 ~ 2 000 辆/h,也就是说,养护作业人员在高速公路上的任何一个作业点都会受到近2 000 辆高速行驶的车辆带来的威胁。

汽车的噪声和震动也危及人的心理和生理健康。目前,上海高速公路护栏处测得的行车噪声为80db以上,长期在此进行养护作业的施工人员的身心健康受到了极大的威胁。

汽车轮胎爆胎、雨天"高速水膜滑行"现象也是高速公路经常发生交通事故的重要原因,也会对高速公路养护作业人员的人身安全构成威胁。

(3)路的因素

目前,我单位养护的S1公路、S20公路为双向八车道高速公路模式,且无硬路肩,这就使得养护作业车辆在作业时不得不占用一部分行车道,而占用行车道必然会对养护作业人员的安全构成威胁。

另外,S1公路、S20公路采用的是中央隔离绿化防眩带模式,隔离带绿化管护的危险性也应值得关注。中央隔离带环境恶劣、气温高、空气污染严重、空气流动迅速,因此养护难度很大。在对苗木浇水时,养护车辆需长时间占用超车道,除草、修剪、施肥、清捡白色垃圾等则需横穿高速公路,这些都是加大养护作业危险性的因素。

(4)其他因素

雨、雪、雾、冰等恶劣天气出现时,正是路面、桥面出现病害需紧急抢修或撒盐、除雪保持道路畅通之际,在这种情况下,往往还会出现作业严重超时、疲劳作业,形成安全隐患。另外,冬季过冷会影响人动作的灵活性,夏季高温会影响人的体力及精神状态,在类似环境下在高速公路路面上工作,养护人员的安全会受到一定影响。

8.4.3 高速公路养护安全管理措施

通过以上对影响养护工作安全性因素的分析和养护实践,在今后养护工作中应规范安全措施,以保证高速公路养护作业人员与设备的安全。如何在不中断交通的情况下进行安全养护作业,保障驾乘人员及第三者的生命安全,减少财产损失,真正落实防患于未然的措施,是高速公路养护工作者必须考虑的问题。

为了更好地保障在不中断交通的情况下方便养护作业人员施工,保证交通安全,减少因道路养护施工作业给正常交通造成的不利影响,需重视和加强以下几个方面的工作。

(1)科学规范日常养护施工作业,减少或杜绝安全事故的发生

①加强养护维修安全教育,规范养护作业。定期对养护作业人员进行安全培训,提高养护人员对安全生产重要性的认识,树立安全第一的思想。规范养护作业,一方面要让上路的养护作业人员必须穿带标志的安全服;另一方面要加强施工车辆管理,保证上路车辆车况良好,灯光齐全,避免事故发生。

②加强养护监督巡查。要求养护作业人员在养护作业时,尽量减少作业点或断面。施工时,作业点附近所有路面病害应同时施工,保证施工质量、加强工序衔接,避免产生重复破坏,重复施工。同时在施工作业中必须使用行之有效的安全防护措施和设备来隔离车流与工作区,以保护养护作业人员的人身安全。建立长效的检查机制,通过检查及时纠正养护作业中存在的不规范行为,及时补充、完善安全操作规程。

③建立长期的安全教育机制,定期对各工种作业人员进行安全教育,使作业人员充分认识到安全作业的重要性,提高其安全意识。

(2)合理摆放施工标志等安全设施,降低交通事故发生率

①高速公路专项或大中修工程必须严格按照规定来布置养护维修作业控制区,设置警告区、上游过渡区、缓冲区、作业区、终止区等。

②在进行高速公路养护、维修作业时,除严格按照规定布置养护维修作业控制区外,需临时占用车道时,应确保由指挥交通的人员提前对高速公路上的车辆按有关规则和要求合理进行引导、限制和组织;对移动养护维修作业,如绿化浇水、路面清扫等,应按规定对养护设备(黄色)配备移动性施工标志。

③夜间施工时必须要有齐全、明显的公路灯光(警示)标志。采用频闪灯光、新型 LED 光源、新型高反光率膜反光等逐步取代老式信号标志和老式安全标志。标志的设计和设置应清晰醒目、科学合理,便于驾驶员识别和遵守。

(3)积极采用新技术,提高修养护施工质量和工程安全性

近年来,很多单位先后引进了多功能综合养护车、冲洗两用车、护栏清洗车等,采用先进的养护设备,提高了养护效率,保证了养护工程的质量,减少了养护人员的路上作业时间,改变了以人工为主的养护现状。

(4)制定合理的管理措施是保证高速公路维修作业安全的必要条件

明确领导及各岗位职工的安全生产工作职责,完善安全生产检查制度。实行检查登记制度,对存在问题的事项,确保有书面记录和书面整改意见。在施工旺季和公路运输繁忙期

之前，应对工程、养护、机械设备等的安全情况进行专业性检查。安全管理人员要经常深入一线检查、督促安全生产工作。

为保证高速公路维修时的交通安全，要始终坚持执行"三不准"制度：没有批准安全预案不准开工，没有施工作业许可证不准上路，没有经过安全培训和没有上岗证的人员不准参加现场作业。同时要做到"三个落实"到位：按规范规定的道路施工标志、标灯全部落实到位，施工人员警示着装落实到位。在执行"三不准"制度和"三个落实"的基础上，还应抓住"三个要素"：加强交通安全和施工安全管理，严禁非作业人员上路操作，确保施工设备和车辆有严格的交通安全保护标志。除此之外，施工人员还要提高自我保护意识。

公路养护作业人员的安全缺乏保障，主要有以下几个方面的原因：

①养护作业人员普遍年龄偏大，受教育程度较低，缺乏与从事这一高危职业相应的安全保护意识。少数养护作业人员不能很好地自觉按照规定着装，或是存在违规操作的现象，都大大增加了养护作业人员的人身安全风险。

②养护公司和上级公路主管部门对于安全制度落实监管不力。交通部早在2004年就发布规定，在公路施工作业区域的上下游都必须设置警告区、过渡区、缓冲区，必须摆放显眼的警示标志。而在实际操作中，不少养护公司在进行局部小规模作业时抱有侥幸心理，没有按照规定设置警示标志，这无疑是将养护作业人员置于高度危险的境地。

③养护机械设备陈旧，缺少必要的保养和维护。不少养护公司因为经费问题，所使用的养护车辆、机械都十分陈旧，而且缺乏定期的保养、检测、维修，致使养护车辆、机械存在安全隐患，在使用过程中极易造成安全事故。

④部分机动车驾驶员安全驾驶意识薄弱，不能做到谨慎驾驶，甚至肆意违章驾驶，这是引发重大交通事故的重要原因。还有的驾驶员在行驶过程中随意向窗外抛撒垃圾，这不但加大了公路养护作业人员的工作量，也是造成事故的潜在因素。

针对上述隐患，我们应当做到以下4点，以保障公路养护作业人员的生命安全：

①加强对公路养护作业人员的安全教育，定期开展交通法规、规范操作等方面的培训教育，提高养护作业人员的自我保护意识。

②公路部门要加强对养护公司和养护作业人员的安全监管，除了进行定期检查外，在日常巡查过程中发现违规操作、未按规定设置警示标志、着装不规范等问题时，要及时指出并责令其立刻整改。

③要加大对养护设备的经费投入，同时建立健全养护设备定期保养和维护制度，及时对老旧设备进行更换升级，常用车辆、机械要有专人负责管理和保养，保证车辆、机械设备的安全性。

④交通部门要进一步严厉查处违法交通行为，对肆意违章、藐视国家法令、视他人生命如草芥的驾驶人员，要一抓到底，加大惩处力度，才能最大限度地保护公路养护作业人员的生命安全。

9 高速公路交通基础设施管理

9.1 设施监测

智能的基础设施监测平台,可以为用户提供便捷的数据接入、丰富的数据展现及专业的数据分析,使用户可以快速了解监测对象实时的性能状况,并为重要的用户提供辅助决策依据,和用户共同打造共赢的智能监测管理生态圈。

开放式的智能设施监测平台,可以实现多元数据、设备接入、海量数据的统计分析、多维数据的相关性分析和智能预测评估体系等,为行业管理者提供科学、智能的辅助决策依据。

智能交通基础设施监测提供了适用于高速公路、隧道等的监测的无线智能传感设备,并实现了基于 IPV6 技术的低功耗、自组织的无线传感网络及传感设备的智能控制,解决了传统有线传输系统安装难度大、线路易损坏、后期难维护等问题,大大降低了项目成本。智能交通基础设施监测的结构布置,如图 9.1 所示。

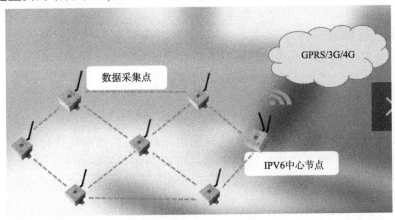

图 9.1 智能交通基础设施监测的结构布置

智能交通基础设施监测功能,主要包括以下几个方面。

(1)规范的档案管理机制

①可提供符合国家规范的智能高速卡片、表单和多媒体资料管理。

②可提供多种资料模板,允许用户根据本地管理特点进行批量化资料录入。

(2)详细的权责管理机制

①按层级、角色划分相应权限,可分别查看权限内的工作项目和数据报表。

②可实现用户的权限管理。

③可有效进行责任管理。

(3)直观的管养工作规划

①通过简单操作,进行规范化、精细化的管养工作管理,可提升管养人员的工作效率。
②能自动进行及时的、多渠道的工作任务提醒。
(4)实时的监测预警
①根据现场采集的数据,可实时监测当前高速公路的状态。
②警告信息可实时推送给相关管养人员。
(5)丰富的数据展现
①三维建模。
②全景还原。
③特殊结构体细节分析。
(6)强大的数据分析功能
①能针对海量数据实时进行统计分析。
②可进行特殊事件对高速公路影响的多维度数据分析。
③通过大数据分析,可研究交通和经济关联的效益价值。
④可优化传感器布设方案。
(7)便捷的移动终端 APP
①使用常用的系统有 Android 系统、IOS 系统。
②终端 APP 包含常用功能,操作便捷。
(8)实用的统计报表
①根据高速公路的特点、维修记录等,可形成相关统计报表;按月、季、年进行统计,可按自定义时间生成报表。
②生成的统计报表包含高速公路管养单位常用的各类统计报表。

9.2 资产管理

高速公路是城市现代化建设最基本的交通道路建设,对城市现代化和国家经济的发展具有非常重要的意义。由于高速公路建设是一项长期并且投资较大的建设工程,能否对其中存在的资产进行有效管理是高速公路现代化发展的主要问题。随着社会经济和科学技术的发展,实现资产信息化能够实现资产的有效管理,同时能够提升高速公路发展的经济效益。

9.2.1 高速公路资产管理现状

高速公路企业经营资产是企业在创办和经营过程中借助市场形势或通过国家划拨的企业所占有的资源。企业借助占有的资源进行高速公路的经营活动,以其资产对自身债务承担责任。经济的管理、计划及资源的分配、决策是高速公路资产管理的核心,是高速公路维护、优化公路运输系统监测的重要基础。从广义上讲,高速公路的具体资产包括交通基础设施、资产寿命期、资产需求及资源分配、信息技术应用等内容,通过经济学方法与工程学原理的充分结合,建立经济决策程序,以达到管理有效、降低成本的工作效果。高速公路资产管理就是借助对经济学原理与工程学的运用,利用管理方法对高速公路资产进行经营和管理,从而提高高速公路资产性能,实现社会经济效益最大化目标。

目前,高速公路资产管理现状主要包括以下3个方面。第一,分类标准不统一。财务部门运用主流管理软件,依据国家财政部制定的固定资产分类标准进行单位资产分类。依据功能特性进行资产的分类使得同一类资产重复出现,不利于管理的有效实施。所以,从性质和综合功能进行资产的分类,导致资产分类没有形成统一标准。第二,分类结果不一致。资产分类标准不统一造成资产分类结果不一致是必然趋势,此影响会对高速公路的价值管理造成影响,特别是在财务账与实物账的对账过程中,固定资产清算等会比较繁杂。第三,管理软件不对接。实物管理主要采用固定资产管理软件,价值管理则采用财务管理软件。财务管理软件不预留接口,两套软件无法集成或对接,从而影响资产管理信息化的实现。在这种情况下,管理人员需要将各自的资产数据从系统中导出或进行打印,之后对相关数据进行人工核对,使信息化工作效率不断降低。此外,固定资产分类结果不一致在一定程度上加大了工作人员核对的工作量,不利于管理的有效实施。

(1)高速公路事业单位固定资产管理目前存在的主要问题

①固定资产管理制度不健全、不完善。

固定资产管理制度是单位内部对固定资产管理的"立法",是事业单位资产管理工作的重要保障手段。一些事业单位仍有只重视购置,不重视日常管理,单位固定资产内部控制制度不健全,缺乏完整、规范的固定资产购置、验收、保管、使用、盘点制度,账、卡、物核算制度,调入、调出、处置制度,相关责任赔偿及追究制度。由于制度不够健全,导致在管理上无章可循。有些单位制定出来的固定资产管理制度是多年前的"老皇历",从来没有根据形势发展和变化进行修订和完善,严重脱离了实际管理工作的需要。

②会计基础工作比较薄弱,核算管理不到位。

有些单位对资产的核算管理工作重视程度不够,基础工作比较薄弱。比如,有的单位只设总账,没有明细账或资产卡片;账面只反映固定资产总值;没有记载明细资产的实物数量及其价值;财务会计资料无法真实反映和有效控制固定资产的增减变化,对实物资产的控制管理不到位。而有的单位虽然有明细账或卡片,但没有按要求填写,账账不符、账卡不符、账实不符现象依然存在。

会计核算不及时。在固定资产构建上,有些事业单位建设项目没有及时进行工程竣工决算,以至于部分固定资产已完工多年还没有入账,支出长期挂在"在建工程"或往来账户上,导致固定资产的账目与实际严重不符。一些单位资产重新评估后发生了增值、减值变化,会计未及时进行财务处理,导致账物脱节、资产存量不清。

高速公路事业单位在资产核算上,往往还存在以下一些局限:首先,占资产价值量大的公路主体设施(如路基、路面、护栏等资产)经常没有作为实物固定资产入账,使得单位的实物资产的核算范围不全;其次,固定资产基本不计提折旧,或者只对部分固定资产(如经营性的固定资产)计提折旧;最后,不根据市场价值的变化情况对实物资产的价值进行评估和调整;等等。因而财务账上无法准确地核算出整体资产的增值和折旧情况,反映的资产价值情况不够客观、真实。

③对资产权益的监管弱化。

固定资产存在转移的现象。比如,有些单位发生领导人员调动,将原单位的实物资产带走；有些单位在将不用或过时的固定资产转移给其他单位时，没有及时进行账务处理。

固定资产的盘点不及时，或报损过于轻率。有些单位对于固定资产的管理意识不强，长期不予盘点，以至于部分固定资产已长期不存在，主管人员却一无所知；或即使知道也不愿意加以处理，形成长期挂账。并且对于固定资产的处理过于轻率，轻率报损，造成资产的流失。

（2）加强高速公路资产管理的几点建议

通过对京珠管理处资产管理工作的研究发现：长期以来，京珠管理处坚持执行交通厅、财政厅下发的各项规章制度，逐步理顺固定资产管理工作，不断提高固定资产管理水平，基本达成了"固定资产管理标准化、信息化、规范化"的工作目标，在资产管理上进行了有效的探索与尝试，为高速公路事业单位提升资产管理工作带来了几点启发。

①抓基础，着力于构建固定资产标准化管理机制。

第一，要强化制度建设，在完善标准化的管理体系上下功夫。从健全、完善的管理制度出发，加强固定资产管理必须建立健全固定资产构建、保管、使用、维护和盘存等制度，对已经制定的规章制度也要进行及时的修改、补充，不能制定好后就万事大吉、一守不变，要随着经济形势的变化和发展，根据实际不断推陈出新、完善制度。京珠管理处结合变化的新形势，研究制定的《京珠管理处固定资产管理办法》《办公设备及生活设施配置标准》《固定资产账簿管理细则》《附属区基建维修及绿化工程管理办法》等一系列规章制度，及《基层单位固定资产实施细则》《基层单位低值易耗品管理实施细则》《基层单位附属区小额基建维修管理实施细则》等二级管理细则，使资产管理的各项工作有章可循，切实做到了职责明晰、制度完备、程序规范。

第二，要强化硬件配置，在完善标准化的配套设施上下功夫。建议实施标准化管理，按标准统一基层所、站、队的规划和配置，如党团活动室、接待室、综合治安室、政务公示栏、室内健身房、户外健身场所等，并配置标准、统一的办公、生产、生活设备和设施。

第三，要强化账簿管理，在完善标准化的管理资料上下功夫。进一步强化基础资料管理，京珠管理处结合固定资产管理系统，不断完善固定资产管理账簿，各基层单位实行"五本一卡"管理，即固定资产分类账簿、分户明细账簿、内部管理账簿、低值易耗品管理账簿、固定资产动态报表、固定资产卡片，并统一各类账簿的保存年限、装订方式，达到账、卡、物相符，实现账簿管理的系统化、规范化。

第四，要严格预算管理，切实提高政府采购的质量和效率。建议在年初对政府采购预算资金做出整体规划，科学制订设施设备更新计划。在实施政府采购过程中，严格按照各采购计划下达的采购方式实施采购，同时不断加强事业单位的政府采购力度，并扩大采购范围，将基建维修改造工程、机电工程等都纳入政府采购项目，并及时整理、验收和结算资料，办理财政支付手续，提高采购效率。

②抓考核，着力于构建固定资产管理考核机制。

要把"经费"观念转变为"资产"观念，树立资产效益意识，强化资产管理观念。要把"管钱"和"管物"放在同样重要的位置上，克服重资金使用、轻实物管理的倾向，摆正"管钱"与"管物"的关系。各部门要形成合力，强化监管，把资产的管理、使用列为各部门、各单位负责人的考核内容，落实领导责任，开展广泛的资产管理政策、法规的宣传和培训，提高各级管理人员的思想认识和业务水平,把资产管理作为一项重要内容,并列入本单位的工作目标。京珠管理处始终将资产管理工作纳入各单位绩效考核管理,实行季度考核制和年度清查的考核方式,依据日常考核和集中考核指标,强化基层单位固定资产基础工作,推进固定资产各项阶段性工作。

③抓创新,着力于提升固定资产管理效能。

交通行业固定资产往往具有分布广、分类复杂等特点,抓住这些特点,运用先进的科技手段是提高资产管理水平的有效手段之一。

京珠管理处通过研发3大系统,并使用行政事业单位资产管理系统,使之相辅相成,实现了资产的网络化管理。

首先,开发和完善固定资产管理系统,强化固定资产的动态管理。固定资产管理系统经过近几年的工作实践,不断完善功能,实现了资产流程管理,对各基层单位固定资产的申购、验收、调拨、转移、维修、出租、报废等程序的批复实现了网上办公,一步到位,提高了工作效率,能明确统计各单位资产使用和分布情况,明确管理责任人,还能迅速掌握各单位的资产购置、转移、调拨等资产变动情况,有效实施动态管理,平衡资源配置。

其次,应用推广条码管理系统,提高固定资产清查效率。京珠管理处率先将条码识别技术运用于湖北省高速公路资产管理领域,并在已经运行成熟的固定资产系统上进行二次开发,形成固定资产条码管理系统,减少了人员在资产清查工作中的操作步骤和人为误差,提高了准确率,从而改变了清查方式,提高了清查效率。目前,条码识别技术的运用实现了资产信息的动态数据采集,有效地解决了以往资产清查难度大、时间长、准确率低等问题,使资产管理工作在交通系统中走在了前列。

再次,研发附属区基础设施管理系统,强化房屋资产管理。研发附属区基础设施管理系统,建立全线附属区场院、房屋、收费天棚等基础设施数据库,对每年附属区维修改造及绿化专项工程项目资料(请示、发文、合同、结算资料等)进行存储,填补以往附属区基础资料的空白,各基层单位也可在系统中查询场院和房屋的各项基础数据、维修改造及绿化专项工程、小修工程、绿化养护等项目的进展、支付情况以及工程竣工资料等,进一步完善房屋资产管理资料,提高管理效率,为资产管理提供了数据支撑。

最后,运用行政事业单位资产管理系统,加强固定资产存量和预算管理。运用行政事业单位资产管理系统,进行固定资产账目录入和定期上报工作,狠抓固定资产存量管理,并配合上级单位做好国有资产的构建、配备、使用、处置和统计分析工作,为编制上报下一年度设备配置财政预算提供了存量依据,着力于搭建一体化的资产管理网上办公平台。

④抓实物管理,着力于发挥固定资产的使用效益。

第一,固定资产管理部门应加强对固定资产的监督。对固定资产的管理不能只停留在对数字的监督,要深入各单位、各部门,同时对于金额比较大的固定资产要定期检查其是否流失,加强对固定资产报损的管理;对确实已经损坏或无法维修的固定资产予以核销,但是对可以追回的资产要责令追查到底;对租赁资产要建立相应的台账,经常进行监督和检查,保证各种实物资产对外租赁收入足额、及时地收回。

第二,要加强固定资产的盘点。各单位固定资产的盘点一般采用定期盘点的形式,提倡单位领导人上任时必须进行固定资产的盘点,让主要领导人对单位的固定资产有一个大概的了解,同时在调离时,也必须进行固定资产的盘点,这样可以及时掌握单位领导在任职期限内的固定资产变动情况,为领导干部考核提供一个参考依据。同时,对盘盈或盘亏资产,需及时查明原因,该报废的进行报废处理,该入账的盘盈资产作入账处理,并及时办理产权变动登记手续。

第三,要严格日常管理,切实加强设施设备的维护和保养。按照科学发展观的要求,进一步转变观念,提高对房屋、车辆、大型设备的日常维修管理的认识,遵循"修旧利废"原则,使其发挥最大效益。要指导基层单位合理制订修缮费使用计划,认真审核预算,并督促施工质量和进度,有效遏制平时不维护、问题积压后再申请专项改造的现象。同时要加大基层单位对固定资产的维保意识,做好设备的维修记录,对多次维修的设备做到心中有数,在设备更换时做到有据可循。每年定期对单项资产数量最大、使用频率最高的空调、热水器、洗衣机、车辆、发电机进行全面维修保养,确保各单位所有设备始终处在良好的运行状态,有效延长国有资产的使用寿命。

第四,要正确处理好资产管理和资产使用的关系,充分盘活本单位的资产,特别是闲置的非经营性资产要想方设法转为经营性资产,取得经营收益,弥补和充实单位部门预算经费,最大限度地发挥所有资产的使用效益,确保国有资产保值、增值。

第五,要严格依照法律法规,切实规范固定资产的处置程序。按照财政厅国有资产处置的有关要求和报废程序,进一步理顺关系,摸清待处置设备的情况,可以分类、分批、分不同途径和方式,通过拟报废资产申报—核实—审批—评估—拍卖的程序处置报废设备,收益全额上缴财政专户,核销资产账目,或将闲置或拟报废可用资产捐赠给兄弟单位,最大限度地提高资产的效益。

高速公路事业单位资产管理是一项重要和艰巨的工作,需要我们不断地根据形势的发展,针对管理工作中出现的各种问题,多研究分析,多采取创新措施,不断地提高资产管理工作的质量和水平。

9.2.2 高速公路资产管理的信息化

(1)建立和完善相应的资产信息化数据库,增强社会服务的有效性

资产信息化数据库是高速公路实现资产有效管理的基础,要依据国家资产管理的相关规定以及高速公路企业的实际发展状况,建立和完善相应的资产信息化数据库,以此增强社会服务的有效性。建立和完善相应的资产信息化数据库,主要包括4个方面的内容。

①依据资产信息数据库资产的流通,建立相应的外围网站系统,将资产信息化作为主要手段,以网站建立为媒介,以此实现与高速公路资产相关的信息资料,从而有效地和高速公路资产信息网站同时公布和更新。

②提供相应的监督和管理机制,便于社会大众对高速公路道路情况的了解以及对高速公路资产运营进行监督,特别是出现恶劣天气情况时,对高速公路信息进行及时更新和公布,增强其服务功能。

③拓展资产信息的采集和公布途径,利用资产信息化数据库的网络化技术,从各个渠道对高速公路资产信息的情况进行采集,然后整理公布出来,便于社会大众的出行安全。可以对各个高速公路的信息情况进行整理,通过语音和视频等途径进行发展。

④设置相应的资产信息管理预警系统,利用资产信息进行引导,减少社会大众出行时间的浪费,及时更新资产信息支持决策发展;建立相应的物资和设备救援体系,及时应对高速公路运营中出现的意外事件,有效疏导交通,增强对高速公路的管理。

(2)促使资产信息化技术和时代发展相适应,满足实际工作的需要

社会发展处于不断变化之中,不断促进科学技术发生日新月异的变化。为了使高速公路资产管理信息化满足实际工作的需要,促使资产信息化技术和时代发展相适应,就需要对资产管理信息化技术进行创新和推广。在高速公路资产管理信息化发展中,能够网上远程实现资产的采购、配置、使用以及维修等。同时,运营单位相应的工作人员可以对一部分资产的信息进行查询和管理,达到网络信息化办公和业务开展的目的,以及及时对基础设施和基础设备的使用情况进行更新,对出现的故障或者突发事件及时进行维修和上报,促进高速公路资产管理信息一体化的发展。除此之外,还可以制定相应的管理和维修准则、流程,采取信息化管理,以提升工作效率。

(3)实现资产管理信息的共享化发展,提升高速公路运营的经济效益

信息资源的共享化,能够有效促进信息之间的流通,在企业发展中,使各部门所掌握的信息存在一致性,减少工作的误差和不足。在高速公路资产管理信息化发展中,实现资产管理信息的共享化发展,能够提升高速公路运营的经济效益。实现资产管理信息的共享化发展,主要包括两个方面的内容,一是引进新型的信息化技术,建立相应的信息资源共享体系。可以通过手机短信或者网络消息实现资产管理信息之间的共享,提升运营工作开展的工作效率。二是利用网络信息技术,达到无纸化办公的目的。可以安装外网或者局域网,实现资产管理信息的在线传送,降低资源的消耗,节省相应的办公费用,提升高速公路运营的经济效益。

(4)对资产管理信息化进行严格监管,奠定资产管理信息化发展的基础

对资产管理信息化进行严格监管,是保证资产管理信息化发展的重要举措,对于资产管理信息化发展具有非常重要的意义,同时还能奠定资产管理信息化发展的基础。在资产管理信息化网络数据库建成之后,就需要对其进行严格的监管,做好完善的规避措施,避免出现系统破坏或者出现安全漏洞的现象。对资产管理信息化进行严格监管,主要包括4个方面的内容,一是将外围网络和局域内的网络进行安全隔离处理,探戈控制两者的连接;二是制定相应安全网络的解决措施,增强信息系统的安全性,避免出现数据被盗取或者丢失的现象;三是提升资产管理信息化工作人员自身的素质和安全意识,促进网络信息系统的发展;四是各个工作人员设置独立的账户和密码,增加安全管理权限,提升资产管理信息的可靠性。

9.2.3 设计合理的高速公路资产管理信息化计划

基于高速公路资产管理信息化的探讨和发展,相应设计合理的高速公路资产管理信息化计划,不断满足实际工作、社会大众、社会经济的需求和发展,形成规范化的系统。设计合理的高速公路资产管理信息化计划,主要包括以下3个方面的内容。

(1)设置相应统一的资产管理信息化体系

信息的统一性能够提升企业的工作效率和经济效益。在高速公路资产管理信息化设计

中,必须要保证资产管理信息化的一致性,保证高速公路运营企业所获取的信息的有效性,及时为社会大众提供准确且有效的信息服务;必须建立相应的资产管理信息数据库,采用网络信息化手段实现资产在线管理,便于业务的开展和进行。

(2)实现开放性业务的管理

在高速公路资产管理信息化设计中,开放性业务是指在网络信息管理中公开的信息能够快速地实现传递,并且在发展中能从高速公路运营企业的整体出发,保证各个部门资源信息之间的共享,避免出现数据冗余的现象,同时提升各部门职工的工作效率。

(3)创建相应的保障系统

在高速公路资产管理信息化设计中,创建相应的保障系统能够对高速公路资产实现有效的管理和提供安全保证,是实现高速公路资产管理信息化必不可少的组成部分;能够有效地降低资源的损耗,促进资产管理和正确决策的进行;同时还能减少资产管理信息化中的不足,降低意外事件发生的频率,对资产管理信息化的可靠性进行评价,从而提升高速公路资产管理运营的经济效益。

9.3 养护决策

高速公路路面的养护施工是工程的重要环节,其对提高公路使用的安全性、耐久性、适用性有非常大的帮助。高速公路养护施工组织与机械的最优化组合决策,就是使施工方案的执行更加符合经济性和合理性原则。从"组合安全作业最优化"和"使用成本最优化"这两个方面进行施工决策设计,提供的数学模型能高效地解决路面断裂、翻浆、接缝处出现横裂或者资金有限、分配不足等问题。完善的高速公路养护施工管理系统流程有利于负责人把项目的每一个环节都把握到位,提高施工的效率,降低成本,使现有资金得到高效分配。

不同高速公路损坏路段有不同的养护方案和养护工具,施工者应具体问题具体分析,选择最优的养护方案和养护工具,做出最优决策。

9.3.1 公路养护工作

公路养护是整个公路施工作业的重要组成部分,且关系到整个公路网的运营管理和服务水平的好坏。养护的是公路,服务的是用户,影响的是社会。公路养护工作的主要功能是保护公路资产、保障交通安全、服务公众需求。

(1)公路养护工作的性质

公路养护是指交通主管部门或公路管理机构以及经营性收费公路的经营企业,为保证公路的安全畅通并使公路处于良好的技术状态,在公路运营期间按照相关的法律法规、政府规章和技术规范、操作规程对公路、公路用地和公路沿线附属设施开展保养、维修、水土保持、绿化和管理的各项业务工作。

(2)公路养护工作的主体

《公路法》(2004年第二次修正版)、《收费公路条例》(中华人民共和国国务院令第417号)等法律法规已明确了公路养护工作的主体:国省干线公路为各级交通运输主管部门或公路管理机构;经营性收费公路为该公路的经营企业。

(3) 公路养护工作的目标

不断提高公路交通网络的公共服务能力,努力打造"畅、安、舒、美"的行车环境。

"畅"即畅通,包括交通畅通、信息畅通、排水畅通。目的是千方百计保障车辆的正常通行。

"安"即安全,包括行车安全、作业安全、路产安全。核心是保证人与车辆的安全。

"舒"即舒适,包括身体舒适、视觉舒服、心情舒畅。综合体现公路交通网络的公众服务水平。

"美"即美观,包括感观之美、生态之美、和谐之美。充分展示生态公路、和谐公路的魅力。

从"畅洁绿美"升华为"畅安舒美",是从单纯树立公路部门的自身形象到满足道路使用者对公路养护的实际要求的转变,真正体现了"以人为本、以车为本"的服务理念。

(4) 公路养护工作的任务

公路养护工作的任务是:规划公路网的预期服务水平;对目前公路网的服务水平进行评估;制订中长期公路发展及五年公路养护规划;确定各时期公路网的预期服务水平。公路养护工作的具体工作任务包括以下几个方面的内容。

① 确定公路网的养护投资规模。

按规定标准和频率进行各项路况数据采集,利用路面管理等系统对数据进行分析,并根据预期服务水平、目标提出路网养护资金需求,根据《公路技术状况评定标准》《公路养护技术规范》的要求以及实际资金能力确定中长期公路养护投资水平和年度公路养护投资规模。

② 编制公路网的养护工程计划。

根据年度公路养护投资规模、路况实际需求、社会需求等综合因素进行养护资金的优化分配,科学、合理地编制年度养护工程计划。

③ 优化公路网的养护技术方案。

根据中长期公路养护投资规划和年度公路养护投资计划及不同路段的具体情况,研究制订公路网中具体路段的养护技术方案(包括日常养护、小修、预防性养护、中修、大修和改建工程等)。

④ 实施公路网的养护工程管理。

根据养护技术方案,按照不同路段、不同工程的特点和要求,分别制订相应的实施方案(包括日常养护和小修工程的组织方式、质量标准、考核办法等;预防性养护和大中修工程的方案评审、施工图设计、施工招标、合同管理、质量评定、工程验收及评估等)。

9.3.2 高速公路路面养护技术要求

高速公路大都属于国家或区域性的交通主干线,在国民经济发展、国防交通战备和抗灾抢险工作中的作用不言而喻,其显著特点是交通流量大、车速快、社会各界关注度高。这就对高速公路的养护工作提出了更高的要求:一是反应速度要快;二是养护施工速度要快;三是养护工程质量要好。对高速公路养护的技术要求主要是依据国家相关的技术标准和规范,目前与高速公路路面养护有关的技术标准和规范有《公路技术状况评定标准》(JTG H20—2007)、《公路养护技术规范》(JTG H10—2009)、《公路沥青路面养护技术规范》(JTJ

073.2—2001)、《公路水泥混凝土路面养护技术规范》(JTJ 073.2—2001)等。

《公路技术状况评定标准》将路况按公路技术状况指数统一划分为优、良、中、次、差5个等级。

综合以上技术标准和规范的技术要求,对高速公路的路面损坏状况指数(PCI)、路面行驶质量指数(RQI)、路面抗滑性能指数(SRI)、路面结构强度指数(SSI)等各项技术指标均要达到良级(80)以上。相应的技术指标为:

路面破损率(DR):沥青路面<2.0%;水泥路<4.0%。
国际平整度指数(IRI):<3.5m/km。
横向力系数(SFC):≥40。
路面结构强度系数(SSI):≥0.8。
沥青路面的车辙深度:<15mm;路拱坡度:1.0%~2.0%。
水泥路面相邻板高差:<3mm;接缝填料凹凸:<3mm。

9.3.3 高速公路养护的科学决策

树立科学决策的理念,采用科学决策的方法,按照科学决策的程序,实现高速公路养护的科学决策,达到全寿命周期内既能保证优良的路况水平又能实现总费用(包括建设费、养护运营费和用户费用等)最低的目标。

养护决策需要考虑两个方面的需求:一是当路况指标达不到规定的技术要求时须采取的养护措施;二是路况指标虽达到了技术要求,但根据全寿命周期费用分析而需要采取的预防性养护措施。

科学决策最终要落实到养护规划和养护计划的编制上。影响养护计划编制主要有3个要素:资金约束(有多少钱)、技术需求(有多少事)、社会因素(社会政治需求);同时需要回答3个问题:什么时间?什么地点?什么方法?养护决策的结果就是要找到上述3个要素的结合点和平衡点,然后具体回答这3个问题。

科学决策、合理编制养护规划和养护计划是整个高速公路养护工作的主线和核心。要实现科学决策、合理编制高速公路养护计划的目标,必须要由工作制度和工作程序作保证,并做到以下几点:

(1)公路技术状况检测与评定

采用快速、高效、先进的路况数据采集设备(必要时人工补充采集配合),按照规定的内容和频率按时采集各种路况技术数据,据此评定公路技术状况。

(2)养护需求分析与建议

运用公路资产管理平台和路面管理系统对路况技术数据进行综合分析评价,按照设定的养护目标,从技术层面提出路网养护建议。

(3)养护建议与路况对比

将路网养护建议与路况实际进行对比,确定拟实施预防性养护和大中修工程的路段。

(4)养护技术方案设计与比选

拟实施养护工程路段确定后,就要进行养护技术方案设计与比选,既要考虑技术上的可行性,又要考虑经济上的合理性,还要考虑环境和生态方面的可持续性。

(5)科学编制养护计划

根据前面所做的工作,综合考虑3个要素,提出部门高速公路养护建议和养护计划。

(6)形成公路养护计划

针对公路养护管理单位制定的部门公路养护建议和计划,领导部门要召开办公会议,集体研究讨论修改,形成公路养护计划(草案),并上报上级主管部门审批。

(7)主管部门审批下达

上级主管部门要根据总的发展规划和年度资金规模,召开相关会议进行研究,并与相关单位协调一致后,正式下达年度公路养护计划,由公路养护管理单位执行。

通过以上方法和程序,实现对养护计划、养护方案的决策从凭经验、论职务、拍脑袋到靠技术、按程序、凭数据的根本转变。对公路养护资金的优化分配不仅是一种权力,更是一种智慧、一门学问。

9.3.4 高速公路养护设计

搞好养护工程的设计,是保证路面使用性能,提高资金使用效率和经济效益的前提。养护技术方案的设计和选择是和预期的养护目标相关联的,预期目标设定后,就要寻找相对合理的技术方案,然后在相对合理的方案基础上不断完善。高速公路养护技术方案没有最好,只有更合理。

(1)高速公路养护设计中存在的问题

目前,我国很多地方的高速公路的路面损坏速度普遍过快,大中修养护周期普遍过短,路面的平均使用寿命仅为设计寿命的35%~50%。

我国缺少独立的路面大中修养护设计技术和规范。养护设计中的方案设计没有得到应有的重视,设计单位采用的养护设计方法大同小异,有的甚至无设计可言,仅仅是业主意图的简单实现,对结构层次的合理匹配、路面排水性能、路基状况、路面的综合使用性能(路面破损、平整度、车辙、抗滑等)缺乏全面考虑和定量研究。

我国对路面大中修各种候选养护方案的经济性也缺乏定量的考虑,没有引入科学的全寿命周期费用分析的经济评价方法。

(2)路面养护设计新思路

公路养护设计核心理念之一是,在养护设计中对路面使用性能进行全周期分析,并按照分析结果进行路面养护设计(包括结构和材料)。路面使用性能是指从不同侧面反映路面状况对行车要求的满足或适应程度,包括功能性能和结构性能两个方面。

公路养护设计核心理念之二是,在养护设计中对候选方案的经济性进行科学评价,根据技术经济条件,借助寿命周期费用分析方法,进行方案比选和经济分析。寿命周期费用分析(Life Cycle Cost Analysis,LCCA)是从项目的长期经济效益出发,考虑项目设计、建设、运行、维修、改造直至报废的全过程,使寿命周期(分析期)内费用最小的一种管理理念和方法。

公路养护设计核心理念之三是,在养护设计中尽可能地采用先进合理、节能环保的养护新技术,提高养护工程的性价比、资金使用效率、经济效益和社会效益。针对高速公路具体路段进行养护设计时,可遵循"三分一合"16字口诀(分段设计、分类处理、分期实施、合理决策)的设计思路。

(3) 路面养护设计新方法

路面养护设计新方法是指基于使用性能和全寿命周期费用分析的路面大中修养护设计方法。从"结构、材料、荷载、环境、经济"几个方面进行考虑,力求达到结构设计与材料设计的统一,力学性能与使用性能的统一,技术指标与经济指标的统一。路面养护设计的目标是以经济指标为优化条件,通过寿命周期费用分析方法来选择技术可行(既能满足力学要求又能满足使用性能要求)同时又最经济合理的路面大中修养护方案(养护时机、养护措施)。上述目标最终要通过路面结构组合设计、结构厚度设计和材料设计,并辅以科学的分析方法来实现。

9.3.5 高速公路养护工程管理

确保各项养护工程的顺利实施和工程的质量,是整个高速公路养护工作的重点和关键。当养护计划和养护设计方案确定以后,搞好养护工程的管理就显得尤为重要。可以说,养护工程实施的最后成果不仅体现生产者的水平,更体现管理者(业主)的水平。管理在养护工程项目实施过程中占有举足轻重的地位,管理也是生产力,而且是重要的生产力。管理的核心是确定合理的目标,重点是衔接好具体的环节,关键是抓好每一个细节。管理本身就是一门科学,管理本身也需要不断创新。

(1) 养护工程分类

为提高公路养护工作的精细化管理水平,需要对高速公路养护工程分类做适当调整。原高速公路养护工程的分类包括小修保养、中修工程、大修工程、改善工程。新养护工程分类建议分为日常保养、小修工程、预防性养护工程、应急抢险工程、中修工程、大修工程、改建工程。

①日常保养。日常保养也称日常养护,是指对管养范围内的公路及其沿线设施经常进行巡查和维护保养的作业。日常养护工作内容包括:巡查道路、登记病害、保洁路面、清除杂物、整理路肩、维修边坡、清理边沟、疏通涵洞、排除积水、修复冲沟、看管设施、维护路树、报告水毁、积极抢修、配合施工、疏导交通、劝阻违章、举报事案、依法宣传、保护公路。

②预防性养护工程。这里特指的是狭义的预防性养护,即在路面没有发生功能性破坏之前(即路面尚未出现病害或刚刚出现轻微病害时),为了更好地保持道路的良好运营状态,延缓未来的路面破坏,延长高速公路的使用寿命,提升路面服务水平,获取道路寿命周期内的最大效益,在不增加结构承载能力的前提下,在适当的时间采取相应的技术措施,以保护和改善路面系统的功能状况的养护工程。

③应急抢险工程。因发生洪水、地震、泥石流等自然灾害使公路、桥梁损坏,从而造成交通中断需抢通保通或修复的工程。

(2) 养护工程的市场化管理

招投标与合同管理是养护工程市场化管理的重点和核心。招投标是养护工程市场化管理的重要手段,其最终目的是选择各方面能使业主满意的承包商。但招标本身也必须考虑管理成本、时间成本,即必须要考虑管理成本与效率的问题。养护工程招标与合同管理及合同签订的形式可以多样化。

①定投资水平、定工程数量、定工作质量和考核标准、招养护单位的工作经验、管理水

平、投入的人员和机械、质量安全保障措施、对业主的承诺和信誉等。此种招标形式适用于日常养护、小修工程和部分预防性养护工程、中修工程及应急抢险工程等。

②定工程规模和数量、定投资预算、定施工期限、定工程质量及验收标准,招施工单位的资质和管理水平、最合理的工程造价、施工组织安排、对质量安全的保障措施及对业主的承诺和信誉等。此种招标形式适用于改建工程、大修工程、部分预防性养护工程和中修工程。

(3)养护工程的质量管理

养护工程质量管理的目标,是要建立不同工程类别的质量管理体系,确保各类养护工程的质量管理到位、有效,使合同管理体系、养护施工单位自检体系、社会监理体系、第三方检测体系、业主综合管理体系、政府监督体系和质量诚信体系共同发挥质量管理的作用。

(4)养护工程的精细化管理

养护工程务必做到"4个精心":精心组织、精心设计、精心作业、精心管理。

精细化管理体现在"精心作业"和"精心管理"两个方面,特别强调公路养护工程的管理要以"精"为魂,不能仅以达到合格为标准,要力求精益求精,做到"合格是底线,精品是目标"。精心作业是指无论是大、中修工程还是小修工程甚至是日常养护,都要大力推行精细作业,牢固树立质量标准意识,强化施工工艺控制,只要进行养护作业,就要有工作要求和量化标准。精心管理是指凡事要做到事前有调查、有计划、有方案、有目标、有标准,事中有检查、有监督,事后有考核、有总结、有奖惩。

养护与管理不仅是高速公路管养单位一个永恒的主题,而且是整个社会越来越关注的热点话题。以人为本、保证路况、科学决策、合理设计、规范管理,是对搞好高速公路养护与管理工作的基本要求。社会发展、技术进步、理念创新和工作目标都是无止境的,对高速公路养护工作的要求也是如此,需要我们在实践中不断认识、不断总结、不断创新、不断提高,以不断满足社会各方对公路养护工作提出的各种需求,不断提高公路交通网络的公共服务能力,真正体现"以人为本、以车为本"的服务理念和"畅、安、舒、美"的工作目标。

9.4 路政管理

9.4.1 高速公路路政管理概述

(1)高速公路路政管理的定义

高速公路路政管理是依据国家和地方有关法律、法规,由各级政府交通主管部门、公路管理机构为维护公路管理者、经营者、使用者的合法权益,对高速公路进行的行政管理。

(2)高速公路路政管理的职能

高速公路路政管理职能有保护路产、维护路权、维持秩序、保护权益。

(3)高速公路路政管理与一般公路路政管理的不同

①高速公路路政管理的职责向多元化拓展。高速公路的路政管理除保证路产设施完整、维护路权不受侵犯外,还包括维持行车秩序,提供路面信息,清理排除路上障碍,参与抢险救护,以及养护维修时提供路旁服务等其他管理功能。

②高速公路的路政管理重点应由监管向服务转移。高速公路运营管理的目的是最大限

度地吸引车流,向过往车辆提供优质的服务。因此,向使用者提供及时的服务(包括有偿服务),提高路政管理的服务意识,也是高速公路路政管理的宗旨。

③高速公路的路政管理是一种全新的动态管理。所谓动态管理,是指路政工作在其职权范围内,要依据路上管理要素的变化实行昼夜不间断的全天候巡逻管理。

(4)高速公路路政管理的特点

①社会性。路政管理涉及各行各业,与广大人民群众、千家万户有着密切联系,牵涉沿线工业、农业、邮电、通信、水利电力、国土、治安、工商、文教、环保等部门,因而路政管理必然要与这些部门发生联系,求得这些部门的支持与配合,便于高速公路的管理。

②法制性。路政管理的法制性是由路政工作的法律强制性决定的,路政管理活动直接影响一些机构和一部分人的权益,有时还涉及直接的经济利益,因此具有极强的法制性。

③管理方式的特定性。高速公路的路政管理是一种全天候、全方位、全区域的路上跟踪管理,管理的主要对象是高速的汽车流。

④管理手段的先进性。由于高速公路是汽车专用线,具有设施多、流量大、车速快、事故(件)突发率高的特点,要求路政管理必须具备先进的监控通信手段,配备精良的巡逻清障设备、装备以及专门的抢险救援用品,以便及时获取有关信息,做出快速反应,实施有效对策。

⑤管理内容的复杂性。高速公路实行全面的多维管理,决定了路政管理内容的复杂性。

⑥服务性。高速公路路政管理的根本在于实现高速公路的安全、完好、畅通,为使用者提供良好的交通服务,真正体现高速公路的社会效益和经济效益。

(5)高速公路路政管理的意义

①有利于维护高速公路系统的完整性。所有的公路设施及设备构成了一条完整的高速公路,因此只有通过路政管理工作,运用路政管理法规,强制性的处理各种侵占、破坏路产及侵害路权行为,才能保证耗资巨大的高速公路始终处于完好无损的良好状态。

②有利于保障高速公路的使用质量。高速公路是专供汽车分向、分车道行驶的公路,不允许不合乎高速公路行车要求的车辆、行人进入;不允许未经批准的各类管线与之接近和直接交叉;不允许在其用地和留地范围内出现违章建筑及摆摊设点等。要控制上述情况发生,保障高速公路的正常运转,只有通过路政管理,加强管理审查、批准、纠正、控制等工作,才能保障高速公路的使用质量。

③有利于改善高速公路交通环境。改善高速公路交通运输环境,提高高速公路的使用质量,必须通过路政管理工作,采取强制性的手段杜绝过路行人拆除、损坏护栏等行为。

④有利于保证贷款修建高速公路的收费工作。只有通过路政管理,加强对交叉道口和互通式道口的管理,才能防止"闯关""冲站"、堵塞等各类不交费或少交费的违章现象,从而保证高速公路的收费工作正常开展。

⑤有利于教育公路使用者自觉遵守国家法律,保障公路的安全和畅通。高速公路路政管理既是一个执法过程,又是一个教育过程。通过处理路政案件,可以使案件中的人及时认识到自己的错误,客观上可对公路的其他使用者起到宣传教育作用。

9.4.2 高速公路路政管理的内容

(1)保护路产

依法制止和查处非法占用、挖掘公路及毁坏和破坏公路路基、路面、桥梁、隧道、涵洞、排水设施、防护构造物、花草林木、苗圃等违法行为。

依法制止和查处非法在大中型公路桥梁和渡口周围200m、公路隧道上方和洞口外100m以内,以及公路两侧一定距离内挖砂、采石、取土、倾倒废弃物等行为。

依法禁止和查处危及公路、桥梁、隧道、渡口安全的爆破作业以及其他影响行车安全的活动。

依法制止和查处损坏、擅自移动、涂改公路防护、排水、养护、管理、服务、交通安全、渡运、监控、通信、收费、专用构造物、建筑物等设施和设备的行为。

依法禁止和查处在公路上及公路用地范围内摆设摊点、堆放物品、倾倒垃圾、设置障碍、挖沟引水、排放污物等污染公路环境,影响公路畅通的行为。

(2)维护路权不受侵犯

维护路权具体来说,即在公路用地和所属空间范围内依法建设下列构造物时,必须符合公路工程技术标准要求,事先要经过有关交通主管部门的同意,影响交通安全的须征得有关公安机关的同意。如在公路用地范围内,架设、埋设各种管线、电缆等设施,跨越、穿越公路建设路线桥梁、渡槽,或架设各种管线或电线等构造物,修建铁路、机场、电站、通信设施、水利工程或进行其他建设,需要占用、挖掘公路或者使公路改线,因抢险、防汛需要修堤坝、压缩或拓宽河床危及公路、桥梁、隧道安全的行为。

(3)维持公路秩序

维持公路秩序,保障车辆安全通行,这是路政管理日常工作的主要内容。其具体内容如下:

禁止有损害公路路面的履带车、铁轮车等在公路上通行,若经当地县以上人民政府批准,采取了有效防护措施的,只能允许按规定的时间和路线行驶。

禁止超限车辆在有限定标准的公路上行驶。超限车辆是指车辆载重超过公路、桥梁的设计荷载标准,车辆的高度、宽度、长度超过公路技术标准。若必须行驶时,须经当地县以上人民政府的交通主管部门和同级公安机关批准,采取有效的防护措施,方能按照指定的时间、路线、时速行驶,并悬挂明显标志。

禁止机动车制造厂和其他单位利用公路作为检验机动车制动性能的试验场地。

努力保护公路完好,积极改善公路环境,提高公路使用质量,充分发挥公路的社会效益和经济效益。

(4)保护其他权益

保护高速公路的其他权益,比如依法检查处理各种侵占公路用地、破坏公路和公路设施的行为,保护从业人员从事生产、执行公务时的合法权益,等等。

9.5 施工区安全管理

施工区是道路施工、养护和改造的活动场所,指从第一个施工警告标志至施工结束标志之间的区域。施工区因挤占现有道路空间,会影响现有道路的正常运营。施工区可能是临时的,一般养护作业可能只需要关闭车道几分钟,或者本身就是流动作业,因而对交通影响较小。但施工区作业可能持续长达几个月甚至几年,如大型新建、改建项目作业,施工区的长期存在对施工区附近的交通影响可能非常大。无论哪一种施工区,其基本特点都是挤占原有道路空间,使施工区道路通行能力下降,导致发生交通拥挤。

随着我国高速公路建设的迅速发展及交通量的持续、显著增长,如何在现有的交通量条件下有效且安全地实施道路维修和改造工作,已成为高速公路主管部门及施工单位必须重视和亟待解决的问题。要做好高速公路养护施工的安全管理问题必须从源头抓起,并将安全管理问题贯穿于养护施工的整个过程。高速公路养护业务流程,如图9.2所示。

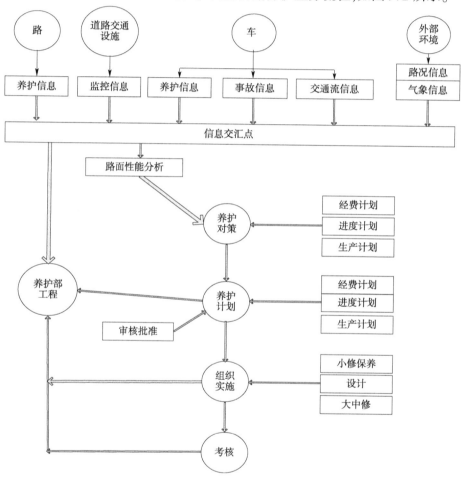

图9.2 高速公路养护业务流程

高速公路养护施工前需要及时向外界发布施工区域信息。高速公路养护施工信息发布的主要目的是在高速公路养护施工情况下,向社会及高速公路使用者第一时间提供道路通行情况及养护施工的信息,提前提醒高速公路使用者对出行路线做出最佳选择。这样可以使车辆分流,提醒过往驾驶者经过相关施工路段时谨慎驾驶,从而减少安全隐患。这既突出了高速公路交通信息服务系统的特点和职能,又能更好、更快、更全面的为广大人民群众提供服务。高速公路交通信息服务系统,如图9.3所示。

这种方式对广大人民群众的出行提供了很大方便,因此高速公路管理部门可以利用微博快捷、方便、智能、互动的优势建立平台,通过信息实时传递与共享互动,创造道路安全通信新方式。

根据高速公路交通管理部门的需求,高速公路联网中心必须对交通信息数据进行整合和规划,并采用多媒体调度系统(MDS),完成对整个信息处理及调度系统的构建。

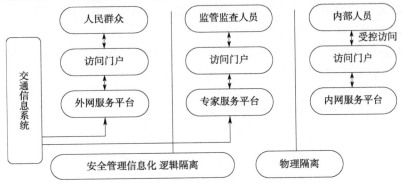

图 9.3　高速公路交通信息服务系统

9.6　综合信息管理

高速公路是交通运输体系中的重要组成部分,营运管理对高速公路实现进一步发展具有重要意义。高速公路营运管理工作具有信息量大、范围广、模式多样化及对象复杂等特点,因此,要做好高速公路转运管理工作,应采用流程化及规范化的方法,并同时强化综合信息的管理。以下是对高速公路营运管理工作中综合信息管理相关问题的分析,旨在提升营运管理工作的效率。

9.6.1　高速公路营运管理信息化建设的必要性

高速公路营运信息化管理不仅能实现监控设施管理、交通管理及收费管理的管理信息化,而且能实现环境监测管理、通信设施管理、事故处理和救援管理的信息化,同时还可以实现办公自动化。因此,营运管理信息化建设对高速公路的发展有着非常重要的意义,在管理工作中必须予以重视。从当前的发展情况来看,一方面,完善营运管理信息化建设不仅能够使高速公路的结构和总体布局得到有效改善,而且还能够提升高速公路建设和管理的科学化水平,有助于其他管理工作的完善;另一方面,目前在营运管理工作中仍存在着许多问题,要改善营运管理现状,就必须进行信息化建设。

9.6.2　关于高速公路运营管理信息化建设的问题分析

(1)完善的管理体制尚未形成

如今,在高速公路营运管理信息化建设中存在的突出问题是过多关注部门、行业内部管理,而不重视外部面向社会大众的信息服务。导致以上问题出现的主要原因是完善的信息化管理体制尚未形成。例如,交通安全方面的管理工作是公路营运管理的重要内容,而目前该项工作却由两个部门负责管理,即公路管理机构与公安部门。这样的管理体制存在较多缺陷,且已经无法有效适应当前的交通管理需求。如出现突发交通事故时,现有的信息管理系统无法在短时间内做出及时的响应,对营运管理工作的开展造成了不利影响。

(2)管理设施得不到及时更新

由于受建设规模及投入资金的影响,大部分高速公路中的管理系统,如收费系统、监控系统、通信系统等均以独立运作的形式存在,此种营运管理模式限制了信息的有效交流和网络平台的建立,同时也影响了监控体系的平衡发展。对于国内高速公路而言,监控系统的主要作用是对高速公路收费情况进行实时监控。收费系统在整个监控系统中所占的比例过大,从而形成了"轻交通状况管理、重通行收费"的问题。

9.6.3 高速公路营运管理中完善信息管理对策分析

(1)对当前的信息管理体制进行改善

为了能够建成相对健全的信息管理机制,相应管理制度的完善是一个非常重要的前提条件。高速公路管理部门应建立相对完善的高速公路养护信息管理制度和联网收费制度;根据高速公路的发展情况,利用现代计算机技术建立养护信息数据库,将交通设施、路基及路面等方面的状况录入数据库,并借助计算机编排出详细的维护计划,确保养护工作的有序开展;为了改善收费信息管理体制,可以建立全国统一的收费系统,实现收费统一化和信息管理统一化,同时通过联网收费系统对路网运作的具体情况进行了解,以提高管理效率。

(2)对信息报送和信息共享机制进行完善

在管理公路营运信息的过程中,信息报送和信息共享机制是否健全,会对管理工作的效率产生非常重要的影响,所以应采取适当的措施对信息报送和信息共享机制进行完善。首先,可对信息报送时限进行统一规定。例如,可以规定突发交通事故填报时限要求,保证营运信息能够得以及时发布;对监控中心在管理过程中收到的路段信息,应保证在10分钟内及时报送;对特殊时间段,如节假日及夜间时段,应规定固定的报送时间点。其次,可对信息报送方式进行统一规定。如及时优化突发交通事故、恶劣天气状况等特殊情况的报送方式,从而保证信息报送效率得到有效提升。

(3)对信息发布设备和交通监控设备进行改进

实践证明,要做好信息管理工作,改进硬件设施是一个必备的条件。要完善硬件设施,建议从以下几个方面入手。首先,进一步增设用于发布信息的设备,提高设备的设置密度。在一般情况下,可以在一定范围内建立统一的监控中心,并将监控中心的信息传输给交通信息板,利用信息板及时发布诱导信息,从而保证拥堵的交通得到及时疏导;也可以将当地的交通疏导情况作为依据,适当增加关键区域信息发布设备的数量,以提升在交通分流等特殊情况下的营运管理能力。其次,在充分考察高速公路车流量情况之后,对视频监控终端数量进行调整。可以适当增加部分路段的监控点,以免形成视频监控盲区;此外,可以对外场视频监控系统进行有效的改造,定期检查视频监控设备是否处于正常工作状态,同时可在事故多发路段以及互通立交部分增设监控设备,保证实时监控关键路段,改善营运管理水平。再次提升交通监控设备的智能化水平和自动化水平。在特殊路段可以设置部分自动化交通事故监测设施、智能车辆检测装置等,以便于营运监控中心、路政管理、交通管理等部门迅速获得路况信息,在短时间内做好交通疏导,确保道路畅通。最后,对现行公路收费管理终端进行升级。收费管理是营运管理中的重要组成部分。因此,应及时升级现行的收费操作终端,从而保证高速公路一线收费人员能够及时获取路况信息和交通调度信息等。

　　高效的营运管理可以有效提高高速公路的营运效益,而管理好高速公路在营运过程中产生的信息,将有助于提高高速公路的营运管理水平,加快高速公路工程建设进程。因此,要在实际工作中综合运用各种先进措施来改善高速公路信息管理的水平,提升其信息管理效率,从而促进高速公路营运管理模式的改进,使高速公路工程得到更好、更快的发展。

10　高速公路运营节能减排

（1）高速公路运营节能减排的基本定义

高速公路节能减排有广义和狭义之分。从广义上讲，是指节约物质资源（如土地、水源、钢筋、水泥、石料、沥青等）和能量资源（如电能、油料等），减少废弃物（如建筑垃圾）和环境有害物（如废气、废水、噪声等）的排放，其贯穿于高速公路规划、设计、施工、运营的全过程。从狭义上讲，是指节约能源和减少环境有害物的排放，主要是指运营阶段在确保高速公路行车安全的基础上，最大限度地减少电能消耗和废气排放，实现高速公路运营综合效益最好。

（2）影响高速公路运营节能减排的因素

高速公路建成通车后，在运营阶段影响其节能减排的因素主要包括机电设施的规模、路段交通的特征、经济发展水平的高低。

①机电设施的规模。在高速公路上一般设有通风、照明、消防、监控、通信、供配电等机电设施，这是高速公路最主要的运营能耗单元，其中以通风设施和照明设施消耗电能最多。浙江省交通投资集团有限公司2010年度调查统计数据显示，其管辖范围内的隧道通风设施和照明设施的电能消耗占总用电量的68%以上。

②路段交通的特性。交通量、行车速度、交通组成等对高速公路机电设施近期及远期配置有重要影响，而且与运营安全密切相关。一般来讲，隧道交通量越大，行车速度越快，大型车比例越高，电能消耗就越多。

③经济发展水平。不同区域的经济发展水平差异较大，因而对交通运输节能减排的认识高度和重视程度也不尽相同。经济发达地区通常在节能减排方面投入力度很大，其经济效益、社会效益、生态效益也更为显著。

（3）高速公路运营节能减排的挖掘潜力

高速公路运营节能减排的重点对象是机电设施，实现高速公路运营节能减排的主要方法是对机电设施能耗进行系统化和可控化的管理。因此，高速公路运营节能减排的基本观点是用较低的能耗维持合理、可靠的管理功能。

高速公路运营节能减排措施应立足于对现有机电设施降耗潜力的二次挖掘。对原本高能耗的机电设施进行潜力挖掘效果会非常明显，纵向评价成效显著；而在既有技术条件下，已实现机电设施配置与能耗功效基本匹配，若继续进行挖掘节能减排潜力的努力，则效益与投入比会逐渐趋向不合理。因为现有节能减排措施已趋于完善，倘若需要持续扩大节能减排力度，则必须依赖新技术、新设备、新材料的进步和应用才有可能实现。

10.1　技术性节能减排

技术性节能减排又称效率节能,是指在确保高速公路运营安全的前提下,通过对机电设施进行节能改造或技术升级,有效降低高速公路运营能耗。技术性节能减排的主要内容包括机电设施智能化控制,使用节能设备,交通安全保障,优化机电设施运行方式,机电设施分期建设实施,应用其他节能新技术。

(1)机电设施智能化控制

机电设施智能化控制技术包括高速公路动态调光控制技术、高速公路前馈式通风控制技术、高速公路远程变频通风控制技术等。该项指标为定性评价指标。

(2)使用节能设备

节能设备主要包括LED节能光源、智能照明节电设备、节能型变压器、LED诱导灯、高效节能水泵等。该项指标为定性评价指标。

(3)交通安全保障

高速公路节能与安全是辩证统一的关系。一方面,高速公路运营节能减排不能以牺牲交通安全和降低交通通行能力为代价;另一方面,保持高速公路"安全、畅通、高效"运行,降低事故发生数量和人员伤亡,能够有效减少高速公路事故造成的财产损失和资源浪费,也是节能减排的重要举措。该项指标为定性评价指标。

(4)优化机电设施运行方式

优化机电设施运行方式,尽可能地对高速公路全线隧道进行集中化运行管理,减少管理环节,提升管理效率,降低管理成本。该项指标为定性评价指标。

(5)机电设施分期建设实施

根据高速公路交通量增长和及时发展情况对隧道机电设施逐步补充和完善,特别是用电量较大的通风设施和照明设施。该项指标为定性评价指标。

(6)应用其他节能新技术

随着新理论、新技术、新设备、新工艺的不断涌现,高速公路运营节能减排必然会开启新篇章、迎来新局面,如将物联网、云计算、数字虚拟等新一代信息技术应用在高速公路运营管理中等。该项指标为定性评价指标。

10.2　结构性节能减排

结构性节能减排,是指提高太阳能、风能等可再生能源在高速公路运营能耗中的比例,调整优化高速公路运营过程中能源消耗的结构。结构性节能减排包括应用太阳能调整能源结构、应用风能调整能源结构。结构性节能减排是最有发展前景和发展潜力的节能减排模式。

(1)应用太阳能调整能源结构

国内已有部分高速公路将太阳能光伏发电技术、光导照明技术、太阳能光纤照明技术应用在照明设施中,有效提升了"绿色能源"的使用比例。对于太阳能资源丰富的地区,如甘肃、内蒙古、广东、云南等省区可大力推广应用。

(2)应用风能调整能源结构

安徽省六(安)潜(山)高速公路狮子尖隧道照明工程,首次采用太阳能和风能发电互补离网供电系统,既节省了电能,又降低了发电设备的配置和成本,产生了较好的社会效益、经济效益和生态效益。对于风能资源丰富的地区,如东部沿海、云贵高原等省区可考虑推广应用。

10.2.1 结构性节能减排实施的制约

随着国家政策不断扶持道路交通运输行业,以实现节能减排的目标,我国的高速公路交通运输行业已经发生了明显的转变。在高速公路交通运输行业的很多方面,节能减排的要求都得到了体现,高速公路交通运输行业的节能减排水平得到整体性提升。但是我国高速公路交通运输行业长期积累的问题还没有完全解决,在结构性节能减排理论的实施过程中还存许多制约因素,这些制约因素都在阻碍着高速公路交通运输行业中节能减排目标的实现。

10.2.2 结构性节能减排的对策

(1)全面普及高效低耗的交通运输方式

在目前的道路交通运输运行过程中,小汽车有更加舒适、更加快捷等优点,但在使用过程中却存在污染严重的缺陷,对能源的消耗量也很大。为了更好地实现结构性节能减排的目标,我国道路交通运输行业应该减少小汽车的使用比重,在社会中全面普及高效低耗的交通运输方式,把工作重心放在加强交通在基础设施设备方面的建设与完善,对交通运输方式的运行路线进行合理规划,使交通运输方式在使用过程中可以具备比小汽车更优的性能。此外,还要强调路权优先的原则,使人们在外出时更多地倾向于低能耗的交通运输方式,进而减少资源消耗量和污染排放量。

(2)加大对新能源的开发力度

在加强道路交通运输节能减排实施效率的过程中,加大新能源的开发力度也是不可或缺的一种手段。在道路交通运输的发展过程中,道路交通运输企业要利用先进的科学技术,积极地进行新能源技术创新和新能源应用创新,加强对无污染新型能源的开发力度,进而建立完整的道路交通运输结构性节能减排体系。此外,想要加大对新能源的开发力度,还需要政府部门的扶持。政府通过制定政策来帮助道路交通运输企业更好地对新能源进行开发和利用,同时政府还要加强监管力度,对没有达到规定目标的道路交通运输企业进行监管,规范整个道路交通运输结构性节能减排体系。道路交通运输结构性节能减排体系,如图10.1所示。

(3)发展甩挂运输和多式联运等先进运输组织形式

甩挂运输是提高道路货运和物流效率的重要手段,是世界公认并被广泛采用的一种先进的运输组织形式,在欧美和日本等发达国家已得到广泛应用,节能减排效果非常明显。多式联运是采用两种或两种以上不同运输方式进行联运的运输组织形式。一般来说,水路运输具有运量大、成本低的优点;高速公路运输具有机动灵活,便于实现货物到门运输的优点;

铁路运输的主要优点是不受气候影响,可实现货物长距离的准时运输。因此,高速公路运输如果能实现与水路运输、铁路运输的互相衔接,发挥其机动灵活的优点和比较优势,也能达到较好的节能减排效果。但是,目前这两种运输组织形式在我国受很多外部因素的制约,与"客运零距离换乘""货运无缝衔接"的目标还有较大差距,各地区间发展也很不平衡。在今后的发展过程中,可以通过试点示范带动、总结推广经验、打破行业壁垒、完善综合枢纽、优化运输结构等来促进运输便利化,实现结构性节能减排。

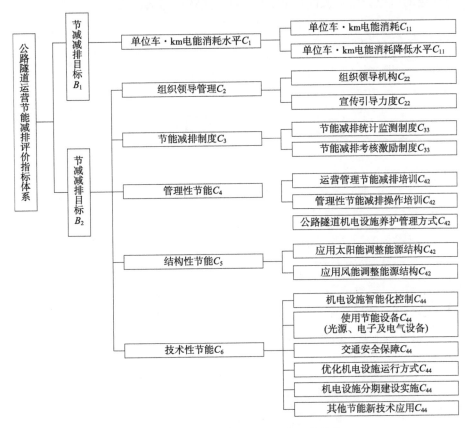

图 10.1　道路交通运输结构性节能减排体系

10.3　管理性节能减排

管理性节能减排是指从养护管理和运行管理角度出发,提高高速公路用电设施的使用效率,降低用电设施的能耗数量。管理性节能减排对指导高速公路运营节能减排具有极其重要的引导作用。管理性节能减排的主要内容包括运营管理节能减排培训、管理性节能减排操作培训、高速公路机电设施养护管理方式。

（1）运营管理节能减排培训

高速公路运营管理企业应对员工在节能减排方面进行有目标、有计划和有具体内容的培训工作,增强员工的节能减排意识。

(2)管理性节能减排操作培训

高速公路运营管理企业应强化员工的节能减排操作技能,对员工进行节能减排操作培训。比如,培训员工根据时间、天气、交通量等因素开启或关闭某些照明设备,培训员工在出现异常事件时及时预警,避免发生交通事故,等等。

(3)高速公路机电设施养护管理方式

对高速公路机电设施进行预防式养护管理,以保证其正常使用寿命,保持其高效运行状态;同时对报废的机电设备应及时回收,避免对自然环境造成污染。

11 高速公路大数据管理

数据是一切工作的基础,对数据进行合理的规划、管理和有效利用,使其更好地为路网运行管理服务,是高速公路监控及数据管理系统面临的主要课题之一。本章主要对区域高速公路数据管理系统进行研究,对数据管理中心功能及设备进行介绍,详细分析高速公路的数据类型,着重论述高速公路数据的传输方式及管理方法,为数据管理系统架构设计提供理论依据。

11.1 数据采集与接入

11.1.1 数据类型

数据管理系统中的数据大致分为3类,即基本数据、管理数据、统计数据。

(1)基本数据

基本数据一般用于描述高速公路监控系统所涉及的设备以及与设备有关的操作。高速公路监控系统中的设备特别指监控外场设备,包括车辆检测器、能见度检测器、气象检测器、可变信息板、可变限速标志、紧急电话、摄像机等。

(2)管理数据

高速公路监控系统作为计算机系统,具有计算机系统的一般管理特征。管理数据主要包括用户管理和权限管理两个方面。管理数据的内容及描述,如表11.1所示。

管理数据的内容及描述　　　　表11.1

管理内容	描述	管理内容	描述
用户管理	用户代码	权限管理	用户代码
	用户名全称		模块
	密码		权限
	备注		

(3)统计数据

由外场设备采集到的数据是杂乱无章的,如果不进行科学的统计处理,就无法实现数据的价值,因此,对数据进行统计处理就成为对数据管理系统的必然需求。数据管理系统根据需要定期对交通、环境、设备故障、报警等数据进行统计处理,统计数据主要以报表和图形的形式体现,一般在界面上显示。高速公路监控系统中的主要报表和图形有如下几种。

①报表

a.交通量报表,包括时间、地点、交通量、平均车速、占有率、车头时距、车辆类别等参数。

b. 环境及气象报表,包括时间、地点、气象数据、设备工作状态等参数。

c. 设备报警记录,是指对所有设备的报警情况进行记录,包括设备名称、报警时间、报警地点以及报警内容等。

d. 发布命令报表,主要指信息发布设备(可变信息标志、车道控制标志等)的工作情况,包括设备名称、地点、发布日期、发布内容、操作员工号等。

e. 报警报表,是指对道路使用者使用移动电话报警、紧急电话报警等数据进行统计。统计数据能够方便工作人员对一年内的详细数据进行查询,能够清晰显示任一时刻的交通量、环境参数、设备状况、事故状况、命令发布记录等数据,并以报表形式打印出来。

②图形

图形一般包括直方图、饼图和折线图,包含的信息有路网中各路段每日的气象信息、交通信息、能见度信息、外场设备工作状态信息、收费站信息、交通事件信息,以及路网中各路段一段时间(每周、月等)内的气象信息、交通信息、能见度信息、外场设备工作状态信息、收费站信息、交通事件信息。

11.1.2 数据传输方式

区域高速公路数据管理系统中的数据大多数来自外场设备,外场设备数据的传输方式有调制解调器、数据光端机和以太网光端机等。这几种传输方式可以满足数据传输时的不同距离要求,有各自的适用范围。在设计过程中,要结合监控系统自身的要求选择合适的数据传输方式。

(1)调制解调器

调制解调器(Modem)作为最早的数据传输方式应用在高速公路数据传输中,主要是为数字信号在具有有限带宽的模拟信道上进行远距离传输而设计的。在数据发送过程中,将计算机发出的数字信号转换成能在模拟信道传输的模拟信号,这一过程称为调制;在数据接收过程中,将信号转换成计算机可以识别的数字信号,这一过程称为解调。调制解调器集"调制"和"解调"两项功能于一身,主要用于远程数据通信。调制解调器传输方式网络结构,如图11.1所示。

通过外场设备采集的交通数据通过调制解调器进行传输时,需要在外场设备处安装独立式的调制解调器,在监控中心处安装具有网管功能的插卡式调制解调器。每个插卡就是一台独立的调制解调器,通过通信系统与外场调制解调器进行连接。外场设备输出的数字信号经过调制解调器调制后变为模拟信号,由通信电缆接入就近的通信站,通过通信系统连接到监控中心的调制解调器,将模拟信号再转换为数字信号,通过串口通信设备连接到各个功能的计算机上。在监控中心的调制解调器中安装控制模块,实现对外场独立式调制解调器的配置及功能管理。

(2)数据光端机

随着通信技术的发展,光端机技术越来越成熟,加上光纤价格的下降,光端机以传输距离远、抗干扰能力强、可靠性高等优点在外场设备数据传输中得到了越来越广泛的应用。数据光端机又称"光猫",是一种将电信号与光信号进行相互转化的设备。光端机包括光发射机和光接收机两种。光发射机能够接收电信号,并将电信号转换成光信号在光纤中进行传输;而光接收机是接收光纤传输的光信号,然后再将光信号转换成电信号。数据光端机传输方式网络结构,如图 11.2 所示。

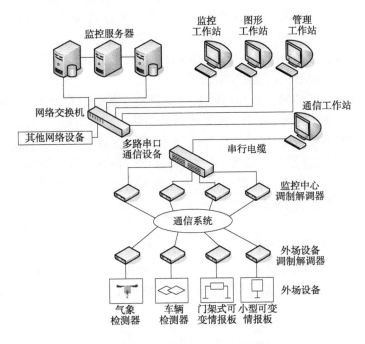

图 11.1　调制解调器传输方式网络结构图

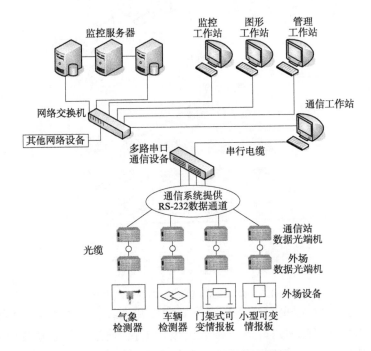

图 11.2　数据光端机传输方式网络结构图

数据光端机的传输方式有两种:一种是近距离数据光端机传输;另一种是远距离数据光端机传输。

①近距离数据光端机传输。外场设备发出的数字信号经光发射机转换为光信号,通过光缆传输到就近的通信站接收机,将光信号还原成模拟数据信号;通过通信系统提供的低速 RS-232 数据通道,将外场设备采集的数据传输到监控中心,在监控中心将多路低速数据信号通过串口通信设备连接到监控中心各个功能的计算机上。这种方式不需要占用主干线的光纤资源,但需要通信系统配备低速数据通道。

②远距离数据光端机传输。在外场设备处安装独立式的数据光端机,将设备发出的电信号经光发射机转换为光信号,首先通过光缆传输到就近的通信站,然后通过通信系统为监控系统数据传输预留的主干光纤,可以将光信号直接传到监控中心;在监控中心安装独立式的数据光端机,将光信号还原为电信号,通过串口通信设备将多路数据信号连接到监控中心各个功能的计算机上。这种方式需要通信系统为监控系统数据传输提供主干光纤,并选择适合远距离传输的光端机,该方案价格偏高。

(3)以太网光端机

以太网光端机也称"网络光纤收发器",用于传输以太网网络信号,实现信号的远程传输。如今,为适应市场的需求,许多厂家生产的设备都可以提供串口或以太网接口,因此在数据传输过程中可以直接选用以太网接口的数据传输通道。以太网光端机传输方式网络结构,如图 11.3 所示。

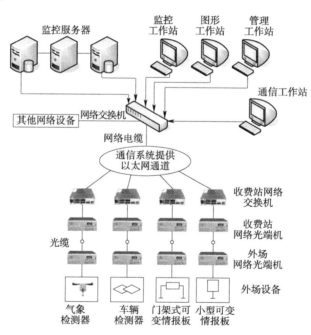

图 11.3 以太网光端机传输方式网络结构图

以太网光端机提供以太网接口,通过网络光端机和光纤将以太网数据传输到收费站的网络交换机上。以太网光端机对外场设备数据进行汇接,通过通信系统提供的以太网接口将数据传输到监控中心的网络交换机上。在监控中心,通过网络交换机连接到通信计算机上,实现外场设备数据的采集。这种传输方式的优点在于目前的通信系统均为收费系统提供以太网端口,监控系统可利用收费系统提供的充足的以太网端口组成全以太网监控数据传输网络。

11.2 数据检验与存储

高速公路监控数据采取分级存储的结构体系,存储结构体系主要分为路段监控站、监控分中心和监控中心3级。

路段监控站主要存储原始数据,如车辆检测器、气象检测器实时采集的数据,摄像机采集的视频信息,报警记录,设备运行状态以及操作员的操作记录等。

监控分中心主要存储路段监控站汇总后的统计数据。比如,车辆检测器、气象检测器、紧急电话等外场设施的月报表、年报表,重要高速互通处、特长隧道、特大桥、长大下坡、重要交叉路口、交通事故频发路段等的交通量统计数据,突发异常交通事件、重特大交通事故的相关数据,涉及需要监控中心组织协调处理的重要报警信息,监控分中心的配置信息,等等。

监控中心存储的数据包括路段综合评估数据(如路段畅通率、重特大交通事故统计数据、重要机电设备统计数据等)、重大交通事故相关数据、火灾报警记录、涉及全路网的预案策略以及监控中心的配置信息等。

11.3 数据共享与交换系统

数据共享与交换系统是高速公路交通安全的重要保障。管理者根据设备采集的数据可以了解道路的实时通行状况,向道路使用者提供某个路段的堵塞、事故、气象、施工等信息,并发布交通管制指令和诱导信息,及时向驾驶员提供当前道路的路况,从而引导驾驶员控制车速,选择正确的行车路线,确保行车安全。

11.3.1 数据共享与交换原则

数据共享与交换应遵循以下原则:

①以及时、准确、全面、有效为准则进行审核,做到共享与交换的信息内容准确无误、表述清晰。

②共享与交换的信息具有时效性和针对性,根据路况的实时情况随时更改。发布的路况信息要有利于驾驶员安全行车,当前方出现事故时,后方车辆有充足的时间调整路线,避免造成更严重的交通拥堵。

③共享与交换的信息要求语言精练、图形简洁、通俗易懂。如果共享与交换的信息语句比较长,可将信息按语义、字段合理分割,播放间隔最佳值为3秒,也可以采用滚屏形式播放。考虑高速公路车辆行驶速度快,驾驶员瞬间接收的信息有限,因此应尽量少采用交替显示。

④共享与交换的信息排版要求美观大方,文字居中,字体一般为红色、绿色和黄色,以便于驾驶员辨认。为提高视觉效果,共享与交换的信息应以不同的颜色呈现:红色可视距离最

远,且颜色醒目,因此用来共享与交换重要交通指令信息或表示禁止性的信息;黄色可视距离较远,穿透力较强,用于在能见度较小的天气状况下共享与交换表示警告性的信息;绿色可视距离相对较近,用于共享与交换基础的提示性信息。遇到特殊或紧急状况时,共享与交换信息可以重复或闪烁播放,以引起驾驶员的注意。

11.3.2 数据共享与交换系统结构

数据共享与交换系统主要由交通信息采集子系统、通信子系统、中心处理子系统、显示子系统组成。通过数据共享与交换系统,计算机可将道路上的交通状况、气象环境等信息共享与交换到可变信息板上,供驾驶员选择最佳出行路径。数据共享与交换系统的结构,如图11.4所示。

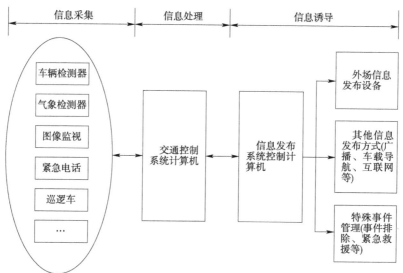

图11.4 数据共享与交换系统的结构

11.3.3 数据共享与交换系统布局

数据共享与交换主要通过用户管理、信息数据录入、信息数据存储、信息数据显示、控制命令处理和其他模块接口来实现。

(1)用户管理

不同的操作员分管不同的业务,每个登录界面都有权限设置,只有用户名和密码全部正确时才能进入界面进行操作,未授权的用户不能随意进行操作。

(2)信息数据录入

录入的信息既可以由人工手动输入,也可以从其他系统中自动采集。

(3)信息数据存储

将录入的信息数据格式化后存入数据库,方便以后进行处理、共享与交换。

(4)信息数据显示

系统可以将监控数据以表格或图形的形式显示在计算机界面上。

(5)控制命令处理

处理管理部门下发的调度命令,及时、准确地将数据共享与交换到相应的信息板上,对交通进行诱导控制。

(6) 其他模块接口

系统应预留一些网络接口，方便后期功能的扩充。

11.3.4 数据共享与交换的流程及方式

(1) 数据共享与交换的流程

数据共享与交换的流程为：用户进入可变信息板的数据共享与交换模式，对信息进行编辑、确认后实现信息的共享与交换。数据共享与交换流程，如图11.5所示。

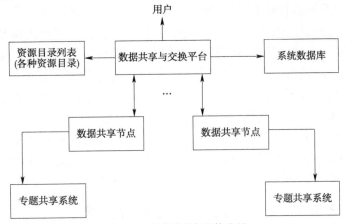

图11.5 数据共享与交换流程

(2) 数据共享与交换的方式

数据共享与交换的方式主要有3种，即固定信息自动显示共享与交换、自动控制信息显示共享与交换、人工控制信息显示共享与交换。

①固定信息自动显示共享与交换，指对常用的交通信息，如宣传标语、交通法规等，通过计算机系统设置定时共享与交换，可以自动播放编辑好的信息。共享与交换内容、共享与交换时间可通过系统随时更改。

②自动控制信息显示共享与交换，指根据信息采集系统采集的实时交通流数据，通过软件内部预先设定的算法生成诱导信息，包括交通拥堵信息、突发事件信息、交通诱导信息等，这些自动生成的共享与交换信息经过工作人员确认后，发送到可变信息板上。

③人工控制信息显示共享与交换，指不能自动显示的信息，如交通控制信息、道路施工信息、异常天气信息等，需要人工进行编辑，再通过控制系统共享与交换到外场信息板上。共享与交换的信息既可以设定即时发送并显示，也可以编辑好后由控制系统设定为定时发送显示。

11.4 数据应用支持

11.4.1 数据在收费系统中的应用

收费是高速公路收费体系中的核心业务。根据自动化程度的不同，可将收费系统按收费方式分为全自动收费、半自动收费、人工收费和自动收费与半自动收费相结合的收费方式等。

高速公路收费体系中的数据内容巨大,结构复杂。其中视频、音频、图片、文本、XML、HTML等数据最多。面对如此规模的各类数据,为了快速获得有价值的数据信息,亟须高效的数据查询技术和分析处理功能的新技术,因此,大数据处理技术开始被引入高速公路的收费系统中。利用大数据综合处理信息,可以进一步加快收费系统的运行效率,同时通过对高速公路上车辆状态的掌控和合理调度,可以改善高速公路的通行能力,实现未来高速公路的高效化、智能化发展。

11.4.2 大数据在电力检测系统中的应用

高速公路电力系统具有数据量大、结构复杂、价值密度低等特点。采用大数据的处理方式,能够充分挖掘高速公路电力系统监测数据的内在价值(即应用价值和潜在价值),并利用数据间的关联规则完成归类分析,从而得出数据的价值属性;同时,根据监测数据的不同应用方向,采用按级分路输出方式,最终满足用户需求。相较于其他技术,大数据可以对海量数据信息进行存储,并对大量、多样的各类信息进行分析处理,表现出了强大的洞察力和决策能力。大数据"廉价、迅速、优化"的特性可以获得最低的综合成本。另外,高速公路电力系统结构复杂、负荷较多。在高速公路电力系统中,基于大数据能够迅速发现电力网络中电压波动与闪变发生的原因,并利用相应的电力反映措施,实时响应,降低电压波动,提高电路电压质量,从而改善了系统稳定性,达到了节约能耗的目的。

11.4.3 大数据在视频监控系统中的应用

视频监控系统是实现高速公路安全、高效运营的主要保障。近年来,我国高速公路建设不断推进,视频监控系统在高速公路建设中所占的比例也不断增加。视频监控系统的使用先后经历模拟监控阶段、模数混合阶段和全数字化监控阶段。通过监控系统中的图像和视频数据而获取的人、车、路等目标信息,为高速公路的畅通运营提供了有效保障。

在全国范围内的视频监控网络和高清画面质量的推动下,大数据成为视频监控系统的新的发展方向,在与大数据的融合过程中,视频监控系统将向着高清化、智能化、网络化方向发展,并具有高容量、高性能和高适应性特点。同时,上述发展趋势也会对标准制定、装备制造、平台搭建和交通服务等产生新的影响。高速公路大数据还可以加速相应软硬件产业的进一步发展,并在数据平台、硬件制作、系统建设和交通信息数据服务领域引发根本性变化。

11.5 基础数据管理

基础数据管理主要包括用户管理、路段管理、设备管理、参数管理以及预案管理。用户管理包括用户定义、授权、登录,只有已经在系统中注册的用户才能操作软件,系统通过密码设置来确定操作者的访问权限,若用户名与密码不符,则不能进入软件,以此来保证系统使用的安全性。能够进入系统的用户可以对路段、设备、参数、预案等数据进行增、删、改、查等操作。基础数据管理流程图,如图11.6所示。

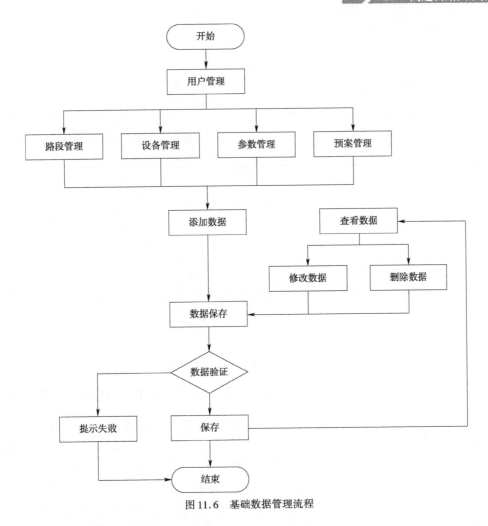

图 11.6 基础数据管理流程

11.6 数据维护与更新

数据更新是以新数据项或记录、替换数据文件或数据库中与之相对应的旧数据项或记录的过程,通过修改、删除、再插入的操作来实现。在高速公路收费系统中,数据更新是一个很重要的功能,在费率表数据变更、名单表数据变更等情况下,使用数据更新功能可以很方便地让收费系统适应新的需求,而无须修改程序代码。随着收费系统的部署使用,各种黑名单数据、灰名单数据不断增长,同时全国的高速公路联网,不同系统间的数据交换量也在增长,大批量的数据更新情况不断涌现。当数据量变大时,原有的数据更新方式可能成为系统的瓶颈,导致系统产生各种性能问题。以下主要分析如何提高收费系统中大量数据更新的效率。

11.6.1 收费系统的数据传输结构

通常高速公路收费系统数据传输结构分为中心、分中心、收费站、车道 4 层,如图 11.7 所示。在这 4 层结构中,除中心存在数据更新外,分中心和收费站多采用服务器,服务器的配置较高,从而数据更新对收费站来说影响不是很大。

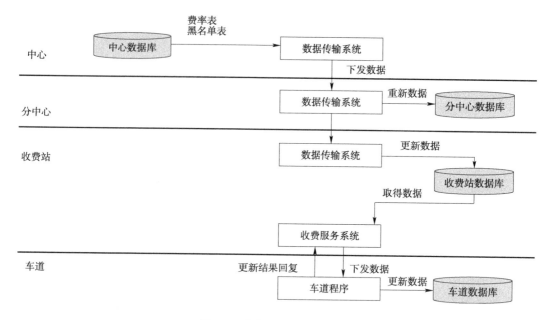

图 11.7 收费系统数据传输结构

11.6.2 车道收费系统的更新方式

车道收费数据库多采用微软数据库引擎（Microsoft SQL server Desktop Engine），系统采用.NET 平台进行开发。收费系统和数据库采用 ADO.NET 方式进行连接，ADO.NET 提供与数据源交互的公共方法。但是对于不同的数据源，通过采用一组不同的类库，这些类库称为数据供应商（Data Provider），通常是以与之交互的协议和数据源的类型来命名的。在与 MSDE 连接中，系统使用了 Date Provider。

数据更新通常有全量数据更新和增量数据更新。全量数据更新的优点是更新数据完整，不会出现数据遗漏；缺点是数据量比较大，影响系统性能。增量数据更新的优点是数据更新量小，对系统性能影响较小；缺点是系统处理复杂，容易出现数据丢失或漏更新的情况。车道收费系统为了避免系统设计的复杂性，多采用全量数据更新的方式，其更新处理流程如图 11.8 所示，在图 11.8 中使用了 Data Adapter Update 的方法将数据更新到数据库。这种方法在更新小数据量时没有问题，但是在更新大数据量时会占用大量的内存和 CPU，从而会影响系统的性能，导致车道收费系统产生各种性能问题。

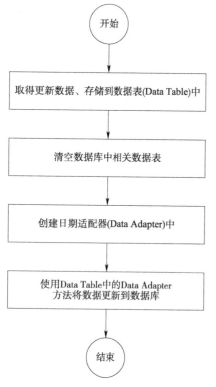

图 11.8 数据更换处理流程

11.7 数据安全

11.7.1 信息保障系统

"六网合一"指互联网、客户端(手机 APP)、手机网、12114(短信网址)、社区网(微博等)、微信网这六大网络结合到一起,形成的集复合型功能于一体的新型网络结构。目前,这六大网分别有了不同程度的普及与发展,在多网功能日益成熟后,"六网合一"的实现变得清晰起来。可通过"六网合一"系统实现信息共享,进而系统平台应用信息的有效性得到保障。

(1)车辆信息提取和共享

车辆信息可通过机动车基本信息查询接口从全国统一的"六网合一"系统中提取。车辆信息主要包括车牌号、类型、用途、保管人等。

(2)驾驶人信息提取和共享

驾驶人信息可通过驾驶人基本信息查询接口从全国统一的"六网合一"系统中提取。通过建立驾驶人信息数据库,实现信息共享,可达到日常查询和管理的目的。驾驶人的个人信息主要有姓名、性别、手机号码等。

(3)车辆违法信息提取和共享

车辆违法信息主要通过交通违法查询接口从全国统一的"六网合一"系统中提取。通过高速公路现场抓拍和非现场抓拍获取数据信息,同时与外省违法信息进行违法信息数据共享,可实现机动车非现场违法信息记录和交通违法处理记录的综合管理。

(4)交通事故信息提取和共享

交通事故信息可通过交通事故信息查询接口从全国统一的"六网合一"系统中提取。通过查询交通事故信息,实现信息共享,可达到查询分析、管理的目的。交通事故信息包括事故的位置、原因、类型等信息。

11.7.2 安全保障系统

数据安全保障系统主要包括防火墙和网闸两部分。

(1)防火墙

通过在系统平台与外网之间设置防火墙,可保证系统数据的安全和数据系统操作的正常运行。防火墙的具体功能如下:

①系统与外部数据交换一律通过加设网络防火墙来保证数据安全。

②对接入系统的计算机实行注册管理机制。

③对接入系统的每一台服务器和终端都安装防病毒软件,并定期升级、定时查杀病毒。

④通过配置网管软件,能够协助网管人员监控局域网内网络设备的异常情况,以便及早发现问题、解决问题。

(2)网闸

在进行互联网数据传输时,对需要访问公安内网业务库的数据,需要通过省公安厅安全网闸进行数据摆渡,保障其数据的安全。

12 高速公路智能交通系统总体评价

通过对高速公路智能交通系统的运营性能进行评价,可以判断高速公路智能交通系统能否满足各种设计要求,能否与改造前的系统进行匹配正常运营,改造后的高速公路智能交通系统运营能否达到标准,从而使高速公路智能交通系统改造后正常发挥其应有的效能。

对高速公路智能交通系统的评价主要从以下5个方面进行。

12.1 系统监测与服务平台评价

根据交通运输部颁布的2012年第3号公告《公路网运行监测与服务暂行技术要求》及《高速公路监控技术要求》,并结合2011年5月由交通运输部公路科学研究院编制的《首发高速公路机电系统评估及智能化运行体系建设建议》,对系统监测与服务平台进行功能性评价的标准如下。

12.1.1 外场设备评价标准

(1)设备布设原则

监控系统外场设备布设原则,如表12.1所示。

监控系统外场设备布设原则　　　　　　　　　表12.1

外场设备	布 设 原 则
视频监控设备	①高速公路视频监控设备设置宜实现全程覆盖(直线路段上下行交错设置,双向每公里一处,转弯、坡道或立交桥区根据视距情况适当加密); ②高速公路沿线重点监控节点,如常发生拥堵路段、事故多发点等,应设置视频监控检测设备; ③高速公路视频监控设备位置选择,应兼顾可变情报的板监控功能; ④收费系统视频监控设备必须覆盖收费车道出入口、收费岗亭、收费广场; ⑤在无人值守机房、监控中心设备机房、不间断电源(UPS)室、票证室和监控大厅设置监控摄像机,进行必要的安防环境监视
交通流检测设备	①在高速公路路段上,每间隔1~2km应设置一处交通流检测设备(首选微波检测器,装在路侧,用于检测双向交通流); ②高速公路沿线特大桥、大桥,特长隧道、长隧道上游路段,应设置交通流检测设备; ③高速公路互通立交桥区,分流比例大于15%的分流匝道,应设置交通流检测设备; ④高速公路常发生拥堵的路段,宜适当加密设置交通流检测设备

续上表

外场设备	布 设 原 则
信息发布设备	①高速公路出口上游,应设置可变信息板(根据出口下游关联路线复杂或重要程度,选择不同类型,单悬臂双基色或嵌入式复合屏); ②高速公路上常发阻塞点上游分流节点之前,应设置可变信息板; ③高速公路与可替换道路的路径选择点之前,宜设置可变信息板; ④高速公路与国/省道、快速路、城市主干道交叉口或互通立交之前,宜设置可变信息板

(2)外场设备系统功能

监控系统外场设备系统功能,如表 12.2 所示。

外场设备系统功能　　　　　　　　　　表 12.2

外场设备	应具备的功能(不限于此)	功能描述
信息发布设备	信息发布功能	能分行显示上级管理部门下发的交通信息(包括文字、图形等),并可通过图形与文字结合显示道路运行状态
	内容反馈功能	具有显示内容实时反馈功能
	信息存储功能	设备显示的内容可在设备内存储
	亮度调节功能	能根据外部亮度调节信息板信息显示亮度
	事故黑屏功能	当可变信息标志不能正常显示时,不显示任何内容,自动转为黑屏
	故障自检功能	当设备发生故障时,能自动检查并将设备故障信息进行反馈
	防雷保护功能	具备防雷功能
	通信功能	具备数据上传所需通信功能
车流量检测设备	交通监测功能	检测每一车道的交通量(分大、小车类别)、速度和车道占有率等基本交通参数
	数据预处理功能	对监测数据按设定时段进行预处理
	数据存储功能	可在设备内存储检测数据,并保留一定期限
	故障自检功能	当设备发生故障时,能自动检查并将设备故障信息进行反馈
	防雷保护功能	具备防雷功能
	通信功能	具备数据上传所需通信功能
事件检测设备	事件检测功能	至少具备检测停车、逆行、低速、超速功能;可具备检测行人、事故、拥堵、火灾、抛洒物及烟雾等功能
	报警联动功能	可与相关系统进行报警联动
	故障自检功能	当设备发生故障时,能自动检查并将设备故障信息进行反馈
	防雷保护功能	具备防雷功能
	通信功能	具备数据上传所需通信功能

续上表

外场设备	应具备的功能(不限于此)	功能描述
视频监控设备	视频监控功能	全方位监视互通、重点路段等处的交通运行状况
	旋转功能	根据控制命令进行水平、垂直旋转
	变焦功能	根据控制命令进行镜头的变焦
	预置位功能	设定一定数量的预置位,在无人为控制的情况下进行预置位巡视
	彩转黑功能	白天为彩色摄像机,夜晚可转为黑白摄像机
	解码功能	将控制命令转换为具体动作
	故障自检功能	当设备发生故障时,能自动检查并将设备故障信息进行反馈
	防雷保护功能	具备防雷功能

12.1.2 系统监测与服务平台评价标准

系统监测与服务平台的功能描述,如表12.3所示。

系统监测与服务平台的功能描述 表12.3

应具备的功能	功能描述
信息采集功能	采集交通流信息,如交通量(分大、小车类别)、速度、车行驶方向等
	采集道路沿线气象检测器所采集的气象信息
	采集外场设备、管理部门设备的工作状态反馈信息
	接收和记录紧急电话的告警或求援信息
	接收管辖范围内的视频图像,并能实现切换控制
	接收并记录巡逻车或其他信息渠道报告的路上交通信息或事件
	接收下级管理部门上传的信息(主要包括各设备工作状态、各设备采集的信息、异常事件信息、控制预案处理结果信息等)
	采集收费系统交通量、车道工作状态等信息
	接收监控总中心的指令
	采集操作员输入的事件、事故信息(重大灾害事件、交通事件、日常事件);对发生的每一事件的详细情况均须记录在案
数据处理功能	对路网运行状态进行判断,并通过人机界面报警
	处理车辆检测器提供的各种信息,以判断交通状况(如交通堵塞或拥挤)
	处理外场气象检测值,判别门限值是否超标
	根据事件检测处理结果,判断交通事件发生情况
	根据人工报警的信息,判断交通事件情况
	根据路网运行状态判断结果,生成交通处置方案
	根据接收下级管理部门上传的信息,判断是否需要对管理范围内的路网进行协调控制,并产生相应的执行预案
	对系统运行状态进行判断,即具备系统运行正常与否的实时自诊断功能
	具备交通信息和各类报表的统计、查询和打印功能等

续上表

应具备的功能	功 能 描 述
信息显示与发布功能	在监视器上显示管理区域的视频图像,当有警报时自动切换画面在监视器上显示,并进行视频存储
	在大屏幕显示系统上动态显示每一区段交通和隧道的运行状态、设备工作状态、报警位置及各种图表报告等
	当出现交通异常事件时,能及时发布相关交通信息,保障道路的安全畅通
	服务区的信息发布屏用于向驾乘人员显示各种警告、禁止、诱导、运营时间等信息
视频管理功能	能够实现对上传的视频、图像进行切换、控制、显示
	能实现对所有上传图像进行存储
	能通过通信系统访问管理范围内各管理部门存储的所有视频信息
	能通过事件联动功能对特殊情况所在地的视频、图像进行切换显示
	视频控制权限高于基层监控单元
	接收上级管理部门下发的视频控制指令,并完成切换、控制
交通管理与应急处置功能	在正常情况下,计算机在综合分析交通和环境等指标状况后,根据系统内已配备的控制方案,对全线实行自动控制
	具备应急联动控制功能,根据信息处理结果,产生系统联动方案,并能正确执行
	下达控制指令,包括时钟同步、状态控制、设备门限值控制、操作方式控制、预案控制等
系统设备管理功能	具有对本系统的软、硬件等进行管理的功能,以及通信自动检测和故障报警功能,并在发生故障时自动采取必要的措施
公路出行信息服务发布功能	发布公路基础信息,包括公路的路线名称、路线编号、位置、路线示意图、公路等级、车道数、衔接的公路名称等
	发布特殊构造物信息包括复杂互通立交的位置、互通立交桥区的车辆行驶路线示意图,各级公路上出入口、桥梁、隧道位置信息等
	发布高速公路收费站信息,主要提供收费站收费方式、收费标准、车型划分标准等信息; 发布服务区信息,主要提供到达服务区的行程时间、服务区排队长度、服务区提供的服务内容以及相应的收费标准等; 发布停车场信息,包括沿线停车场营业时间和收费情况,到达停车场的路线信息
	发布可选出行方式,主要提供从出发地到目的地可以采用的出行方式,如全程自驾、自驾与其他交通方式相结合等; 发布可选出行路径,主要提供两点或多点之间的较优路径(基于时间、距离、自费较优或综合较优等因素)及备选路径方案信息
	发布交通流信息,主要提供路网实时交通流数据(包括交通量、速度等),提供路网交通流量、行程时间等预测信息; 发布交通阻断和拥堵信息,主要提供交通阻断或拥堵的路线名称、具体位置、具体原因、排队情况、行车速度以及现场图片等
	发布突发事件信息,包括事件原因、影响路段、公路受损及通行影响情况等; 发布突发事件处置信息,主要向出行者提供突发事件处理情况、交通管制措施以及预计恢复时间等信息,为驾驶员选择合理绕行路线提供支持

续上表

应具备的功能	功能描述
公路出行信息服务发布功能	发布公路施工养护信息,包括近期计划实施施工养护路段的路线编号、路线名称、施工路段起止点、预计工期,以及交通组织措施、安全措施等; 发布通行限制或封闭信息,主要提供因施工养护采取交通管制路段的限行或封闭信息,包括限行原因、限行时间、限制行车速度、限制通行车种、安全车距信息等信息
	发布实时公路气象信息,包括沿途实时的温度、湿度、风速、冰、雪、雨、雾等天气状况信息; 发布公路气象预报信息,主要提供未来一段时间出行区域的公路气象预报信息
	提供公路交通法律法规、公路交通行业政策信息等交通政务及辅助信息
	发布交通运行状态信息。发布道路拥挤情况时,可按照拥堵、缓慢、畅通3个指标级别发布,或按照对应的红、黄、绿3种颜色发布可视化指标,这3种指标应对应拥挤度中相应的等级

12.2 系统关键设备评价

分别对监控系统、收费系统、通信系统、供配电系统这4个系统中的关键设备进行评价。监控系统的关键设备评价主要是指对服务器、工作站和存储设备性能的评估。对收费系统进行评价时关注的重点是工作站的性能评估,如对工作站处理能力的评价等。对通信系统进行评价的关注重点是两个以太环网的交换机和光缆线路的性能评估。对供配电系统进行评价时主要关注对交流电源发生器和交流隔离变换器等设备的评价。评价时主要采用对比法,首先分析业务系统的关键需求,然后对比关键设备性能,进而评判其可用性。

须对关键设备进行系统、总体的评价,以检验各设备是否能高效地使系统发挥作用。根据系统性能评价标准,验证系统能否达到标准与要求。"是"表示达标,"否"表示不达标;"优"表示性能优好,"良"表示性能一般,"差"表示性能差。

系统关键设备总体性能评价标准与评价效果表,如表12.4所示。

系统关键设备总体性能评价标准与评价效果表　　表12.4

系统性能标准	功能描述	标准是否达标	性能效果评价	说明
支持智能交通系统用户服务	在用户服务的描述中,系统物理架构和市场功能包提供了对系统的流程和规范的可追溯性			
灵活性和可扩展性	①开放的系统结构; ②功能包模块化设计,允许在功能和技术上逐步扩展			
系统功能的多层次化	①允许多个市场功能包拥有共同的目标,但是在功能和技术性能要求上存在不同,如ATIS系统和ATMS系统; ②支持不同技术层次的多种产品和服务			

续上表

系统性能标准	功能描述	标准是否达标	性能效果评价	说明
系统增量化安装:不断完善改进	①建议早期的市场功能包使用已有的广域和短程通信技术; ②对新兴技术同时又有必要使用的技术,考虑技术的成熟度以及时间,采用逐步增量化"打补丁"的方法			
系统增量化安装:对已有的系统	①尽量使用已有的成熟技术,如使用基于单元通信的广域通信和短程通信技术; ②不同系统之间和不同机构之间加强信息共享和信息管理; ③完善系统内部协同和不同机构间合作的标准; ④避免只针对内部功能和流程的标准规范			

12.3 车道收费系统评价

收费车道是整个收费系统的基础设施单元,收费车道主要完成车辆通行费的征收和各种实时数据的采集两大功能。收费车道设备应遵循以下原则:

①硬件设备选型要满足高质量、高性能、高耐用的原则;

②在满足现有建设资金和功能的需求下,选用标准化、兼容性好、易于维护、型号稳定的硬件设备;

③整个收费系统内的硬件设备应当具有统一的标准和型号,以保证系统的兼容性及便于后期维护。

对车道收费软件系统功能进行评价主要采用对比法。评价时,首先分析业务系统的关键需求,然后对比关键设备性能,评判其可用性。

12.4 系统运行环境评价

以《高速公路通信技术要求》中对路段监控分中心、收费站、通信(分)中心机房及基层无人通信站机房和监控大厅的配置、环境、安全等的要求为标准对系统运行环境进行评价。

12.4.1 配置要求

机房及监控大厅的配置要求,如表12.5所示。

机房及监控大厅的配置要求　　　　表12.5

内容	配置要求
机房及监控大厅布局	机电系统的机房一般包括电源室(含进线室)、通信设备机房、通信管理终端机房、监控大厅。电源室一般设置在一楼,通信设备机房、通信管理终端机房、监控大厅等设置在二楼或以上,且相互靠近,由房建工程统筹考虑

续上表

内　　容	配　置　要　求
电源室	不间断电源(UPS)和参数稳压电源(如有)应放置在电源室,且场区电缆井应与进线室内的电缆沟相通
机房及监控大厅高度	省级中心监控大厅净空高度应不小于6.0m;其他监控大厅净空高度应不小于4.5m;其余机房净空高度应不小于3.2m
机房平面	机房应采用矩形平面,不应采用圆形、三角形等不利于设备布置的机房平面,且各房间内不设立柱
机房荷载	机房地面的等效均布活荷载应不小于8kN/m²

12.4.2　环境要求

机房及监控大厅的环境要求,如表12.6所示。

机房及监控大厅的环境要求　　　表12.6

内　　容	环　境　要　求			
湿度、气压条件	机房气压应不低于70kPa,且不高于106kPa			
	机房类型	温度	相对湿度	温度变化率
	监控大厅、通信管理终端机房	18℃~28℃	40%~70%(≤30℃)	+10℃/h
		15℃~30℃	20%~80%(≤30℃)	+10℃/h
静电干扰	机房内的静电活动地板应符合SJ/T 10796规定的技术要求,其他防静电地面参照标准执行			
	墙壁和顶棚表面应光滑平整,减少尘埃			
	机房内的工作台、椅、终端台应防静电			
	机房内的图纸、文件、资料、书籍等应存放在防静电屏蔽柜内			
电磁干扰	机房内无线电干扰场强,在频率范围0.15~1 000MHz时不应大于126dB			
	机房内磁场干扰场强应不大于800A/m			
照明	机房应以电气照明为主,避免阳光直射入机房内和设备表面上			
	机房内的照明分为由市电供应的正常照明、由柴油发电机或其他备用电源供电的保证照明、在正常照明电源中断而备用电源尚未供电时暂由蓄电池供电的事故照明等			
	机房种类	照明要求		亮度要求/lx
	监控大厅	正常照明、保证照明(操作台区域)		≥300
		事故照明		≥5
	通信管理终端机房	正常照明、保证照明		≥300
		事故照明		≥5
	电源室、通信设备机房	正常照明、保证照明		≥300

12.4.3 安全要求

机房及监控大厅的安全要求，如表12.7所示。

机房及监控大厅的安全要求　　　表12.7

内　　容	安　全　要　求
防火	机房严禁使用木板、纤维板、宝丽板、塑料板、聚氨乙烯泡沫塑料等易燃材料装修
防火	机房吊顶、隔墙、空调通风管道、门帘、窗帘均应采用不燃烧的材料制作
防火	机房内的文具柜、工作台、桌、椅、梯子等必须用不易燃烧的材料制作
防火	空调通风管穿越机房隔壁、楼底时，与垂直总风管交界的水平管道上应设防火闸门
防火	机房内应配备二氧化碳灭火系统和点式火灾监测器；有玻璃隔断的机房应在被隔断区配置二氧化碳灭火系统和点式火灾监测器
防水、防潮	机房内应无明显积水、水浸
防水、防潮	机房内不应采取水喷淋消防系统
防水、防潮	机房地板、顶棚、墙壁不应潮湿发霉和结雾、滴水

12.5　信息系统安全性评价

12.5.1　评价要求

信息系统是高速公路信息化的重要组成部分，信息系统安全是信息系统稳定、可靠运行的重要保障。对信息系统安全性的评价主要是依据信息系统安全等级保护的相关规定，采用对比法来进行的。信息系统安全防护需要技术手段和管理手段相结合。目前，首发集团已经制定了比较完善的企业信息安全管理办法和制度，六环路（酸枣岭—温阳）高速已经按照制度执行。所以，对信息系统的安全性进行评价主要是采取技术手段。评价时主要参照信息系统安全等级保护中的三级要求，分别从物理安全、主机系统安全、网络安全和数据安全4个方面进行分析。

12.5.2　物理安全评价

物理安全评价主要是从信息系统部署物理位置的选择、物理访问控制、防盗窃和防破坏、防雷击、防火、防水和防潮、防静电、温/湿度控制、电力供应、电磁防护10个方面来评价系统的物理安全性。

12.5.3　主机系统安全评价

主机系统安全主要是从身份鉴别、访问控制、安全审计、入侵防范、恶意代码防范和资源控制6个方面对主机系统的安全性进行评价。

12.5.4　网络安全评价

根据《北京市高速公路联网机电系统网络安全规划设计方案》，网络安全是对所划分的安全区域在边界隔离与访问控制、网络恶意代码防范、网络安全审计、网络可信接入、网络入侵检测等方面的安全防护建设。网络安全系统为实现以上需求,应进行如下设置:

①在分中心监控数据域与收费数据域边界处部署防火墙,实现对两个系统间非法访问的控制和区域内所有管理中心服务的防护,并加强此区域外的非法访问控制与信息流的流向控制。

②在各分中心监控系统、收费系统的共享安全管理域中部署一台网络安全审计系统,通过旁路方式接入上一级交换机,实现对网络设备的安全审计工作。

③为满足等级保护要求中对"边界完整性检查"的要求及联网机电系统内网中对网络接入认证的实际需求,可以利用现有的终端管理系统(TSM)结合堡垒机实现。网络接入终端管理系统结合数字证书技术,以实现对内网中用户的网络接入认证控制,实现对网络的上下线时间、使用等的监控。通过在分中心应用系统中部署安全认证系统(如堡垒机),以实现统一身份和双因子鉴别,增加对车道人员、维护人员等不同级别权限人员的管理。

④在分中心的收费系统与监控系统边界处部署网络防病毒网关,以加强对区域访问时的恶意程序及病毒代码的过滤检测。为了节省成本,在此处可以由防毒墙代替防火墙和反病毒网关。

⑤设置针对收费业务系统及统一认证系统的安全审计功能模块。

⑥在各分中心监控系统、收费系统的安全管理域中部署一台数据库安全审计系统,通过旁路方式接入上一级交换机,实现对数据库的安全审计工作。

⑦在分中心收费系统、监控系统的共享安全管理域中部署网络入侵检测引擎。

12.5.5 数据安全评价

数据安全评价主要是从数据完整性、数据保密性、备份和恢复3个方面对数据的安全性进行评价。

(1)数据完整性

信息系统采用可靠的数据校验手段来保证数据的完整性。

(2)数据保密性

因为所有数据均是在内部网络中传输和存储,通过严格的管理措施可以保证数据的保密性。

(3)备份和恢复

信息系统所有的数据均存储在磁盘阵列之中,因此,应在数据库软件中设置数据备份和恢复策略。

关键服务器采用双机模式,可有效保证业务的不间断性。网络采用的是环网结构,选用稳定、可靠的网络设备,能有效提高系统的可用性。

12.6 评价总结

通常,可根据高速公路智能交通系统运营性能评价标准来验证系统是否达到标准与要求。高速公路智能交通系统运营性能评价标准与评价效果,如表12.8所示。

高速公路智能交通系统运营性能评价标准与评价效果表 表12.8

运营性能标准	功能描述	标准是否达标	性能效果评价	说 明
交通预测模型的精度	①市场功能包支持各种数据采集方法,包括浮动车、CCTV图像采集等; ②交通监控和交通预测软件的设计具有灵活性	是/否	优/良/中/差	
交通监测和交通控制系统有效性	①有足够的带宽确保及时的数据采集和融合; ②有足够的带宽支持跨系统、跨部门的信息共享; ③有足够的实时信息处理能力(更新周期为30~60s)	是/否	优/良/中/差	
定位精确性	①支持现有各类定位技术(如卫星定位、地面三边测量定位、固定点定位等); ②支持新兴但不成熟的为先进的车辆安全系统服务的高精度定位技术	是/否	优/良/中/差	
信息传递有效性	①基于单元的通信技术,允许单向传输<0.5s的移动通信延误; ②支持实时(1~2s)的数据查询、检索和数据库管理; ③移动端查询数据时间小于3s	是/否	优/良/中/差	
通信系统容量	①充分利用现有的基于单元的通信系统能力的程度; ②有非专用的通信通道,以备更有效地利用通信频谱资源	是/否	优/良/中/差	
系统安全	①支持通信加密技术; ②支持用户认证通信; ③支持保留用户隐私和匿名的技术和信息	是/否	优/良/中/差	
地图更新	①支持在非高峰时段使用有线或无线技术进行地图更新,主要是补丁更新; ②无论有线更新还是无线更新,数据加载量和费用都应当重点考虑	是/否	优/良/中/差	
系统的可靠性和可维护性	在很大程度上依赖系统设计和实施条件(如系统结构的独立性)	是/否	优/良/中/差	

13 高速公路智能交通系统建设及评价案例

13.1 概述

以北京市某高速公路的智能交通系统为例,选取系统监测与服务平台和系统关键设备两部分,详细介绍高速公路智能交通系统评价的具体内容及细节。北京市某高速公路是一条连通北京远近郊区卫星城镇并与北京市所有放射线国道以及高速路连接的重要环状高速交通干线。全长约40km。全线设有10处匝道收费站。该高速公路全线为4车道,设计速度为100km/h。

13.2 系统监测与服务平台

13.2.1 系统平台框架概述

北京市某高速公路建有全新系统监测与服务平台,即综合监控平台。按照企业级系统逻辑分层设计,该平台由4个逻辑层组成,即设备层、数据层、应用层、服务层。系统监测与服务平台框架,如图13.1所示。

(1)设备层

设备层用于完成外场设备实时数据的采集与上传,主要包括对视频图像、交通参数、气象参数、设备状态参数等实时数据的采集与上传。

①视频图像。

道路监控视频设备的监控图像包括主线道路(互通立交、服务区、停车区等)的视频监控图像、特殊路段(如长下坡、小转弯路段等)的视频监控图像;

收费站监控视频设备的监控图像包括收费车道入口图像、收费车道出口图像、收费广场图像、收费亭图像。

②交通参数。

交通参数包括交通量、平均车速、道路占有率、车行方向等交通数据。

③气象参数。

气象参数包括路面状况(路面温/湿度、有无黑冰、雨/雪/霜厚度等),大气温度、湿度,风速、风向,能见度,降雨量。

④设备状态参数。

掌握外场设备的运行状态并辅以必要的状态显示,能对网络设备故障或擅自关断自动做出告警提示,能随时发现主要干线沿线外场设备的故障,及时通知责任单位抢修并督导其完成修复。可以进行状态监测的外场设备主要有监控摄像机、车辆检测器、气象检测器、可变情报信息板等。

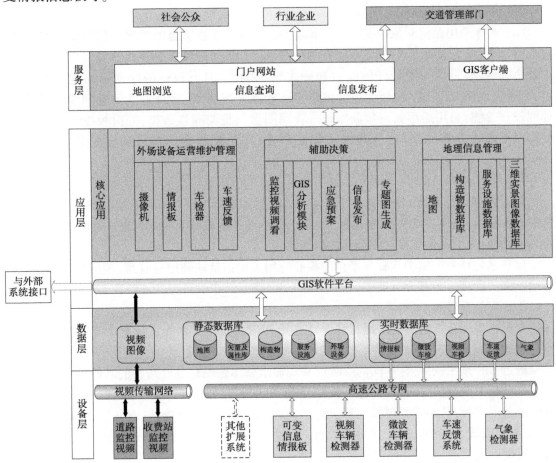

图13.1 系统监测与服务平台框架

（2）数据层

数据层主要具备数据采集、数据处理与加工、GIS支持及地图制作功能。

①数据采集。

数据采集与预处理层为业务应用系统与数据层之间统一交互的共享数据总线。数据按照国际标准封装成XML格式后，通过该数据总线，按照数据交换的基本规则建立业务应用系统（多源异构数据源）和目标数据层（交通数据中心）之间的映射关系，由基于Http的SOAP协议跨越防火墙进行传输，形成数据接入软件中的虚拟数据总线，完成对业务应用系统（多源异构数据源）的数据采集、处理、分析、存储与分发。

②数据处理与加工。

数据的处理与加工由数据库系统、应用服务器、Web服务器、Web Service客户程序完成。数据处理与加工（包括数据分析、挖掘、融合）利用交通数据冗余信息来提高数据的可靠性，利用其多源互补性来提高系统的认知能力，将不精确、不完整、不一致、不可靠的信息转化为对目标或现象的一致性的解释和描述；通常采用数据质量控制、数据集成、数据压缩与

· 159 ·

数据抽样存储、数据融合等技术手段来处理与加工数据。一般情况下，交通数据融合总是遵循由低级到高级的原则，前一级融合是后一级融合的基础。

③GIS支持及地图制作。

GIS支持采用面向对象的交通数据模型，通过网络以数字地图等多媒体数据的形式向交通管理者、交通使用者发布与交通有关的信息。GIS支持具有支持C/S及B/S网络环境的能力，具备各种数据统计分析能力和图表输出能力，具有较强的交通运输网络分析能力；可提供地图分层、综合显示、空间信息多样动态并发查询、多种方式的空间统计等各种地图操作功能；采用通用关系数据库统一管理图形数据与属性数据；同时根据系统数据类型提供不同的数据库接口，包括属性数据库接口、矢量数据库接口和多媒体（流）数据接口。

（3）应用层

GIS（地理信息系统）软件平台是该高速公路系统监测与服务平台的核心基础，须采用先进的GIS技术，集成二维GIS的功能，可以在C/S和B/S模式下共享二维/三维GIS和地图发布的功能，为交通系统提供图形化的服务。

该高速公路系统监测与服务平台的核心应用主要包括地理信息管理、辅助决策、外场设备运营维护管理3大部分。

①地理信息管理。

根据收集所得资料和道路运行情况建立地理信息系统数据库。数据库类别包括地图、构造物数据库、服务设施数据库、三维实景图像数据库等。

通过GIS系统软件，在不同的层级可直观显示整体路网和重要路段的基础信息、沿线附属设施及相关资源的分布信息，包括反映路段详细情况的地形库和地形库中存有的各路段范围的地图图片，其中主要包括地形、道路、河流沿线设施，如收费站、服务区、管理所、加油站、交警和路政大队、养护工区（站）、大型互通立交等的分布、数量、服务水平。

②辅助决策。

辅助决策主要完成以下几个方面的工作：

a. 通过视频数据的监视、分析，对北京路网交通进行综合监控，通过视频数据直观、实时地获得道路的运行情况。

b. 通过对监控数据接入点数据的综合分析、归纳，得出路网的运行情况和规律，分析高速公路运营情况，并判断是否有异常情况出现。当有异常、紧急情况出现时，及时采取相应的应对措施。

c. 分析路网的路况及其附属设施的状态，为其维护提供相应的决策和依据。

d. 通过对上述数据的综合分析，及时发现重大交通事故、紧急事件，获得重大事故、紧急事件发生时的视频数据、监控数据、处置措施等。

e. 为应急指挥调度提供解决预案，并提供应急服务资源的分布情况。根据收集的交通、图像、交通事故、异常事件等的信息进行综合分析处理，判断各管理区段的交通运行状态、异常事件的处理情况、环境条件、控制策略的实施情况。

f. 对应急指挥调度的数据进行综合分析，评价采取措施的有效性，完善应急预案和"专家知识库"，为后继应急指挥调度提供参考。

③外场设备运营维护管理。

系统将每个外场设备在地图上进行图形化显示,用户可以单击地图选择设备,系统将自动列出该设备的相关信息,包括名称、编号、规格、运行状况、维护记录及处理情况等。

此外,系统通过 B/S 系统与外场设备进行通信,获得上传的设备信息改变、设备增加、删除等信息,并实时在 GIS 界面上反映这些变化。

(4)服务层

服务层主要通过公众出行交通信息服务网站、移动智能终端、短信平台、多媒体信息查询终端等信息服务平台向社会公众、行业企业和交通管理部门提供信息服务、数据服务支撑等。

13.2.2 外场设备布设

(1)全程监控设备布设

①路段的监控布设。

在高速公路沿线互通立交区域,根据互通范围设置摄像机以监视互通区域状况,主线路段每隔 1km 左右设置 1 处监视点。在每处监视点均设置 1~2 台摄像机,每处监视点的摄像机共用同一立柱基础。主线路段的摄像机以一体化遥控摄像机为主,主要用来查看主线路段的车辆运行状况;互通匝道摄像机以固定摄像机为主,主要用来检测匝道车流量;桥下摄像机采用球形摄像机,主要用来查看桥下突发事件。

该高速公路根据上述监控布设的方式和路段的实际情况,对现有的所有摄像机全部进行了更新:共设置了一体化遥控摄像机 48 套,互通匝道固定摄像机 6 套,桥下球形摄像机 6 套;共利用原有摄像机杆 9 套,利用原有立柱基础 3 处。

②收费站视频、音频系统监控布设。

对收费站所有视频进行前端数字化编码,编码后的视频数字信号利用总中心与收费站以太网交换机组成的千兆光纤环网传输至各个分中心,总中心通过万兆光纤环网与各个分中心相连,在分中心采用数字化集中存储,并将数字视频解码成模拟视频上墙。由于视频在前端采用了数字化编码,所以可以对所有视频进行有效的管理。

该高速公路共设置了 41 套高清广场摄像机,81 套车道摄像机,81 套亭内摄像机,1 台 4 路视频编码器,29 台 8 路视频编码器。

(2)交通量监测设备布设

由于之前道路沿线交通参数采集设备为线圈车辆检测器,目前该功能已失效,导致监控人员对路上交通情况的感知能力有限。因此,目前该高速公路对全线交通流量进行实时检测,将采集的车流量、行车速度、道路占有率等交通流指标上传至监控中心,为监控管理人员提供实时交通流量数据。

该高速公路现选用美国 Wavetronix 公司生产的 Smartsensor 125 型数字微波车辆检测器。该产品采用了目前国际上最领先的全数字双波探测技术,安装方便、检测精度高,检测能力不受天气状况影响。Smartsensor 125 以其先进的技术原理、良好的可靠性、优异的检测能力、方便灵活的调试方法在全球微波车辆检测器的市场中处于领先地位。

(3)信息发布系统布设

该高速公路共设置 5 套大型可变信息标志,目前使用的大型可变信息标志在 2012 年进行了更新,可以满足当前的运营需求。根据《高速公路监控技术要求》,该高速公路在入口侧和重点互通立交区域前设置有可变信息标志。该高速公路在收费站入口前设置 14 套站前可变信息标志,采用 F 型支架,主要用于向欲进入该高速公路的车辆发布与该高速公路相关的交通信息,告知该高速公路的交通运行状况,如畅通、拥堵、封闭等信息,进而诱导车辆进入或不进入该高速公路。

该高速公路在重点互通出口前设置 4 套悬臂式可变信息标志,采用 F 型支架,主要用于向道路使用者发布前方路段的交通运行状况及相关的控制、诱导和限速信息。

(4)气象监测系统设备布设

该高速公路通过安装在路面附近的气象检测设备获取气象信息。气象信息包括能见度、温度、风向、风速等。

13.2.3 全程智能监控系统平台

全程智能监控系统平台的工作内容包括:实时收集该高速公路外场设备采集的交通流数据和气象数据、设备状态数据、事件数据,以及高速公路养护和高速公路管制等交通信息;进行数据分析,产生交通状态及事件数据信息;利用外场诱导信息屏进行信息发布;依据事件数据提供事件预案及视频、信息发布等联动处理,进行道路交通的控制、协调与事故处理;将所有的信息利用 TGIS(时态地理信息系统)平台进行综合显示;提供相关数据的查询、统计报表。除此之外,全程智能监控系统平台还可提供相关对外的数据服务,为与本系统通信的相关系统提供信息共享,并与北京高速信息总中心监控系统进行通信,完成信息共享和指令执行。

全程智能监控系统平台具备 5 种模式,分别为综合模式、信息板模式、查询分析模式、车道监控模式、设备监控模式,主要有综合图形显示、信息发布、视频控制、路网协调、事件处理、数据业务与应用、车道监控管理、数据统计分析、智能专家 9 大功能。全程智能监控系统框架,如图 13.2 所示。

13.2.3.1 综合图形显示

通过电子地图方式,监控人员可随意浏览地图,并可无限放大或缩小地图比例。通过点击道路,监控人员可放大查看此道路的相关情况,包括道路形状、道路周边设施、外场设备布设位置及设备当前状态;并可查看每一个外场设备当前采集和分析所得数据以及设备状态变化情况,主要包括 GIS 背景显示、设备状态显示、路段区域显示、情报板信息显示、交通状态显示、交通流数据显示、气象显示、视频显示、事件显示。

(1)GIS 背景显示

GIS 背景在全程智能监控系统平台上的显示,如图 13.3 所示。

在计算机屏幕上显示整条道路的地图,并在其上标识出重要的设备、道路设施、道路职能部门等分布的位置,同时在地图上标识出公路的里程(或桩号)。

重要设备包括摄像机、车辆检测器、气象检测器、可变限速标志、可变信息板等;道路设施包括各收费站、服务区等;道路职能部门包括交警队、路政管理所、养护工区、火灾消防队、医院等。

(2)设备状态显示

监控中心操作人员可通过分布在地图上的设备图标来了解外场设备目前所处的状态。

13 高速公路智能交通系统建设及评价案例

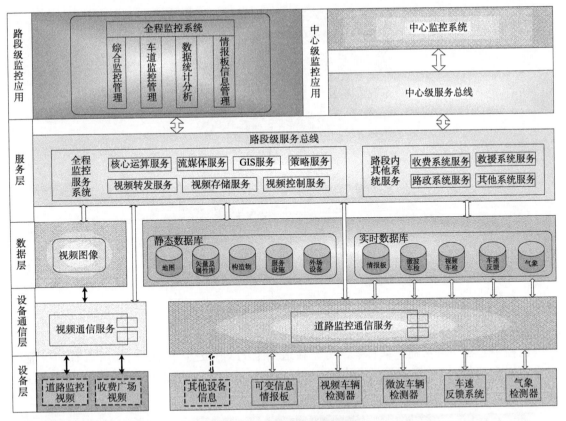

图 13.2 全程智能监控系统框架

图 13.3 GIS 背景显示

外场设备主要包括车检器、视频车检器、摄像机、气象仪、信息板(可变信息标志)。

设备状态监控显示,如图 13.4 所示。

(3)路段区域显示

按路段互通、收费站(或桩号)进行路段区域划分,进行重点放大显示。

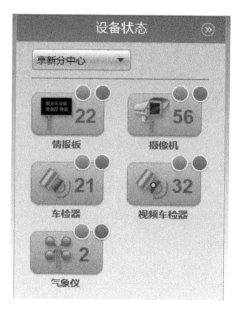

图 13.4　设备状态监控显示

(4) 情报板信息显示

监控中心操作人员通过鼠标点击分布在道路上的"情报板"的图标,就可以看到目前该设备正在显示的内容,同时还可以发布命令控制这些设备。情报板信息显示,如图 13.5 所示。

图 13.5　情报板信息显示

(5) 交通状态显示

通过车检器检测的交通流数据经智能专家库分析可得出交通状态数据。交通状态显示,如图 13.6 所示。

(6) 交通流数据显示

通过车检器获取的信息有交通量、平均车速、道路占有率等。车检器状态显示,如图 13.7 所示。

13 高速公路智能交通系统建设及评价案例

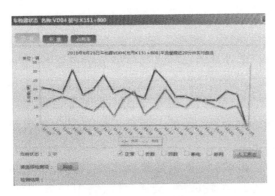

图 13.6　交通状态显示

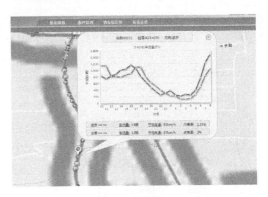

图 13.7　车检器状态显示

(7) 气象显示

通过安装在路面附近的气象检测设备可获取气象信息。气象信息包括能见度、温度、风向、风速等。气象状态显示，如图 13.8 所示。

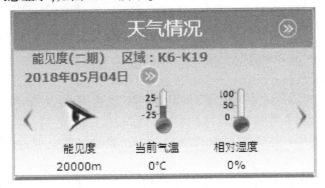

图 13.8　气象状态显示

(8) 视频显示

路段视频分组、分区域实时显示在计算机屏幕上，实时播放路段视频，并可查看历史视频。路段视频显示，如图 13.9 所示。

图 13.9　路段视频显示

图 13.10 事件显示

(9)事件显示

当监控中心操作人员输入各类事件信息或系统采集的事件信息后,事件会在事件通知区域显示出来,待事件确认后,会自动在地图上的相关区域显示出来。当用鼠标点击各事件的图标时,系统会弹出窗口显示详细的信息,包括推荐处理办法、联系人及联系电话等。事件显示,如图 13.10 所示。

道路事件(事故)信息包括路面事件、恶劣天气、事故灾难、道路施工、车辆故障、交通事故、警卫任务、隧道事件等。

13.2.3.2 信息发布

信息发布过程主要包括信息管理、信息编辑、信息发布、信息显示。

(1)信息管理

信息管理包括信息分类管理、信息模板管理。目前,北京市南六环分中心只具备具体信息管理功能,信息分类管理和信息模板管理均由北京高速信息总中心统一负责。

信息按用户需要可以分为不同的类别,如交通类、气象类、施工类、勤务类、警示类、节假日类、宣传类、政策类、服务类等。

信息分类管理,即用户按需要可自行增加、修改、删除信息类别,并设置相应的字色或字体。

信息模板管理,即用户可以进行信息模板的增加、修改、删除、查询等操作。

目前,北京高速公路联网交通监控系统将信息分为如下几种:

①路况提示信息,包括交通事故信息、道路施工信息、道路畅通和拥堵信息;

②天气预警信息,包括恶劣天气信息、道路封闭信息;

③行车须知信息,包括提示性信息、法规性信息;

④公司内部信息,包括庆祝信息、服务信息;

⑤临时信息(临时通知)。

北京市某高速公路全程智能监控系统平台信息管理界面,如图 13.11 所示。

(2)信息编辑

信息编辑是指针对信息板(可变信息标志)将要播放的信息进行相应的字色、大小、字体的编辑。用户可基于信息类别模板进行调整和自定义编辑。

(3)信息发布

信息发布是指针对信息板(可变信息标志)发布已经编辑好的信息。用户可以自行设置播放模式和播放时间间隔。

(4)信息内容固化

信息内容固化是指用户可以根据需要,将一定条数的信息下发到信息板(可变信息标志)并固化存储。信息一旦固化存储就不可轻易替换,如"严禁超速、超载"这类信息。信息内容固化的目的是提高信息发布的准确性和速度。此操作只限管理员进行。

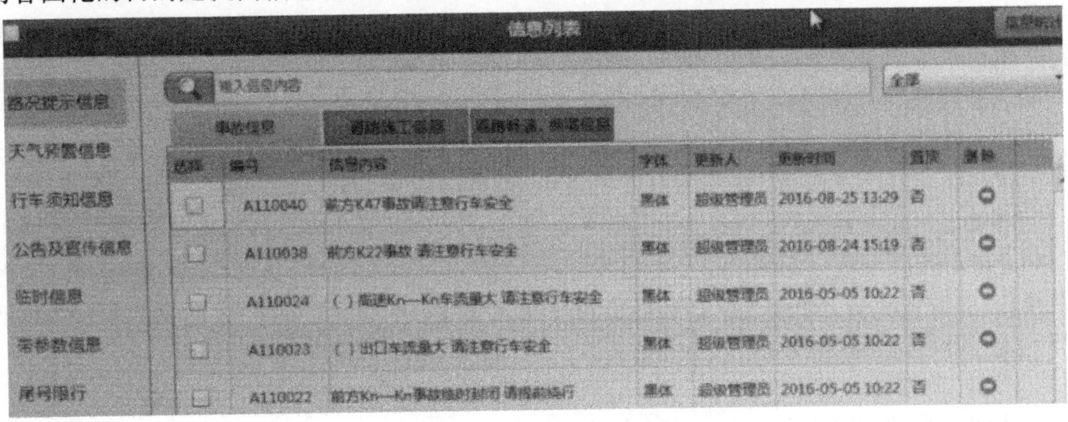

图 13.11　信息管理界面

(5)信息显示

用户可按桩号范围、信息板类型快速地进行信息板筛选,显示信息板相关信息。情报板显示内容包括情报板名称、桩号、方向、信息内容、状态。用户点击设备状态统计图标,可显示设备故障情况。

13.2.3.3　视频控制

视频控制过程主要包括视频显示、视频控制、视频轮流显示。

(1)视频显示

点击 GIS 图中的摄像机图标可显示此摄像机当前的视频;点击视频,可以进行视频显示放大、缩小、全屏等操作。

(2)视频控制

用户在视频播放窗口可以对可控制的摄像机进行控制,如将鼠标滑动到播放窗口下端,会浮出"视频控制"栏,可进行对摄像机方位等的控制。"视频控制"悬浮栏中包括云台、景深、聚焦、光圈、雨刷、预置位等操作工具。

(3)视频轮流显示

在视频控制中,可根据用户自定义按桩号或里程、收费站视频、摄像机类型、主要监控场景、事件视频互动等分组进行视频轮流显示。

①按桩号或里程分组。

例如,每 4km 分为一组,共显示 5 组;每一组内摄像机进行视频轮流显示,时间间隔为 1min(可调)。

②按收费站视频分组。

例如,共有 5 个收费站,每个收费站为一组,共显示 5 组;每一组内摄像机轮流显示站内出入广场的视频,时间间隔为 1min(可调)。

③按摄像机类型分组。

例如,可按摄像机类型分为固定摄像机组、遥控摄像机组、视频车检机组、广场摄像机组、车道摄像机组、亭内摄像机组、隧道摄像机组(扩展);每一组内摄像机轮流显示视频,时间间隔为 1min(可调)。

④按主要监控场景分组。

例如,可按互通立交、信息板屏、施工路段、危险路段、隧道(扩展)等主要监控场景分组;每一组内摄像机轮流显示视频,时间为间隔为1min(可调)。

⑤事件视频互动组。

当有事件报警时,可以设置事件视频互动组,事件地点影响范围内的摄像机均可显示。此组优先级可高于其他组,并根据事件的发生、结束而启动、停止视频播放。

13.2.3.4 路网协调

总中心在需要时,可以向各分中心发送控制指令;分中心定时接收指令,进行执行或拒绝操作;处理完成后,分中心需要填写反馈内容发送给总中心。路网协调过程主要包括协调指令、协调反馈、协调显示。

(1)协调指令

协调指令的内容如下:

①指令序号;
②指令内容(文字内容、字色、字体等);
③起止位置;
④指令所属单位;
⑤分发单位(支持同时分发给多个单位,单位可选);
⑥重要级别;
⑦审核人;
⑧生效日期;
⑨失效日期。

(2)协调反馈

协调反馈的内容如下:

①指令序号;
②指令内容;
③重要级别;
④经办人;
⑤状态(执行或拒绝);
⑥备注(反馈说明)。

(3)协调显示

协调显示的内容如下:

①总中心填写协调内容并发送给各分中心;
②分中心以图标闪烁形式显示需要协调的信息;
③选取指令项"执行",通知总中心已经执行指令信息;
④选取指令项"拒绝",通知总中心已经拒绝执行指令信息;
⑤总中心以图标闪烁形式显示有协调反馈的信息,用户可以查看各分中心反馈的主体内容以及指令的详细内容。

13.2.3.5 事件处理

全程智能监控系统平台将事件性质分成多个不同的等级,包括严重故障(系统故障)、重大故障、轻微故障。系统平台根据事件的不同性质,分队列进行报警,发出不同的声、光信号,并且按事件等级及时进行相应的调度处理和存储记录,同时提示监控人员通知交警、消防、养护、路产、医院等单位,及时组织排除故障,恢复交通。

事件处理过程主要包括人工录入事件、事件报警显示、事件报警确认、事件处理、事件处理跟踪、事件解除、事件评估。

(1)人工录入事件

人工录入的主要内容如下:

①事件内容(用户必须录入):事件类型、事件级别、事件名称、所属路段、方向、起止桩号、起止收费站、起止时间(计划类事件);

②事件情况(用户可选录入):路面情况、伤亡情况、火灾情况、危险品情况、车辆情况、天气情况、占道情况;

③报告人情况(用户可选录入):报告人姓名、电话、所属单位、所属人员类别;

④录入人情况(默认为登录用户):录入人姓名、所属单位;

⑤备注。

事件情况筛选:用户在选择事件类型时,"事件情况"信息可以做相应变动,以方便录入。

事件内容录入完毕后,用户可点击"确认"按钮,保存事件录入信息,并根据事件类型及级别,启动事件报警显示及事件处理程序。"事件录入"界面,如图13.12所示。

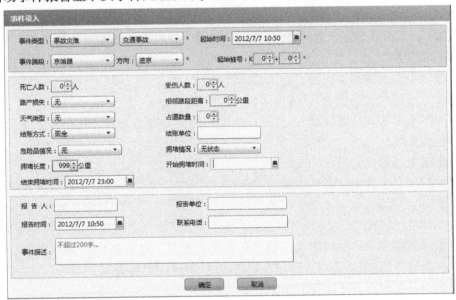

图13.12 "事件录入"界面

(2)事件报警显示

事件报警显示方法有分级显示、分类显示和声光显示3种。

①1 分级显示,即事件报警按事件级别进行显示。一般Ⅰ级以红色列表显示,Ⅱ级以橙色列表显示,Ⅲ级以黄色列表显示,Ⅳ级以蓝色列表显示。事件报警分级界面,如图13.13所示。

②2 分类显示,即事件报警按事件类别图标进行区分显示。

③声光显示,即事件报警可以有声光提示。

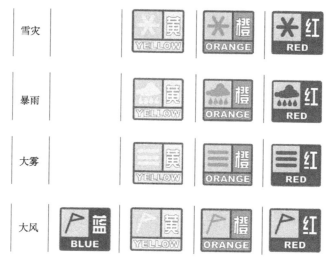

图 13.13　事件报警分级界面

（3）事件报警确认

全程智能监控系统自动搜索出事件发生路段附近的摄像机,可系统或人工切换到大屏幕进行投影显示,也可在工作站上显示视频,辅助进行事件报警现场情况确认。

对系统未自动进行事件录像的相关事件,可人工进行事件视频录像,以便于进行事件录像视频查看;若有视频车检产生的时间,视频车检器应将事件的视频录像存档,以备查询。

（4）事件处理

事件处理过程包括如下内容:

①明确处理单位优先级。

总中心多监视并处理路网事件,对路段内的事件只监视不处理。在事件处理前,应先明确处理单位优先级。

②确定报警队列优先级。

当同一时刻发生若干个事件报警时,系统能按报警的优先级进行自动排队等待处理。

③调取/执行预案。

系统在调取/执行预案时,按事件报警类型及级别调取相关处理预案或按预案中制订的相应的资源和策略等的行动指南或步骤进行相应的操作。若有需要,用户可以在预案基础上对操作内容进行修订,也可对系统记录进行相应的修订,以备查询。

④系统记录处理步骤及处理内容。

（5）事件处理跟踪

系统能自动根据事件类型及等级定时跟踪事件是否处理完成或事件是否结束;用户可以根据现场报告反馈及事件处理结果情况记录了解事件处理是否完成;可以根据视频图像巡查进行事件处理跟踪,查看事件处理记录中是否有事件已经结束;还可以跟踪事件处理记录中有关事件结果的信息,如伤亡人数是否有变化等。

（6）事件解除

事件结束后,交通恢复正常,系统自动恢复信息发布设备的初始值。系统对事件处理结果进行记录,记录事件处理时间、效率等信息,并自动根据事件类型及等级,定时对结束的事件进行事件解除操作;用户可以根据现场报告反馈或视频图像巡查确定事件处理已结束,从而进行事件解除操作。

(7)事件评估

针对事件处理步骤及效果,进行相关评估,根据评估结果分析预案是否需要修订。评估级别分为优、良、差三级。

13.2.3.6 数据业务与应用

(1)数据采集

数据采集包括采集交通流数据信息、交通状态信息、事件信息等。

(2)数据检验和预处理

数据检验和预处理过程主要包括数据清洗、数据平滑(数据修正)、数据修补、数据合成。

①数据清洗。

数据清洗的情况主要有两种,一种是数据超出合理阈值,另一种是不符合数据属性之间的关系。

②(数据修正)数据平滑。

检测数据中往往包含较多的噪声,会在一定程度上影响交通数据分析和建模的质量,为此,十分有必要进行数据平滑。

③数据修补。

数据修补主要是检测数据的缺失。从时间分布上来看,存在零星时刻的数据缺失和连续长时间的数据缺失的不同情况;从空间分布上来看,存在某一地点一部分车道的数据缺失和所有车道的数据都缺失的不同情况。

④数据合成。

数据合成即综合数据生成。以断面方向的数据合成为例,检测设备所采集的通常是路段上某一地点某一车道的交通流量、平均车速、道路占有率等数据。但在进行交通数据分析与建模时,在很多情况下需要路段上某一断面的数据或路段某一方向上多断面的数据,所以需要进行断面单方向的数据合成。

(3)数据统计

数据统计主要是指数据的日、月、年的汇总统计。

(4)数据显示

数据显示即进行相关数据的展现,如图13.14所示。

13.2.3.7 车道监控管理

(1)整体运行状况

整体运行状况功能是系统采集各个收费站的相关数据,按收费站进行总体运行统计状况显示,并按出、入口车道进行车辆信息统计显示。收费站车道信息统计显示如图13.15所示。

收费站信息包括收费站路形图、收费站出入口车道及其开关状态、收费方式、维修状态。

车道信息统计内容如下:

①出入口车道总数统计;

②出入口开道总数统计；
③出入口关道总数统计；
④出入口开/关道比例饼图；
⑤出入口复式收费统计；
⑥出入口维修道统计。

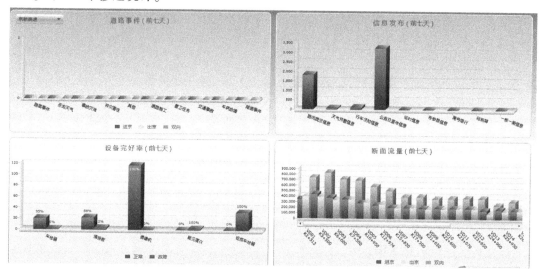

图 13.14　数据显示

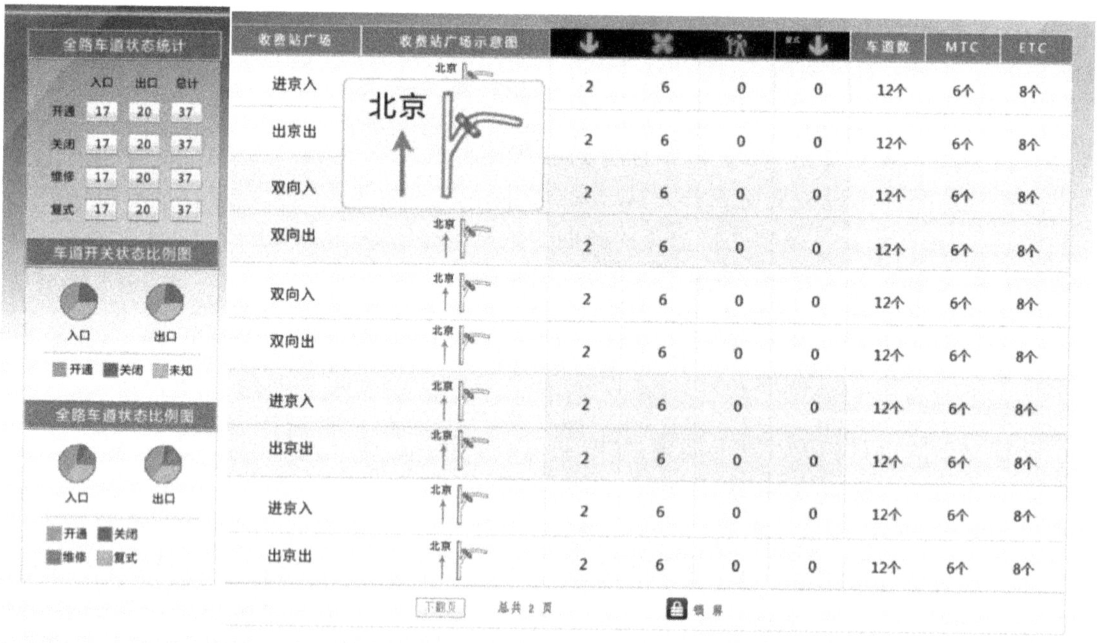

图 13.15　收费站车道信息统计显示

(2)收费站综合监控

收费站综合监控内容包括收费站视频显示、车道开关状态、站前屏显示、收费车道流量等。收费站综合监控如图 13.16 所示。

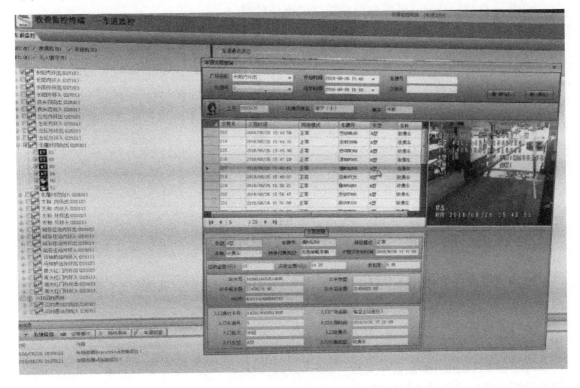

图 13.16　收费站综合监控

13.2.3.8　数据统计与分析

数据统计与分析的内容包括收费站流量分析、断面流量分析、设备故障分析、事件分析。

（1）收费站流量分析

①显示路段内所有收费站进出京交通流量对比；

②横轴显示路段内各收费站名称；纵轴显示进出京每小时流量值（进出京车道总数小时流量值）。

（2）断面流量分析

①显示各断面进出京交通流量对比；

②断面划分规则有按封闭路段按车检器；

③横轴显示各断面名称，如断面 1（K5～K10）、断面 2（K10～K15）；纵轴显示进出京断面流量值（断面平均流量值）。

（3）设备故障分析

①显示路段内各类设备的故障率；

②设备包括摄像机、微波车检器、门架式可变信息板、主线信息发布屏、收费广场站前屏、立柱式信息发布屏、气象仪；

③横轴显示各类设备；纵轴显示正常/异常设备数量（最新状态值）。

（4）事件分析

①显示道路进出京及全程各类事件总数；

②交通事件包括交通事故、交通路况、道路施工等；
③事件总数为当前已经发生但未结束的事件数量。

13.2.3.9 智能专家

(1)"专家库"

"专家库"主要包括交通状况类型及分级指标(阈值)、交通事件类型及分级指标(阈值)、气象事件类型及分级指标(阈值)、设备状态库、各类事件的报警、影响范围、处理预案流程(互动方案及流程,如视频联动方案、信息发布联动方案、事件通知联动方案等)。

用户可以对"专家库"的内容进行查阅、增加、修订；系统也定期根据事件处理历史记录对其进行修订。

(2)智能分析

系统可根据"专家库"对交通状态、交通事件、气象事件、设备状态进行智能分析。智能分析的具体内容如下：

①交通状态分析：根据"专家库"中交通状态阈值标准,按照交通状态分析算法进行交通状况分析；

②交通事件分析：根据"专家库"中交通事件阈值标准,按照交通事件分析算法进行交通事件分析；

③气象事件分析：根据"专家库"中气象事件阈值标准,按照气象事件分析算法进行气象事件分析；

④设备状态分析：根据设备类型、设备点故障数及事件判断阈值等信息按一定算法进行事件分析并得出设备状态事件结果。

(3)智能处理

系统根据智能分析结果并依据"专家库"的处理预案及流程,自动进行相关智能处理,如视频联动、信息发布联动、事件通知联动。

视频联动：系统"专家库"中的处理预案可以设置视频联动显示方案,如事件互动视频组,当智能分析出事件后,可进行视频联动显示。

信息发布联动：系统"专家库"中的处理预案可以设置信息发布联动显示方案,当智能分析出事件后,可在事件影响范围内通过信息板发布事件信息。

事件通知联动：系统"专家库"中的处理预案可以设置事件通知联动方案,当智能分析出事件后,可及时通知相关部门及其负责人。

13.2.4 智能数字视频系统平台

智能数字视频系统平台的工作内容包括：对该高速公路路段的摄像机视频进行切换显示、视频控制、实时监视、录像保存、视频浏览以及相关设备管理；通过网络对路段监控中心视频编解码器、摄像机等设备进行控制；在该视频监控系统中提供流媒体服务；为视频浏览、视频点播提供视频流服务,并可以扩展为二次流媒体转发,为上级管理单位提供视频流服务。

智能数字视频系统平台具备视频切换、视频浏览、GIS 地图、录像管理、信息管理、系统管理 6 大功能。智能数字视频系统框架,如图 13.17 所示。

13 高速公路智能交通系统建设及评价案例

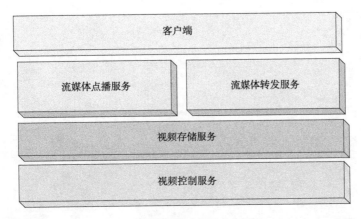

图 13.17　智能数字视频系统框架

13.2.4.1　视频切换

用户可以将摄像机视频切换给视频输出设备,如图 13.18 所示。视频输出设备主要有大屏幕和主监视器。

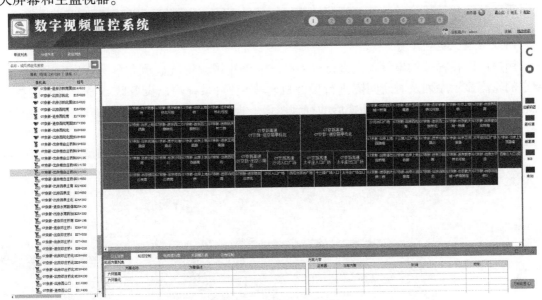

图 13.18　视频切换显示

用户切换摄像机后,在视频播放窗口可以对可控制的摄像机进行控制,如将鼠标滑动到播放窗口下端,会浮出"视频控制"栏,可进行对摄像机方位等的控制。"视频控制"悬浮栏中包括云台、景深、聚焦、光圈、雨刷、预置位等操作工具。

用户可以通过拖动摄像机到浏览窗口进行视频播放显示。

智能数字视频系统支持用户同时进行多画面浏览,如图 13.19 所示。多画面即多个浏览窗口,通常包括四画面、九画面、十六画面等。

用户双击摄像机当前的视频图像,可以使视频显示放大,再次双击视频图像,视频可恢复到原有大小;点击右键页面显示"全屏"及"关闭"按钮,用户可以对视频浏览窗口进行全屏显示或关闭浏览的视频。

图 13.19 视频多画面浏览

13.2.4.2 视频浏览

用户可以在视频输出设备上进行启动/暂停/停止视频轮流显示方案。系统根据方案内制定的轮流显示序列及时间间隔进行摄像机轮流切换;系统输出设备区域显示切换的摄像机名称,输出设备上可以看到切换后的视频图像。视频输出设备主要有大屏幕和主监视器。"视频浏览"界面,如图 13.20 所示。

图 13.20 "视频浏览"界面

13.2.4.3 GIS 地图

GIS 地图包括可显示整条高速公路的地图,且当用户选中某一台摄像机时,可以对当前路段进行图像抓拍和手工录像。GIS地图显示,如图13.21所示。

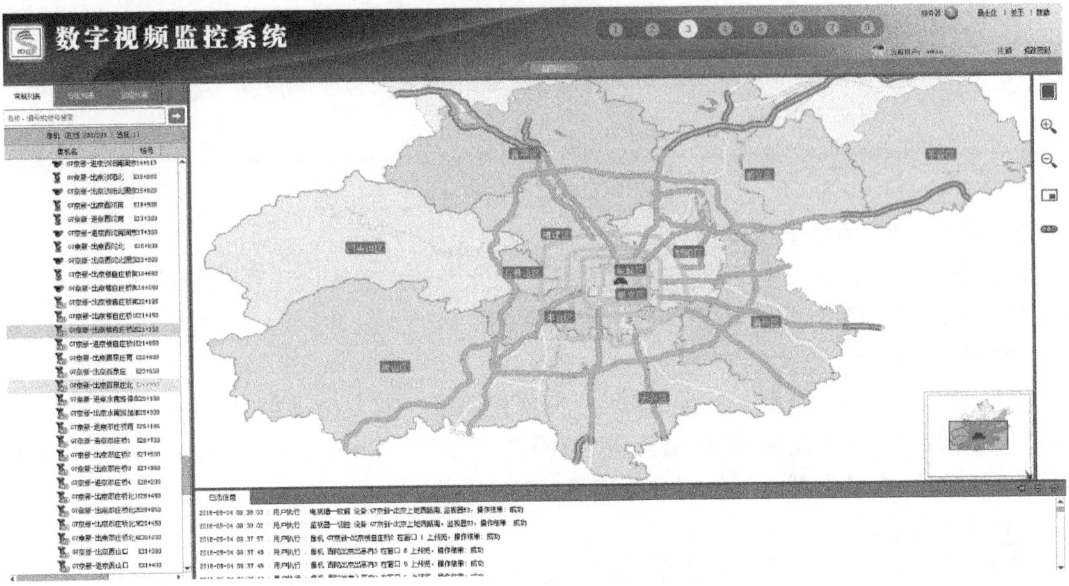

图13.21 GIS地图显示

(1)手工录像

用户可以对正在浏览的视频进行手工录像。手工录像操作包括启动手工录像和停止手工录像。系统支持对多个视频同时进行手工录像操作。

(2)图像抓拍

用户在浏览视频时可以进行图像抓拍,即将当前视频图像保存成图像文件。

13.2.4.4 录像管理

用户在进行回放录像操作时,需输入录像条件进行录像查询;对查询到的录像文件,可进行录像回放及下载。

(1)录像查询

用户输入查询条件后,可以对本地录像进行查询;查询后的录像文件以列表形式显示。

录像查询条件包括路段名、设备名、时间段、事件类型、重点时间段等。系统支持组合查询条件。

录像文件列表内容包括录像文件名、录像时间、所属路段。

(2)录像回放

用户在"录像查询"列表中选取将要回放的录像文件,将其拖动到视频浏览窗口即可进行录像回放。用户可以对录像进行暂停、停止、播放、快进控制。

(3)录像下载

用户在"录像查询"列表中选取将要下载的录像文件,点击"下载"按钮即可进行录像下载。下载的录像文件存放在"本地磁盘"中,用户可以自行配置存放路径。"录像下载"界面,如图13.22所示。

13.2.4.5 信息管理

信息管理功能包括单位管理、角色管理、用户管理、设备管理、预置位管理、方案管理、相机分组、自定义组、系统配置、视频负载、视频诊断 11 个模块。

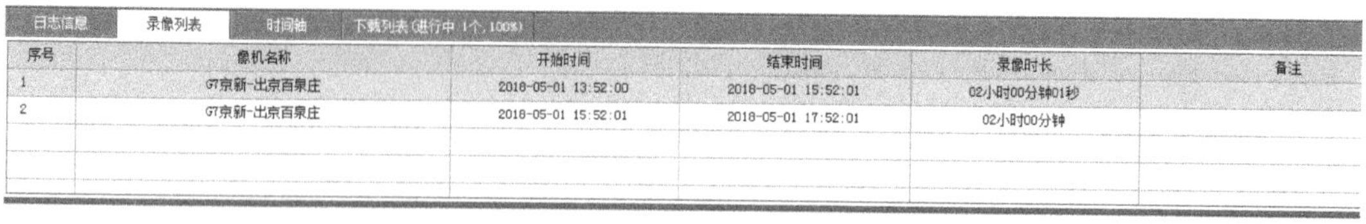

图 13.22 "录像下载"界面

（1）单位管理、角色管理、用户管理

这 3 个模块主要是为了方便工作人员的管理，登录时需要输入工作人员的工号、单位编码以及行政级别等信息，以保证智能数字视频系统平台的安全性。

（2）设备管理

在设备管理模块的左侧有地区的划分，想要查询某一地方的设备只需在下拉菜单中选中即可。设备类型主要是编码器/摄像机、解码器、主监视器 3 类。可以显示每一个设备的名称、所属单位、布设类型、厂家、型号等信息。

（3）预置位管理

预置位管理主要针对高速路上的相机。选中某一地点的指定相机后，可以查看其预置位名称、所属单位等信息，且可以调整其景深、聚焦、光圈和速度，以查看不同角度的视角。"预置位管理"界面，如图 13.23 所示。

图 13.23 "预置位管理"界面

（4）方案管理、相机分组

方案管理和相机分组主要用来对各个区域的相机按桩号和位置进行分组以及有选择的对相机进行巡视。

（5）自定义组

自定义组主要用来对相机的分组进行添加、修改和删除等操作。

（6）系统配置

系统配置主要用来定义本地录像的存储路径、录像下载的存储路径、图像抓拍的存储路径、最大录像时长以及抓拍图片的格式。"系统配置"界面，如图13.24所示。

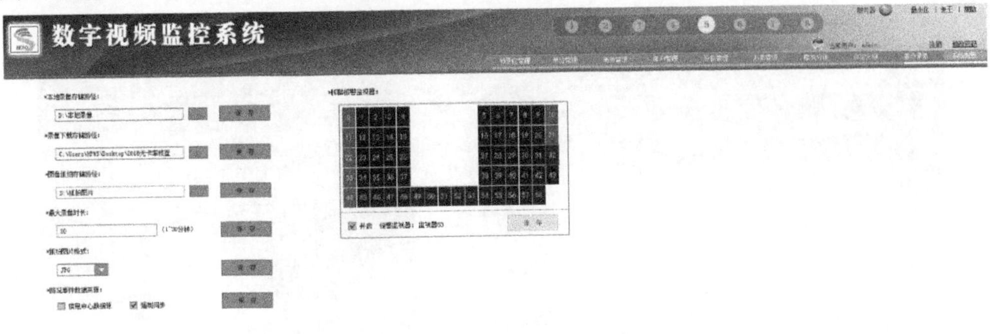

图13.24 "系统配置"界面

(7) 视频负载

视频负载部分主要用来对编码器的编码器 IP、流媒体状态以及存储状态进行记录和管理。"视频负载"界面，如图13.25所示。

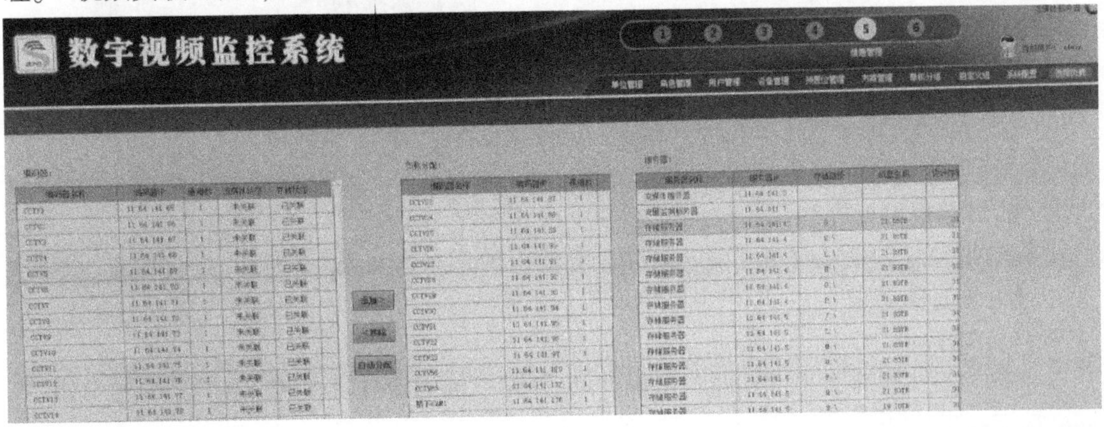

图13.25 视频负载界面

13.2.4.6 系统管理

系统管理是对系统实时日志、用户日志、转发日志、存储服务器日志、异常实时录像明细、诊断日志、脚踏报警日志以及车辆检测的管理。

(1) 系统实时日志

系统实时日志包括系统日志、设备状态、事件录像日志、转发实时日志和存储实时日志；主要是对编码器和解码器的工作状态的记录。

(2) 用户日志、转发日志

用户日志和转发日志主要是工作人员对摄像机的远程操作的记录。

(3) 存储服务器日志

存储服务器日志是对摄像机的开始时间和技术时间的记录。

(4) 异常实时录像明细

异常实时录像明细是对摄像机出现异常的时间、故障类型以及对异常的描述的记录。

(5)诊断日志

诊断日志是当摄像机出现异常时,对警告情况的记录,包括告警的详细信息以及视频。"诊断日志"界面,如图13.26所示。

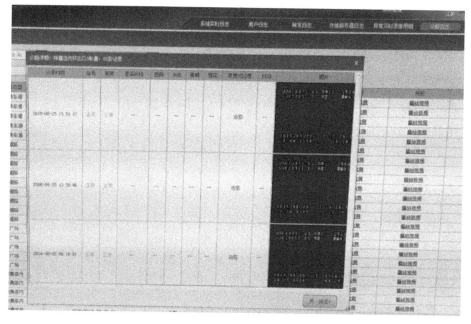

图13.26 "诊断日志"界面

(6)脚踏报警日志

脚踏报警日志是对收费亭内的脚踏报警情况的记录,包括报警时间、报警位置、报警类型以及处理时间等信息。

(7)车辆检测

车辆检测主要是指检测经过的车辆数量,并对车辆的运行状态进行视频录像和存储。

13.3 高速公路智能交通系统关键设备

本章分别对监控系统、收费系统、通信系统3大智能交通系统的系统关键设备进行介绍。监控系统的关键设备主要是服务器、工作站和存储设备;收费系统的关键设备主要是工作站和出入口车道系统设备;通信系统的关键设备主要是两个以太环网的交换机和光缆线路。

13.3.1 监控系统关键设备

监控服务器是监控中心计算机系统的核心部分,主要负责网络操作系统中的管理与运行、数据存储与备份、数据库管理(查询、检索等)、客户终端管理和报文处理等。

该高速公路选用惠普(HP)Proliant DL380Gen9服务器,采用高性能和更易访问的设计,具有更强的灵活性,并不断简化管理过程,进一步优化应用、存储和输入/输出(I/O)性能,使其成为数据中心计算领域的标准。

监控数据库服务器的主要技术指标如下：
- 2 个英特尔至强 E5-2609 处理器(六核,1.9GHz,15MB,共享 3 级高速缓存,85W)；
- 内存:16GB；
- 硬盘:热插拔 SAS,4×300GB；
- 电源冗余；
- 8 GB 双通道(主机总线适配器 Host Bus Adapter,HBA)卡。

全程监控数据库服务器，如图 13.27 所示。

交通监控通信服务器、交通监控 Web 策略服务器、音/视频中间件服务器、供电系统管理平台服务器的主要技术指标如下：

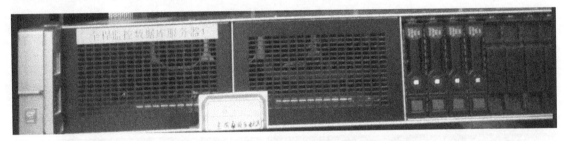

图 13.27　全程监控数据库服务器

- 2 个英特尔至强 E5-2609 处理器(六核,1.9GHz,15MB,共享三级高速缓存,85W)；
- 内存:16GB；
- 硬盘:热插拔 SAS,4×300GB；
- 电源冗余。

交通监控 Web 策略服务器、音/视频中间件服务器、供电系统管理平台服务器分别如图 13.28～图 13.30 所示。

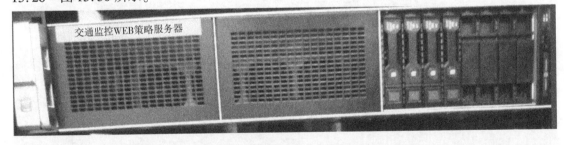

图 13.28　交通监控 Web 策略服务器

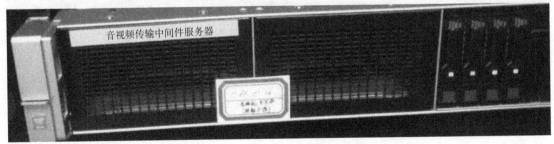

图 13.29　音/视频传输中间件服务器

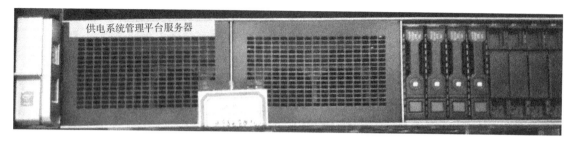

图 13.30　供电系统管理平台服务器

流媒体转发服务器、视频质量诊断服务器、视频质量交通流量分析监控服务器的主要技术指标如下：
- 2 个英特尔至强 E5-2620 处理器（六核,2.4GHz,15MB,共享三级高速缓存,85W）；
- 内存:16GB；
- 硬盘:热插拔 SAS,4×300GB；
- 电源冗余。

流媒体转发服务器、视频质量诊断服务器、视频交通流量分析监控服务器,分别如图 13.31～图 13.33 所示。

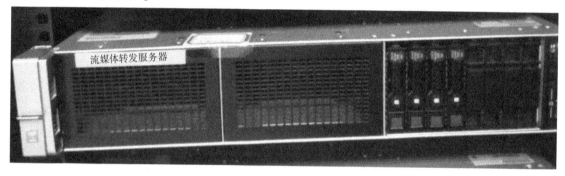

图 13.31　流媒体转发服务器

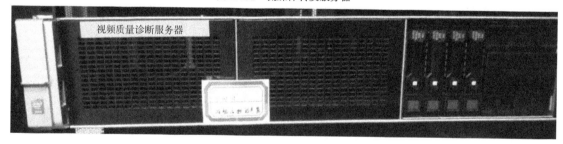

图 13.32　视频质量诊断服务器

视频存储服务器的主要技术指标如下：
- 2 个英特尔至强 E5-2620 处理器（六核,2.4GHz,15MB,共享三级高速缓存,85W）；
- 内存:16GB；
- 硬盘:热插拔 SAS,4×300GB；
- 电源冗余；
- 8GB 双通道 HBA 卡。

图 13.33　视频交通流量分析监控服务器

视频存储服务器,如图 13.34 所示。

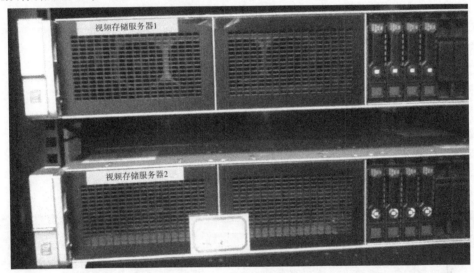

图 13.34　视频存储服务器

13.3.2　磁盘阵列配置情况

该高速公路选用华为 Ocean Stor T 系列 S2600T(7.2T)监控数据磁盘阵列,主要技术指标如下:

➢存储级别:企业级存储;
➢双控制器,每个控制器标配为"2×8GB FC,2×6GB PS", SAS 2.0 宽端口;
➢缓存 8GB;
➢SAS12×600 GB/15krpm;
➢平均故障间隔时间(MTFB):1 000 000h;
➢系统支持多种操作系统;
➢磁盘阵列(RAID)支持:0,1,3,5,6,10;
➢支持在线扩充;
➢风扇:双冗余热插拔。

监控数据磁盘阵列,如图 13.35 所示。

该高速公路选用华为 Ocean Stor T 系列 S2600T(336T)视频存储磁盘阵列,主要技术指标如下：

图 13.35　监控数据磁盘阵列

➢存储级别：企业级存储；
➢双控制器，每个控制器标配为"2×8GB FC,2×6GB PS"SAS 2.0 宽端口；
➢缓存 8GB；
➢SAS84×4 TB／7.2krpm；
➢平均故障间隔时间(MTBF)：1 000 000h；
➢系统支持多种操作系统；
➢磁盘阵列(RAID)支持：0，1，3，5，6，10；
➢支持在线扩充；
➢风扇：双冗余热插拔。

视频存储磁盘阵列，如图 13.36 所示。

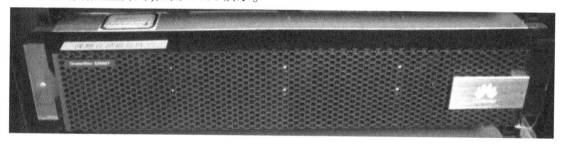

图 13.36　视频存储磁盘阵列

13.3.3　收费系统关键设备

(1)工作站简况

该高速公路沿用原有的收费服务器和磁盘阵列设备，并更新使用了 1 台离线服务器、6 台收费工作站、40 台收费广场以太网交换机。

在入口车道和出口车道中，收费工作站是核心组件，车道收费相关软件在收费工作站和结账工作站上运行，并向车道控制计算机发出设备操作指令以操作各种设备。稽查工作站主要负责监督整个收费过程，保障收费工作顺利进行。工作站的稳定性决定了整个车道系统的稳定性。收费工作站主要有以下功能：

①通过收费员终端(包括显示器和收费键盘)由人机交互的方式完成整个收费过程。
②控制外部设备，如 IC 卡读写器、票据打印机、电动栏杆、费额显示器等。
③将车道处理过程中产生的各种数据(包括收费数据和报警监控数据等)上传到收费站

级系统。

④具有设备自检功能,能检测车道计算机自身的故障。

⑤可以通过多媒体处理工作站在网络上的浏览记录、在磁盘阵列和视频服务器上的历史视频文件;也可以监视实时记录视频,同时不影响视频录像的进行。

该高速公路选用惠普(HP)EliteDesk 800 G1 TWR 型计算机,主要技术指标如下:

➢ CPU 系列:英特尔酷睿 i7 4790;
➢ CPU 频率:3.6 GHz;
➢ 核心数:四核心;
➢ 内存容量:DDR3 1600MHz,4GB;
➢ 硬盘容量:500GB SATA2(7.2krpm);
➢ 显卡类型:独立显卡;
➢ 显卡芯片:ATMD Radeon HD 8350 1GB;
➢ 操作系统:Windows7 PRO 中文版;
➢ 标准键盘、鼠标器;
➢ HP LA231 显示器;
➢ UL、FCC、3C、TCO99 认证。

(2)出入口车道系统设备

车道分为入口车道和出口车道。车道的具体功能如下:

①车道公共功能:判断车辆的类型,识别车辆牌照,标识车辆的种类(普通车、公务车、军车、紧急车等),抓拍车辆图像,防止车辆非法进入车道或非法驶出车道,为车主显示车道操作中的相关信息。

②入口车道特有的功能:将车辆的相关信息写入通行卡并发放给车主。

③出口车道特有的功能:获得车辆的轴重信息,收取通行费并打印发票给车主。

一般入口车道的结构布局设计,如图 13.37 所示;出口车道的结构布局设计,如图 13.38 所示。

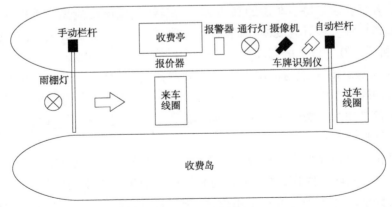

图 13.37 入口车道的结构布局设计

该高速公路现有 81 条收费车道(53 条 MTC 车道和 28 条 ETC 车道)。车道设备主要有车道控制器、费额显示器、电动栏杆和手动栏杆、车道摄像机和车牌识别器、雾灯、IC 卡读写器、收费键盘。各设备的功能详细介绍如下。

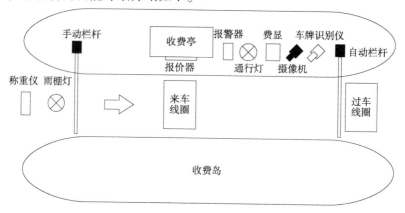

图 13.38　出口车道的结构布局设计

①车道控制器。车道控制器是公路收费系统的枢纽设备,是连接外围设备与车道计算机的桥梁,主要用于收费车道的设备管理和控制,采集并上传收费数据和控制外围设备(如车道放行灯、自动栏杆、费额显示器、车道检测器等)。车道控制器将车道收费数据通过以太网上传至收费站或中心服务器,以便于数据的统计、分析与处理。

②费额显示器。费额显示器主要是为车主提供必要的收费信息供车主核对。当信息出现错误时,车主可以提出异议。这些收费信息包括收费员输入的车型、称重仪检测到的轴重、应收的通行费等。

③电动栏杆和手动栏杆。栏杆的主要功能是阻止车辆任意进出车道,使车辆有序进入车道收费区域,并在收费操作完成后放行车辆,防止车辆逃费。手动栏杆安装在车道入口处,电动栏杆安装在车道出口处。

④车道摄像机和车牌识别器。车道摄像机的主要功能是采集车辆通过车道时的视频,经字符叠加器(VDM)叠加后传给收费站级系统并在车道控制计算机上显示。收费员可以通过视频确认车辆车牌、车型等信息并在有需要时抓拍图像。

⑤雾灯。雾灯安装在每一车道的岛头部分,在雾天、黑夜或能见度低的条件下,开启雾灯用于指示车道位置。雾灯亮度高,具有很强的穿透力,能保证在雾天、黑夜或能见度低的条件下,眼睛视力在 0.8 以上的驾驶员对 75m 以外的物体清晰可见。

⑥IC 卡读写器。IC 卡读写器位于收费员操作台上,主要是对通行卡进行读写操作,即在入口车道处向通行卡内写入车辆的基本信息和入口车道相关信息,在出口车道处从通行卡中读出相关信息作为收费依据。IC 卡读写器是车道系统中的核心设备,若其发生故障,会导致车道无法进行收费。

⑦收费键盘。收费键盘位于收费员操作台上,它本身是一个标准的 PS/2 键盘,但为了方便或适应高速公路收费操作,对按键布局和按键标识进行了重新设计。车道收费键盘采用全省高速公路联网计重收费统一专用键盘。按照收费键盘应发挥的功能,键盘的按键分为数字键、特殊处理键(功能键)和备用键 3 部分。

车道键盘上的数字键有 0、1、2、3、4、5、6、7、8、9。在收费员上班时用于输入工号口令、更改班次信息;在收费时,用于输入车型、车牌尾号、卡号、票号、车辆吨位、补票金额以及更改计重车辆的轴型、轴重等。其中,卡号是印刷在通行卡上的10位唯一序列编号。

所有功能键上面都印有汉字,可单独使用。为防止误操作,主要功能键要求在0.5 s内连续按键2次(双击)有效,只按1次(单击)视为无效,如"上班""公务""军警""卡坏"等键;但"客车""货车""车牌""雨棚信号""视频"等部分键除外。

(3) 其他硬件配置

①离线服务器。该高速公路选用惠普(HP) Proliant DL380 Gen9 离线服务器,采用高性能和更易访问的设计,具有更强的灵活性,并不断简化管理过程,进一步优化应用、存储和输入/输出(I/O)性能,使其成为数据中心计算领域的标准。主要技术指标如下:

➢ 2个英特尔至强 E5-2609 处理器(六核,1.9GHz,15MB,共享三级高速缓存,85W);
➢ 内存:16GB;
➢ 硬盘:热插拔 SAS,1TB 6G 7.2krpm 4×1TB;
➢ 电源冗余。

②收费中心磁盘阵列。该高速公路选用华为 Ocean Stor T 系列 S2600T(7.2T)监控数据磁盘阵列,主要技术指标如下:

➢ 存储级别:企业级存储;
➢ 双控制器,每个控制器标配为"2×8GB FC,2×6GB PS"SAS,2.0 宽端口;
➢ 缓存 8GB;
➢ SAS 12×600GB/15krpm;
➢ 平均间隔故障时间(MTBF):1 000 000h;
➢ 系统支持多种操作系统;
➢ 磁盘阵列(RAID)支持:0,1,3,5,6,10;
➢ 支持在线扩充;
➢ 风扇:双冗余热插拔。

③收费站以太网交换机。该高速公路选用 H3C S3100V2-26TP-EI 以太网交换机,主要技术指标如下:

➢ 固定端口:24个 10/100 Base-TX 以太网端口,2个 10/100/1000 Base-T 以太网端口和2个复用的 100/1000 Base-X SFP 端口;
➢ 交换容量:32Gs;
➢ 包转发率:6.6Mpps;
➢ 端口:支持 IEEE 802.3x 流控(全双工),支持基于端口速率百分比的广播风暴抑制;
➢ 端口汇聚:支持 LACP,支持手工聚合,支持最大端口聚合组,端口数/2,每个聚合组最大支持8个端口;
➢ MAC 地址:支持 8K MAC;
➢ VLAN:支持基于端口的 VLAN(4K 个);
➢ DHCP:支持;
➢ 组播:IGMP Snooping v1/v2/v3;
➢ 二层环网协议:支持 STP/RSTP/MSTP;
➢ 镜像:支持 N:1 端口镜像,支持 RSPAN,支持流镜像。

(4)车道软件系统介绍

该高速公路系统安装的车道软件采用层次结构设计方法,分为 3 个层次,即系统接口层、用户接口层和业务处理层。车道软件系统总体结构,如图 13.39 所示。

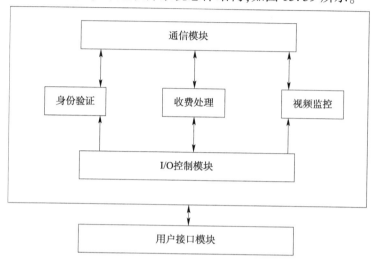

图 13.39　车道软件系统总体结构

系统接口层为车道软件与收费系统上级子系统的接口。车道软件通过系统接口层从站级子系统下载收费所需的各项运行参数,如员工工号表、黑白名单表、费率表、超重加收表、路网统一时钟等;向站级子系统上传原始收费数据、摄像机抓拍图像、特殊事件等;在需要的时候向路段中心子系统或联网中心子系统调取车辆的入口图像。

用户接口层为车道软件和用户之间的接口。车道软件通过用户接口层获取用户输入驱动整个收费业务的流程;车道软件通过用户界面将收费信息和系统信息显示给用户,这些信息包括系统信息(如时间、票据号码、费率表版本号、软件版本号等)、业务数据(如车辆信息、入口信息、轴重信息等)、操作提示信息、设备状态信息和视频监控图像等。

业务处理层处理车道的业务流程。因功能较复杂,进一步将其划分成一些子模块。业务处理层包括通信模块、I/O 模块、身份验证模块、车道处理模块、视频监控模块。车道处理模块是整个车道软件的核心模块,它通过键盘输入驱动业务处理循环控制外设执行指令。身份验证模块和视频监控模块功能较单一,身份验证模块验证用户身份只允许经过授权的用户使用系统,视频监控模块处理车道摄像机视频的采集和回放。I/O 模块处理设备的实际操作,在设计中 I/O 模块不涉及业务流程的处理,仅仅接收业务处理模块发送的设备操作指令,执行相应操作,并发回操作结果。通信模块负责整个车道软件的模块间通信,层与层之间采用显示的通信原语,模块之间采用全局变量的模式。

车道软件系统应具备身份验证、车辆过车处理、接收营运参数、上传收费数据、检测设备状态、无人值守模式、特殊事件处理、车道系统设置等功能。

①身份验证功能。本功能应实现对在车道计算机上进行操作的人的身份进行验证,以确保收费系统不会被未经授权的人员进行恶意操作,保证车道系统在任意时刻进行的作业都能被追查到相关执行者。收费员只有在通过身份验证后才能执行车队收费作业,收费作业中的收费员也只有在通过身份验证后方能下班;收费班长对外部设备进行测试、故障处理

和系统重启时也要进行身份验证。

②车辆过车处理功能。本功能应实现对进入入口车道的车辆进行发卡操作和对进入出口车道的车辆进行收费操作。入口发卡和出口收费是整个车道系统的核心功能,是整个收费系统的数据来源。

入口发卡操作流程大致可以分为3步:车情输入操作、通行卡操作、放行操作。车情输入操作要求输入车辆的基本信息,包括车牌、车型等。通行卡操作要求将车辆相关信息和入口相关信息写入通行卡,作为出口收费的依据。放行操作要求车辆在处理完成后才允许抬栏杆放行车辆,可以处理车辆违章驶出车道的情况。

出口收费操作流程大致可以分为5步:车情输入操作、通行卡操作、信息校对操作、收费操作、放行操作。通行卡操作要求将入口所发通行卡中的信息读出,作为出口收费的依据。信息校对操作要求将通行卡内信息和收费员收入信息进行校对,以查验收费过程中收费员操作是否正确,防止车主在高速公路行驶过程中作弊。收费操作应能正确计算出车辆的通信费,如果车辆经过了多条路段,还应该能提供通行费的拆分依据;如果是货车还应能按称重仪提供的称重数据计算通行费,货车超载应能按国家或地方相关法律法规处理;应能如数收取通行费,能够按各种付款方式(如现金、记账卡、储值卡等)收取通行费;应能处理国家和地方政策规定的各种优惠(如农产品优惠、港口优惠等);应能处理车主无法足额缴纳通行费的情况。放行操作要求车辆在处理完成后才允许抬栏杆放行车辆,应能处理车辆违章驶出车道的情况。

③接收营运参数功能。

本功能应能实现收费站子系统对下发的各类营运参数的自动接收。车道收费系统进行正常收费需要各种参数,而这些参数都是定时更新的,为了确保车道系统的各项参数是实时的,这些参数不存储在车道系统中,由上级逐级下发。车道系统参数由收费站子系统下发。这些运营参数包括收费员工号表、班次表、收费率表、超重加收表、黑白名单、路网统一时钟。为了确保参数更新的实时性,参数更新应为一个独立的后台模块,这样就不会受收费员上下班时间的影响。一旦收费站营运参数下发,后台更新模块就能将更新参数下载到车道计算机。为了保证在一个收费班次操作的一致性,新运营参数的启用应选在收费员上班时。

④上传收费数据功能。

本功能应能实现收费站子系统将在过车处理中产生的原始收费数据和其他必要数据上传到收费站服务器。不管是入口车道还是出口车道,每过一辆车都会产生一条原始过程记录,这条数据应包含车辆的基本信息、车情信息和收费员操作信息。原始过车记录是整个收费系统的数据来源,上面各级对通行费的结算拆分、特情稽查等都以此为基础。必须考虑网络故障等导致上传数据失败的情况,应在车道计算机本地建立一个数据文件来临时存储原始过程数据,原始过车记录应存储在这个数据文件中。

⑤检测设备状态功能。

本功能应能实现对连接到车道计算机上的外部设备进行状态检测和状态显示。应能检测包括称重仪、车牌识别仪、打印机、车检器、自动栏杆机、通行灯、费额显示器、摄像机、IC卡读写器等在内的设备的工作状态,并能够显示车检器上是否有车,读写器上是否有卡片,以及通过称重仪的车辆及其轴重,发票的当前号码、系统时间,等等。当设备出现故障时,能提示故障设备,供收费员参考,并能上传相关设备故障信息给收费站服务器。

⑥无人值守模式。

本功能应能实现收费员尚未上班时车道系统自动监控车道。某种情况(如车主私自打开手动栏杆)下,车辆在收费员未上班时进入车道,车道系统能够检测到该事件并发出警报、抓拍车牌、抓拍图像等,将该事件记录下来并上传给收费站服务器,等待相关人员前来处理。

⑦特殊事件处理功能。

本功能应能实现对在车道收费过程中出现的特殊事件进行处理。处理方式可以分为两种:一种是收费员自行处理事后监督模式;另一种是值班班长现场协助处理的现场监督模式。

⑧车道系统设置功能。

本功能应能实现对车道系统功能进行方便设置,灵活地将车道模式设置为入口车道或出口车道,并能配置各种工作参数。这些参数主要有设备的串口号、串口传输波特率、串口传输字长、串口传输校验、服务器 IP 地址、服务器端口地址、自动栏杆的触发方式等。车道系统配置需要设定相关权限或身份验证手段,以防止有人篡改系统达成其非法目的。

13.3.4 通信系统关键设备

(1)通信传输系统关键设备配置

该高速公路在各个通信中心配置收费"骨干"以太网交换机 H3C S7503E 及监控汇聚以太网交换机 H3C S7502E;在高速公路各个收费站各设置 1 台收费及监控通信节点以太网交换机 H3C- S5500-28C-EI。

交换机的具体配置及技术指标如下。

①收费系统核心层以太网交换机——H3C S7503E 以太网交换机。

H3C S7503E 支持不间断转发和优雅重启,提供毫秒级的切换时间;支持等价路由,可帮助用户建立多条等值路径,实现流量的负载均衡及冗余备份;支持 RRPP 快速环网保护协议;支持 Smart-Link 协议,保证双上行网络拓扑的业务毫秒级快速切换。通过上述技术,H3C S7503E 可以在承载多业务的情况下不间断运行,实现业务的永续。H3C S7503E 以太网交换机的技术指标,如表 13.1 所示。

H3C S7503E 以太网交换机　　　　　　表 13.1

项目	参数
交换容量	15.36Tbps/16Tbps
包转发率	2 880Mpps/6 000Mpps
槽位数量	5(个)
业务槽位数量	3(个)
冗余设计	电源、主控冗余
二层特性	支持 RRPP(快速环网保护协议),支持基于端口、协议、子网和 MAC 的 VLAN 划分
组播	支持 IGMPv1/v2/v3
系统管理	支持 FTP、TFTP、Xmodem,支持 SNMP v1/v2/v3
可靠性	支持主控板"1+1"冗余备份,支持电源"1+1"冗余备份;采用无源背板设计,所有单板支持热插拔,支持 CPU 保护技术
环境要求	温度范围:0~45℃;相对湿度:10%~95%(非凝结)

②收费及监控系统汇聚层以太网交换机——H3C S7502E 以太网交换机。

H3C S7502E 支持不间断转发和优雅重启,提供毫秒级的切换时间;支持等价路由,可帮助用户建立多条等值路径,实现流量的负载均衡及冗余备份;支持 RRPP 快速环网保护协议;支持 Smart-Link 协议,保证双上行网络拓扑的业务毫秒级快速切换。通过上述技术,H3C S7502E 可以在承载多业务的情况下不间断运行,实现业务的永续。H3C S7502E 以太网交换机的技术指标,如表 13.2 所示。

H3C S7502E 以太网交换机　　　　　　　　　　　　　表 13.2

交换容量	5.12Tbps/12.8Tbps
包转发率	960Mpps/ 2 400Mpps
槽位数量	4(个)
业务槽位数量	2(个)
冗余设计	电源、主控冗余
二层特性	支持 RRPP(快速环网保护协议),支持基于端口、协议、子网和 MAC 的 VLAN 划分
组播	支持 IGMPv1/v2/v3
系统管理	支持 FTP、TFTP、Xmodem,支持 SNMP v1/v2/v3
可靠性	支持主控板"1+1"冗余备份,支持电源"1+1"冗余备份;采用无源背板设计,所有单板支持热插拔,支持 CPU 保护技术
环境要求	温度范围:0℃~45℃;相对湿度:10%~95%(非凝结)

③收费及监控系统汇聚层以太网交换机——H3C S5500-28C-EI 以太网交换机。

H3C S5500 系列交换机具备设备级和链路级的多重可靠性保护。采用过流保护、过压保护和过热保护技术,所有机型都支持可插拔的冗余电源模块,也就是说,用户可以根据实际环境的需要灵活配置交流或直流电源模块。此外,整机还支持电源和风扇的故障检测及告警,可以根据温度的变化自动调节风扇的转速。这些设计使设备具备了很高的可靠性。H3C S5500-28C-E1 以太网交换机的技术指标,如表 13.3 所示。

H3C S5500-28C-EI 以太网交换机　　　　　　　　　　表 13.3

交换容量	256Gbps
IPv4 包转发率	96Mpps
前面板业务端口	24 个 10/100/1000 Base-T 以太网端口,4 个复用的 1 000 Base-X 千兆 SFP 端口
扩展插槽	2
二层特性	支持 RRPP(快速环网保护协议),支持基于端口、协议、子网和 MAC 的 VLAN 划分
组播	支持 IGMPv1/v2/v3
系统管理	支持 FTP、TFTP、Xmodem,支持 SNMP v1/v2/v3
环境要求	温度范围:0℃~45℃;相对湿度:5%~95%(非凝结)

(2)光缆工程简况

为支持全程监控视频传输系统,该高速公路对光缆敷设如下:

①主线路段。敷设一根 120 芯约 50km 的单模光缆,用于收费数据网传输、监控视频网

传输及外场设备的传输;

②各收费站均敷设120芯约7km的单模光缆与主干光缆对接,用于收费数据网传输、监控视频网传输及外场设备的传输;

③收费广场——收费站房:敷设1根12芯约4km的单模光缆,用于收费数据网传输及监控视频网传输;

④外场设备——主干120光缆:敷设一根8芯约20km的单模光缆,用于外场设备的传输;

此外,在总中心配置2个120芯的ODF终端箱,在各收费站分别配置一套120芯的ODF终端箱,用于主干光缆进站成端。该高速公路采用T接进站,进出各36芯,其余84芯直熔的方式。

13.4 总结

13.4.1 实现全程数字化监控

北京市该高速公路为全面实现智能交通系统进行了全面升级改造,实现了外场监控设施的全程覆盖,大范围增设了数字化高速公路运行监测与信息发布设备,并提高了外场设备的检测精度与可靠性,为路段级监测与服务平台提供了有力的数据支撑。同时,大幅提高了路段运行监测密度,实现了北京市该高速全路段的无死角监控,提升了道路应急事件处置效率,减少了道路管理运行成本,丰富了管理决策及公众服务手段。

该高速公路搭建了全新的路段级监测与服务平台,服务平台融合了全程监控系统、数字视频系统、安防环境监控系统,平台功能较改造前更为丰富,使高速公路运营管理能力、辅助决策能力、公众出行服务能力有了较大提升。

13.4.2 提升运营管理能力

(1)日常运行监测管理

①基于GIS地图,对路段上的各类信息采集设备实现地图化定位展示,实时掌握各监控设备状态;同时,GIS地图也注入了高速公路辅助服务位置信息,如加油站、服务区、路政救援等。

②基于高速公路交通运行状态表达的不同指标(如通阻度、畅通/缓慢/拥堵等),实现路段级交通运行状态的直观展示。

③丰富图形化展示、报表输出、预警信息展示等手段。图形化展示如外场采集设备管理统计表、交通流量统计表、道路突发事件统计表、预警信息统计表、收费站流量统计表等。预警信息包括交通事故预警、不良天气预警、不良交通状态预警、自然灾害预警等。系统发现预警信息后,会自动弹出事件发生地附近的视频信息,以供参考。

(2)应急处置管理

①接入异常事件分析及人工报警信息,实现预警综合分析研判,确定预警类别和级别,并对预警信息进行通告。包括预警信息接入、汇总分析、预警分级核定、预警发布等功能。

②系统平台根据突发事件的种类自动关联相应预案；根据事件基本情况信息判断事件响应级别。

③通过系统平台直接指挥调度应急资源，下达调度任务，采集现场信息，反馈处置结果信息；根据现场信息及时调整和修改处置方案，充实预案知识库。

④通过系统平台应急事件处理实现了大屏、电话通知、短信通知、信息板发布、网络广播、分流限流、联动救援、借道处置等功能。

13.4.3 提升辅助决策能力

(1) 数据挖掘

本次改造大范围新增了数字化、智能化的外场监控设施，大大提高了数据采集源的质量，具备了对各类数据按指定指标进行统计分析的基础。

(2) 道路运行状态评估

系统平台应用简单、直观、实用的路段运行监测指标和参数，将北京市该高速路段实时运行数据处理生成便于人们认知和有利于直接捕捉到该应用目的最需要的内容信息，并面向管理部门和出行者的各种不同应用目的以适当的形式直观合理地展示。

(3) 决策支持管理

本次改造使系统平台具备了路段级决策支持管理功能。如当高速公路路面正在进行维护或施工时，由管理者发布实时路面信息，出行者可据此合理规划出行路径；又如交通事故的应急处置、调用预案等。收费管理平台由于是同步改造的独立平台，还未与本系统平台对接，但本系统平台已预留收费界面管理接口，如车道类别(MTC/ETC)的显示以及开/关车道显示等。

13.4.4 提高设备性能及可靠性

(1) 外场设施

该高速公路监控外场新型设施较多，设备选型均以"节能、数字、智能"为原则，其设备系统功能满足《公路网运行监测与服务暂行技术要求》《高速公路监控技术要求》等相关技术要求。监控外场设施趋于数字化、智能化，也为路段级监测与服务平台提供了稳定、可靠的数据支撑。

(2) 车道控制系统设备

该高速公路对广场配电箱、摄像机设备箱、广场保护管线进行了修复和翻新，增加了MTC车道车牌识别设备及亭内摄像机，将MTC车道费额显示器更换为综合费额显示器，并更新了全部车道收费亭、车道摄像机、自动栏杆、手动栏杆、雾灯、亭内对讲电话、脚踏报警器、亭内监听等车道设备。

(3) 后台设施

在本次改造了监控系统、收费系统、通信系统的后台关键设备也均已更新，其设备系统功能满足《公路网运行监测与服务暂行技术要求》《高速公路监控技术要求》《高速公路通信技术要求》及《收费公路联网收费技术要求》等相关技术要求。其中，监控系统、收费系统后台主服务器均选择刀片式服务器，在处理性能上可以大大地满足现在数据处理的要求，并为今后系统平台形成路网级而带来的海量数据传输与处理提供高可靠性与冗余性。

13.4.5 管理人性化

(1) 收费系统

①亭内监控及监听系统。

该高速公路各收费亭的亭内摄像机,与亭内拾音器音频信号同步上传,实现了图像与音频的同步监听。

②有线对讲系统。

该高速公路对讲系统通过VOIP语音软交换系统实现,具备"点呼""群呼""组呼"、对讲分机摘机信号反馈等功能;同时,对讲可与视频功能绑定,实现摘机对讲与视频同步等功能。

③紧急报警系统。

紧急报警系统设置方式为在各收费亭内安装一套脚踏报警开关。改造后,脚踏报警信号直接连接到数字压缩视频传输设备的开/关量接口。当触发报警后,可自动通过数字压缩视频传输设备接入站内警笛,并自动将报警摄像机图像切换到中心视频管理计算机上,并可以软解码调看报警图像。

(2) 环境监控系统

监控大厅综合控制台经过布局优化,在保障业务系统正常运行的前提下,也为监控大厅值班人员提供了良好的工作环境。

监控中心机房和外场无人值守机房均按照规范要求进行了改造。为保证无人值守时机房设备能安全及运行正常,监控中心搭建了环境监控系统平台,平台计算机屏幕上可显示各个站点的环境状态、报警信号。监控中心能够采集到各个站点的环境监控信息,大大降低了无人值守机房人工巡视的人员成本,提高了设备安全、可靠的运行效率。

(3) 路段级监测与服务平台远程管理

为方便道路管理者运营管理,该高速公路的系统监测与服务平台可实现远程监控,管理者可通过集团内部网络进行办公网查询、手机浏览信息及事故远程指挥。

13.4.6 应用简洁化

该高速公路系统监测与服务平台融合了全程监控系统、数字视频系统、公众出行服务系统及环境监控系统,为了方便管理者操作与使用,该平台在建设时统一了登陆操作界面,并且功能按钮设置简洁、易操作。

参 考 文 献

[1] 王少飞,谯志,付建胜,等.智慧高速公路的内涵及其架构[J].公路,2017,62(12):170-175.

[2] 王涛,杨晓洁,任伟.基于LBS技术的高速公路服务区智能手机APP系统设计研究[J].交通节能与环保,2017,13(06):11-16.

[3] 谢毅.高速公路电子不停车收费系统(ETC)探析[J].中国管理信息化,2017,20(24):148-149.

[4] 张云,孙涛.云南智慧高速大数据应用现状与探索[J].中国交通信息化,2017(12):87-89.

[5] 崔红娜.基于移动互联网的高速公路服务区信息化建设研究[J].无线互联科技,2017(23):52-53.

[6] 颜庆华,陈钊正.智能交通车路协同信息采集方法研究[J].中国新通信,2017,19(23):53.

[7] 李辰祺.智能交通系统(ITS)的意义与运用[J].中国战略新兴产业,2017(44):34-35.

[8] 邵利军.高速公路物联网架构研究[J].山西建筑,2017,43(33):159-160,202.

[9] 广东省交通集团将重组盘活资源加速打造智能交通[J].城市道桥与防洪,2017(11):5.

[10] 张天平.智能网与因特网互联技术在公路隧道智能监控系统中的应用研究[D].武汉理工大学,2011.

[11] 朱江.基于智慧高速平台的公众出行信息服务关键问题分析[J].中国交通信息化,2017(10):78-80.

[12] 费伦林.江西省宁都至定南智慧高速公路设计及应用[J].公路交通科技(应用技术版),2017,13(10):258-261.

[13] 王栋.高速公路人工智能视频分析应用探讨[J].中国交通信息化,2017(08):118-120.

[14] 方悦涛.移动互联网技术在高速公路智能交通服务中的应用[J].建材与装饰,2017(23):251-252.

[15] 孙秀珍.云南省智慧高速信息化建设探析[J].中国交通信息化,2017(05):87-88,123.

[16] 梁卓宇.高速公路智能交通发展探索[J].信息通信,2017(05):130-132.

[17] 方悦涛.高速公路联网智能收费的发展模式[J].低碳世界,2017(13):220-221.

[18] 王少飞,祖晖,付建胜,等.智慧高速公路初探[J].中国交通信息化,2017(S1):10-17.

[19] 张一衡,李俊卫,沈刚,等.浅谈智慧高速公路的构建[J].中国交通信息化,2017(S1):18-19,22.

[20] 樊吉飞. 高速公路隧道照明智能节电技术应用研究[D]. 长安大学,2017.
[21] 李东建. 高速公路隧道智能视频监控系统研究与实现[D]. 长安大学,2017.
[22] 夏润雨. 高速公路隧道智能应急消防系统规划及消防轨道车设计[D]. 山东大学,2017.
[23] 顾海燕. 车联网环境下高速公路车辆跟驰模型及仿真研究[D]. 东南大学,2017.
[24] 周进. 交通大数据在智能高速公路中的应用分析[J]. 电子世界,2017(04):38-39.
[25] 王虹. 智慧高速助力高速公路现代化——2016全国智慧高速公路发展论坛在杭州召开[J]. 中国交通信息化,2017(02):16-19.
[26] 张焕炯. 智慧高速云平台构建及关键技术研究. 第十一届中国智能交通年会大会论文集[C]. 中国智能交通协会,2016:4.
[27] 林浩. 浅谈高速公路隧道智能监控系统的应用[J]. 交通科技,2016(05):157-160.
[28] 郭凯兵. RFID物联网技术在高速公路应急救援设备上的管理研究[D]. 长安大学,2016.
[29]《中国公路学报》编辑部. 中国交通工程学术研究综述·2016[J]. 中国公路学报,2016,29(06):1-161.
[30] 吴木兰. 高速公路服务区服务经营的问题、趋势及对策[J]. 建材与装饰,2016(24):234-235.
[31] 徐凯. 智慧高速海量异构数据处理关键技术研究[D]. 重庆交通大学,2016.
[32] 王小军,王少飞,涂耘. 智慧高速公路总体设计[J]. 公路,2016,61(04):137-142.
[33] 苏雪松. 高速公路雾区行车智能引导技术研究与系统构建[D]. 重庆交通大学,2016.
[34] 黄军飞. 智慧高速一体化管理平台探析[J]. 中国交通信息化,2016(04):86-88.
[35] 张云. 云南省"智慧高速"建设发展研究[D]. 大连海事大学,2016.
[36] 杨在兵. 基于手机定位的高速公路特殊路况识别研究[D]. 长安大学,2016.
[37] 郑超. 我国智慧高速公路建设标准化现状探究[J]. 建材与装饰,2016(08):222-223.
[38] 刘若微,施进,范佩庆. 智慧高速公路标准体系建设研究[J]. 信息技术与标准化,2016(Z1):42-45.
[39] 卞军,张嘉旎. 基于云计算的智慧高速大型软件应用探析[J]. 中国交通信息化,2016(01):79-80,84.
[40] 赵广秀. 智能服务区系统的设计[J]. 中国交通信息化,2015(12):122-123.
[41] 谢敏. 智能隧道管理设计初探[J]. 中国交通信息化,2015(12):124-126.
[42] 付振. 高速公路服务区出入口智能监控系统应用研究[D]. 长安大学,2015.
[43] 齐为. 我国智慧高速公路建设标准化现状研究[J]. 标准科学,2015(10):47-49.
[44] 李艾琪. 河南省高速公路智能监控管理信息系统设计与开发[D]. 河南大学,2015.
[45] 都超阳,任国军,苏金刚. 智能服务区的新能源设计[J]. 技术与市场,2015,22(02):33,36.
[46] 王玉姣. 智慧高速平台的设计与实现[J]. 北方交通,2014(12):112-116.
[47] 韩智颖. 基于车联网的高速公路交通信息平台设计与关键技术研究[D]. 吉林大学,2014.

[48] 郑军.高速公路隧道LED照明智能控制与节能优化研究[D].北京交通大学,2014.
[49] 陈龙.基于物联网的高速公路车辆运行监控系统的研究[D].武汉理工大学,2013.
[50] 李建,马琰钢.浙江省"智慧高速"气象数据交互网络设计与实现[J].浙江气象,2013,34(03):18-19,44.

致谢

在丛书的撰写和出版过程中,得到了众多行业领导、专家、老师们的关心与支持,在此表示衷心地感谢!

感谢交通运输部路网监测与应急处置中心李作敏主任、王刚副主任等领导一直以来对本书的关心与支持。十分感谢招商局公路网络科技控股股份有限公司邓仁杰董事长、王秀峰总经理,战略发展部总经理杨建国、新智认知数据服务有限公司副总裁顾敬岩等领导对丛书提出的宝贵意见。

感谢中国公路学会高速公路运营分会秘书长张娜等领导的大力支持。特别感谢招商新智科技有限公司董事长杜渐、总经理李美涛、执行董事陈兵、副总经理何站稳等领导对丛书的指导,以及对调研工作给予的大力支持。感谢北京市首都公路发展集团有限公司张明月部长,中国公路工程咨询集团有限公司李红芳高工以及北京工业大学各位教授在丛书写作和出版过程中给予的帮助。

此外,本书参阅了大量国内外相关文献资料,书中未能一一列出,借此也向这些著作和文献资料的原作者们表示衷心的感谢!

编著者

2018 年 5 月